westermann

Markus Bauder, Birgit Franzreb, Volker Holzer, Thomas Paaß,
Christian Seifritz

Holzer Stofftelegramme Wirtschaftsgymnasium

Profil Internationale Wirtschaft

Baden-Württemberg

Lösungen

3. Auflage

Bestellnummer 14926

Die in diesem Produkt gemachten Angaben zu Unternehmen (Namen, Internet- und E-Mail-Adressen, Handelsregistereintragungen, Bankverbindungen, Steuer-, Telefon- und Faxnummern und alle weiteren Angaben) sind i. d. R. fiktiv, d. h., sie stehen in keinem Zusammenhang mit einem real existierenden Unternehmen in der dargestellten oder einer ähnlichen Form. Dies gilt auch für alle Kunden, Lieferanten und sonstigen Geschäftspartner der Unternehmen wie z. B. Kreditinstitute, Versicherungsunternehmen und andere Dienstleistungsunternehmen. Ausschließlich zum Zwecke der Authentizität werden die Namen real existierender Unternehmen und z. B. im Fall von Kreditinstituten auch deren IBANs und BICs verwendet.

Die in diesem Werk aufgeführten Internetadressen sind auf dem Stand zum Zeitpunkt der Drucklegung. Die ständige Aktualität der Adressen kann vonseiten des Verlages nicht gewährleistet werden. Darüber hinaus übernimmt der Verlag keine Verantwortung für die Inhalte dieser Seiten.

service@westermann.de
www.westermann.de

Bildungsverlag EINS GmbH
Ettore-Bugatti-Straße 6-14, 51149 Köln

ISBN 978-3-427-**14926**-2

westermann GRUPPE

Inhaltsverzeichnis

Betriebswirtschaftslehre

Volkswirtschaftslehre

Abituraufgaben

1 Kosten- und Leistungsrechnung I: Grundlagen – Abgrenzungsrechnung

1.1 Grundbegriffe und Aufgaben

1. Vgl. Stofftelegramm.
2. a) Aufwendungen b) Ausgaben + Aufwendungen c) Ausgaben d) + e) Aufwendungen
3. betriebsfremde, periodenfremde, außerord. Aufwendungen, Verluste aus AV-Abgängen
4. a) neutrale Aufwendungen: Aufwendungen, die nicht als Kosten erfasst werden (vgl. 3.)
   b) Zweckaufwand: kostengleicher Aufwand
   c) Grundkosten: aufwandsgleiche Kosten
   d) Zusatzkosten: Kosten, die in der GuV nicht als Aufwand erfasst werden
   e) Anderskosten: Kosten, die in der GuV in anderer Höhe als in der KLR erfasst werden
5. Vgl. Stofftelegramm.
6. a) Kosten b) periodenfremd c) Verluste aus AV-Abgang d) Kosten
   e) betriebsfremd f) Kosten g) außerordentlich h) Kosten
7. Abgrenzung der Kosten und Leistungen (= Größen der KLR) von den Aufwendungen und Erträgen (= Größen der GuV-Rechnung). Neutrale Aufwendungen und Erträge werden herausgefiltert, um die für die KLR notwendigen reinen Kosten und Leistungen zu erhalten.
8. Vgl. Stofftelegramm.

1.2 Kalkulatorische Kosten

1. Vgl. Stofftelegramm.
2. Unterscheidungsmerkmale: vgl. auch Stofftelegramm.

   Begründungen für den unterschiedlichen Ansatz kalkulatorischer Abschreibungen:

   - **Abschreibung des betriebsnotwendigen Vermögens:** Nur dieses dient dem ordnungsgemäßen Betriebsablauf. Darüber hinausgehendes Vermögen darf kalkulatorisch nicht berücksichtigt werden, weil z. B. Konkurrenten dieses auch nicht kalkulieren.
   - **Lineare Abschreibung:** Im Unterschied zur degressiven Abschreibung führt die lineare Abschreibung zu einer kostenrechnerisch erwünschten gleichmäßigen Kostenbelastung der einzelnen Perioden.
   - **Abschreibungsgrundlage = Wiederbeschaffungskosten:** Bei Preissteigerungen kann die neue Maschine aus den Abschreibungsrückflüssen beschafft werden. Hierdurch wird eine substanzielle Kapitalerhaltung erreicht.
3. Vgl. Stofftelegramm.

4. a) Zweckaufwand = Grundkosten: 100.000,00 EUR
   neutrale Aufwendungen: 20.000,00 EUR
   Zusatzkosten: 0,00 EUR
   b) Zweckaufwand = Grundkosten: 70.000,00 EUR
   Zusatzkosten: 20.000,00 EUR
   neutrale Aufwendungen: 0,00 EUR

5. - Wiederbeschaffungskosten sind gesunken: Kalkulatorische Abschreibung ist kleiner als die bilanzielle Abschreibung.
   - bilanzielle degressive Abschreibung, die in den Anfangsjahren größer als die lineare Abschreibung ist

6. a) Gesamtergebnis = E – A = **–40.000,00 EUR**
   b) Betriebsergebnis = **+10.000,00 EUR**
   c) neutrales Ergebnis = **–50.000,00 EUR**
   d) Kosten = **50.000,00 EUR**

   Nebenrechnungen:

   neutrale Erträge *= Erträge – Leistungen = 70.000,00 – 60.000,00*
   = +10.000,00 EUR

   neutrales Ergebnis *= neutrale Erträge – neutr. Aufw. = 10.000,00 – 60.000,00*
   = **–50.000,00 EUR**

   Betriebsergebnis *= Ges.erg. – neutr. Erg. = –40.000,00 – (–50.000,00)*
   = **+10.000,00 EUR**

   Betriebsergebnis *= Leistungen – Kosten* → **Kosten** *= 60.000,00 – 10.000,00*
   = **+50.000,00 EUR**

1.3 Ergebnistabelle

1. z.B. hohe neutrale Erträge aus Wertpapierspekulationen und/oder hohe Zusatzkosten (kalk. Unternehmerlohn)

2. z.B. hohe neutrale Aufwendungen

1.4 Abituraufgaben Profil Internationale Wirtschaft

Abituraufgaben 2016 (Aufgabe 3, Teil 1, teilweise)

1.1.1 Wertpapiererträge stammen aus betriebsfremden Finanzanlagen. Sie stellen neutrale Erträge dar und erhöhen das neutrale Ergebnis und somit das Unternehmensergebnis. Auf das Betriebsergebnis haben sie keine Auswirkung.

Gründe für unterschiedliche Abschreibungsbeträge:

- unterschiedliche Bemessungsgrundlage in Finanzbuchhaltung (Anschaffungskosten) und Kosten- und Leistungsrechnung (Wiederbeschaffungskosten)
- Nutzungsdauer: i.d.R. betriebsgewöhnliche Nutzungsdauer laut AfA-Tabelle in der Finanzbuchhaltung, tatsächliche Nutzungsdauer (Erfahrungswerte) in der KLR

- Abschreibungsmethode: In der Finanzbuchhaltung ist nach Handelsrecht auch z. B. die geometrisch-degressive Abschreibung zulässig, kalkulatorisch wird i. d. R. linear abgeschrieben.

(zwei Gründe erforderlich)

1.1.2
- Die OHG-Gesellschafter zahlen sich keine Gehälter aus, sondern finanzieren ihre Lebenshaltung durch Privatentnahmen. Deshalb wird der Unternehmerlohn in der Finanzbuchhaltung nicht als Aufwand erfasst. In der KLR wird der Unternehmerlohn erfasst, um die Opportunitätskosten in der Preiskalkulation berücksichtigen zu können (z. B. das entgangene Gehalt, wenn die Gesellschafter nicht unternehmerisch tätig, sondern in einem anderen Unternehmen angestellt wären).
- Die Höhe des Unternehmerlohns orientiert sich z. B. an den Gehältern leitender Angestellter eines Unternehmens gleicher Größe und Branche.

1.1.3 Die OHG erzielt durch ihre rein betriebliche Tätigkeit einen Verlust von 11.000,00 EUR, wohingegen sie in der Finanzbuchhaltung einen Gewinn von 74.000,00 EUR ausweist. Dies rührt zum einen daher, dass das Unternehmen ein positives neutrales Ergebnis in Höhe von 5.000,00 EUR erwirtschaftet hat. Zum anderen erfasst es in der Kosten- und Leistungsrechnung Kosten, die nicht oder in geringerer Höhe als Aufwand Eingang in die Finanzbuchhaltung finden.
Jonas Meyers Einschätzung liegt das Betriebsergebnis zugrunde, wohingegen Paula Cartillis Einschätzung auf dem Unternehmensergebnis beruht.

1.5 Abituraufgaben Profil Wirtschaft

Abituraufgaben 2006 (Aufgabe 1, teilweise, verändert)

1.1 neutraler Aufwand: bilanzielle Abschreibung > kalkulatorische Abschreibung
Zusatzkosten: bilanzielle Abschreibung < kalkulatorische Abschreibung

1.2 <u>Abschreibungen auf Maschinen:</u>

bilanziell:	Anschaffungskosten	100 %		800.000,00 EUR
	– Abschreibung 2003	20 %		160.000,00 EUR
	Bilanzwert 31.12.2003	80 %	100 %	640.000,00 EUR
	– Abschreibungen 2004		20 %	128.000,00 EUR
	Bilanzwert 31.12.2004	100 %	80 %	512.000,00 EUR
	– Abschreibungen 2005	20 %		102.400,00 EUR
	Bilanzwert 31.12.2005	80 %		409.600,00 EUR

Summe Abschreibungen: 160.000,00 EUR + 128.000,00 EUR + 102.400,00 EUR = <u>390.400,00 EUR</u>

kalkulatorisch: 30 % von 960.000,00 EUR = <u>288.000,00 EUR</u>

Bezeichnung	Neutrale Aufwendungen	Grundkosten	Zusatzkosten
Maschinen	102.400,00 EUR	288.000,00 EUR	–

1.3 Die Absenkung des steuerrechtlich zulässigen Abschreibungssatzes betrifft lediglich die Finanzbuchhaltung. Dort werden die Aufwendungen in den ersten Nutzungsjahren geringer und damit der Jahresüberschuss (= Unternehmensergebnis) höher.

In der KLR soll durch die Abschreibung die tatsächliche Wertminderung erfasst werden. Somit ergeben sich durch diese gesetzgeberische Maßnahme keine Auswirkungen auf die Kosten und damit auf das Betriebsergebnis.

1.6 In der GmbH ist der Geschäftsführer Angestellter der juristischen Person. Sein Entgelt ist bereits als Personalaufwand gebucht und stellt in gleicher Höhe Grundkosten in der KLR dar.

Abituraufgaben 2016 (Aufgabe 1, teilweise)

5.1 Unternehmensergebnis: −40.000,00 + 350.000,00 = 310.000,00 EUR (Gewinn). Der Hagelschaden verursacht außerordentliche Aufwendungen in Höhe von 350.000,00 EUR, die sich gewinnmindernd im Geschäftsjahr 2015 auswirken.

Betriebsergebnis: keine Berücksichtigung
Die durch den Hagelschaden verursachten Aufwendungen sind als neutral zu erfassen. Daher fließen sie nicht in die Kosten- und Leistungsrechnung ein.

5.2 Die kalkulatorischen Abschreibungen sind höher als die bilanziellen Abschreibungen, wenn bei der Berechnung der jährlichen Abschreibungsbeträge in der Kosten- und Leistungsrechnung von

- höheren Wiederbeschaffungskosten und/oder
- einer kürzeren Nutzungsdauer

ausgegangen wird.

5.3 In der OHG wird für die erbrachte Arbeitsleistung der Gesellschafter kein Gehalt gezahlt, somit entstehen keine Personalaufwendungen. Vielmehr erfolgt die entsprechende Vergütung über die Gewinnanteile der einzelnen Gesellschafter. In der Kosten- und Leistungsrechnung wird die Tätigkeit der Gesellschafter mit einem kalkulatorischen Unternehmerlohn in der Kalkulation der Verkaufspreise berücksichtigt.

2 Kosten- und Leistungsrechnung II: Kostenstellenrechnung – Kostenträgerstückrechnung

2.4 Aufgaben zu den Kapiteln 2.1 bis 2.3

1. • Verursachungsgerechte Zuordnung (Verteilung) der Gemeinkosten nach Belegen oder Verteilungsschlüsseln auf die einzelnen Kostenstellen; die Verteilung erfolgt im BAB.
   • Ermittlung von Zuschlagssätzen für die Kostenträgerstück- und Kostenträgerzeitrechnung
   • Ermöglichung der Kostenkontrolle in einzelnen Kostenstellen (Wirtschaftlichkeitskontrolle)

2. Vgl. Stofftelegramm Kapitel 2.1.

3. **Kostenstellen:** Diejenigen Orte im Unternehmen, an denen die Gemeinkosten entstehen – zumeist Betriebsabteilungen. Die Kostenstelle muss ein selbstständiger Verantwortungsbereich sein, damit eine wirksame Kostenkontrolle möglich ist.

4. verursachungsgerechte Verteilung der Gemeinkosten auf die Kostenstellen, in denen sie entstanden sind

5. • Sozialkosten: 1 : 3 : 7 : 2 — 2.600,00 : 13 = 200,00
   • Instandhaltung lt. Arbeitsstunden: 25 : 79 : 2 : 9 — 23.000,00 : 115 = 200,00
   • kalk. Abschreibung lt. gebundenem Kapital: 1 : 5 : 2 : 2 — 24.000,00 : 10 = 2.400,00
   • Energiekosten lt. kW/h: 1.000 : 36.000 : 9.000 : 4.000 — 6.000,00 : 50.000 = 0,12 je kW/h
   • sonstige Kosten lt. Belegen: 1 : 5 : 3 : 1

Gemeinkosten (in Euro)	Gesamt	Material	Fertigung	Verwaltung	Vertrieb
Hilfs- und Betriebsstoffe	12.000,00	2.700,00	7.300,00	300,00	1.700,00
Gehälter	19.000,00	2.400,00	5.000,00	9.400,00	2.200,00
Sozialkosten	2.600,00	200,00	600,00	1.400,00	400,00
Instandhaltung	23.000,00	5.000,00	15.800,00	400,00	1.800,00
Kalkulatorische Abschreibung	24.000,00	2.400,00	12.000,00	4.800,00	4.800,00
Energiekosten	6.000,00	120,00	4.320,00	1.080,00	480,00
Sonstige Kosten	9.600,00	960,00	4.800,00	2.880,00	960,00
Summe Gemeinkosten	96.200,00	13.780,00	49.820,00	20.260,00	12.340,00

6. a) MEK 100.000,00 EUR = 100 %   FEK 70.000,00 EUR = 100 %
   MGK 65.000,00 EUR = **65 % MGKZ**   FGK 105.000,00 EUR = **150 % FGKZ**

MEK		100.000,00
MGK	65 %	65.000,00
FEK		70.000,00
FGK	150 %	105.000,00
HK		340.000,00
VwGK	14,56 %	49.500,00
VtGK	4,85 %	16.500,00
SK		406.000,00

b)

MEK		200,00
MGK	65 %	130,00
FEK	(3 · 14,00 EUR)	42,00
FGK	150 %	63,00
HK		435,00
VwGK	14,56 %	63,34
VtGK	4,85 %	21,10
SK		519,44

7. a)
- Aufw. f. Hilfs- und Betr.stoffe: Materialentnahmescheine, sofern nicht unwirtschaftlich
- freiw. soz. Aufwand: Zahl der Belegschaft in den Kostenstellen
- Fuhrparkkosten: Fahrtenbücher, gefahrene Kilometer ...

b)
- Zuschlagsgrundlage Vertrieb: 288.000,00 EUR
- Ist-Zuschlag Vertrieb: 7,99 % (siehe unten 3.)
- Zuschlagsgrundl. Verwaltung (Normal): 287.600,00 EUR (siehe unten 2.)
- Normalgemeinkosten Material: 9.600,00 EUR (siehe unten 1.)
- Normalgemeinkosten Verwaltung: 37.388,00 EUR (siehe unten 2.)
- Unterdeckung Fertigung: –2.000,00 EUR
- Unterdeckung Verwaltung: –25.612,00 EUR

Nebenrechnungen:

HK-Berechnung ***(Ist)***		***(Normal)***
MEK	*160.000,00*	*160.000,00*
MGK	*8.000,00*	*9.600,00*
FEK	*50.000,00*	*50.000,00*
FGK	*70.000,00*	*68.000,00*
HK	*288.000,00*	*287.600,00*

1. *6 % von 160.000,00 =* ***9.600,00 EUR***
2. *Vgl. HK-Berechnung!*
   13 % von 287.600,00 = ***37.388,00 EUR***
3. *288.000,00 = 100 %*
   23.000,00 = ***7,99 %***

8.

MEK		2.650,00
MGK	12 %	318,00
FEK		3.400,00
FGK	120 %	4.080,00
SEKF		352,00
HK		10.800,00
VwtGK	15 %	1.620,00
SK		12.420,00
Gewinn	10 %	1.242,00
BVP		13.662,00
KSK	2%	278,82
ZVP = NVP		**13.940,82** ↓

9.

MEK		207,27 ↑
MGK	10 %	20,73
FEK		40,00
FGK	120 %	48,00
SEKF		4,00
HK		320,00
VwtGk	25 %	80,00
SK		400,00
Gewinn	8 %	32,00
BVP		432,00
KSK	3 %	13,36
ZVP		445,36
KR	20 %	111,34
NVP		556,70

10.

	Material	Fertigung	Verwaltung	Vertrieb
Ist-Gemeinkosten	50.000,00	300.000,00	66.000,00	33.000,00
Zuschlagsgrundlage (Ist)	100.000,00	200.000,00	660.000,00	660.000,00
Sondereinzelkosten		10.000,00		
Ist-Zuschlagssatz	50 %	150 %	10 %	5 %
Normalzuschlagssatz	60 %	140 %	8 %	2 %
Normalgemeinkosten	60.000,00	280.000,00	52.000,00	13.000,00
Kostenüberdeckung	10.000,00			
Kostenunterdeckung		20.000,00	14.000,00	20.000,00

	Ist-Kostenkalkulation		Normalkostenkalkulation	
MEK		100.000,00		100.000,00
+ MGK	50 %	50.000,00	60 %	60.000,00
+ FEK		200.000,00		200.000,00
+ FGK	150 %	300.000,00	140 %	280.000,00
+ SEKF		10.000,00		10.000,00
= HK		660.000,00		650.000,00
+ VerwGK	10 %	66.000,00	8 %	52.000,00
+ VertrGK	5 %	33.000,00	2 %	13.000,00
= SK		759.000,00		715.000,00

2.5 Abituraufgaben Profil Internationale Wirtschaft

Abituraufgaben 2014 (Aufgabe 2, Teil 1)

1.1 Ist-Kosten:

- tatsächlich angefallene Kosten einer Rechnungsperiode
- dienen der Kostenkontrolle (Nachkalkulation)
- erst nach Abschluss eines Auftrages verfügbar

Normalkosten:

- Durchschnittswerte vergangener Rechnungsperioden
- dienen der Ermittlung des Angebotspreises (Vorkalkulation)

1.2 (Anlage 1)

	Kostenstellen			
	Material	Fertigung	Verwaltung	Vertrieb
Ist-Gemeinkosten in Euro	67.500,00	430.200,00	156.200,00	134.800,00
Ist-Zuschlagsgrundlage in Euro	467.900,00	299.000,00	1.264.600,00	1.264.600,00
Ist-Zuschlagssätze in Prozent	14,43	143,88	12,35	10,66
Normalzuschlagssätze in Prozent	12,00	130,00	15,00	9,00
Normalzuschlagsgrundlage in Euro	467.900,00	299.000,00	1.211.748,00	1.211.748,00
Normalgemeinkosten in Euro	56.148,00	388.700,00	181.762,20	109.057,32
Kostenunterdeckung in Euro	11.352,00	41.500,00		25.742,68
Kostenüberdeckung in Euro			25.562,20	

1.3
- Kostenstelle Fertigung: Unterdeckung
- Grund: Rückgang der Beschäftigung

→ Abnahme der Einzelkosten (Zuschlagsgrundlage) stärker als Abnahme der Gemeinkosten aufgrund der in den Gemeinkosten enthaltenen Fixkosten → Ist-Zuschlagssätze steigen → Kostenunterdeckung

1.4.1

Fertigungsmaterial		**61,05 EUR**
+ Materialgemeinkosten	12 %	7,33 EUR
= Materialkosten		68,38 EUR
Fertigungslöhne		37,50 EUR
+ Fertigungsgemeinkosten	130 %	48,75 EUR
= Fertigungskosten		86,25 EUR
= Herstellkosten d. RP		154,63 EUR
+ Verwaltungsgemeinkosten	15 %	23,19 EUR
+ Vertriebsgemeinkosten	9 %	13,92 EUR
= Selbstkosten		191,74 EUR
+ Gewinnzuschlag	15 %	28,76 EUR
= Barverkaufspreis		220,50 EUR
+ Kundenskonto	2 %	4,50 EUR
= Zielverkaufspreis		225,00 EUR
+ Rabatt	10 %	25,00 EUR
= Listenverkaufspreis (netto)		250,00 EUR
+ Umsatzsteuer	19 %	47,50 EUR
= Listenverkaufspreis (brutto)		297,50 EUR

Es dürfen maximal 61,05 EUR für Material aufgewendet werden.

1.4.2 Die Aero GmbH würde die Gewinnspanne verkleinern und läge damit unter dem Branchendurchschnitt. Trotzdem wäre dieser Einführungspreis immer noch ratsam, um Marktanteile zu gewinnen.

Abituraufgaben 2016 (Aufgabe 1, Teil 1)

1.1

Betriebsabrechnungsbogen der Cool Runnings GmbH für das Geschäftsjahr 2014 (alle Angaben in Euro)					
Kostenarten	**Zahlen der KLR**	**Material**	**Fertigung**	**Verwaltung**	**Vertrieb**
Wartungskosten Fertigungsanlagen	102.000,00	–	102.000,00	–	–
Stromkosten	8.820,00	246,00	4.704,00	2.850,00	1.020,00
Gehälter	79.060,00	7.000,00	35.000,00	30.060,00	7.000,00
Kaufmännische Auszubildende	43.000,00	8.600,00	17.200,00	8.600,00	8.600,00
Büromaterial	45.150,00	3.150,00	14.700,00	16.800,00	10.500,00
Steuern und Abgaben	80.000,00	10.000,00	40.000,00	15.000,00	15.000,00
Sozialkosten	56.700,00	5.400,00	27.000,00	18.900,00	5.400,00
Abschreibungen	205.520,00	9.660,00	178.360,00	7.000,00	10.500,00
Zwischensummen	620.250,00	44.056,00	418.964,00	99.210,00	58.020,00
Umlage Restgemeinkosten nach Verteilungsschlüssel	83.250,00	16.650,00	39.960,00	13.320,00	13.320,00
Summen	703.500,00	60.706,00	458.924,00	112.530,00	71.340,00

1.2

	Material	Fertigung	Verwaltung	Vertrieb
Summe Gemeinkosten in Euro	60.706,00	458.924,00	112.530,00	71.340,00
Zuschlags-grundlagen in Euro	101.176,00	286.827,00	907.633,00	907.633,00
GKZS, gerundet auf eine Dezimale	60,0 %	160,0 %	12,4 %	7,9 %

Zuschlagsgrundlage für VwGKZ und VtGKZ sind die Herstellkosten in Höhe von 907.633,00 EUR.

1.3

Listenverkaufspreis pro Shirt		
	2,84 EUR	FM
60 %	1,70 EUR	FGK
	2,00 EUR	FL
100 %	3,20 EUR	FGK
	9,74 EUR	HK
12,4 %	1,21 EUR	VerwGK
7,9 %	0,77 EUR	VertrGK
	11,72 EUR	Selbstkosten
20 %	2,34 EUR	Gewinnzuschlag
	14,06 EUR	Barverkaufspreis
2 %	0,29 EUR	Skonto
	14,35 EUR	Zielverkaufspreis
10 %	1,59 EUR	Kundenrabatt
	15,94 EUR	Listenverkaufspreis

Lösungsalternative (alternative GKZS)		
	2,84 EUR	FM
75 %	2,13 EUR	FGK
	2,00 EUR	FL
100 %	2,00 EUR	FGK
	8,97 EUR	HK
12,5 %	1,12 EUR	VerwGK
15 %	1,35 EUR	VertrGK
	11,44 EUR	Selbstkosten
20 %	2,29 EUR	Gewinnzuschlag
	13,73 EUR	Barverkaufspreis
2 %	0,28 EUR	Skonto
	14,01 EUR	Zielverkaufspreis
10 %	1,56 EUR	Kundenrabatt
	15,57 EUR	Listenverkaufspreis

1.4

Rückwärtskalkulation (GKZS aus Aufgabe 1.2)		
Listenverkaufspreis	15,00 EUR	
Kundenrabatt	1,50 EUR	10,0 % vom LVP
Zielverkaufspreis	13,50 EUR	
Skonto	0,27 EUR	2,0 % vom Ziel-VP
Barverkaufspreis	13,23 EUR	
Gewinnzuschlag	2,20 EUR	20,0 %
maximale Selbstkosten	11,03 EUR	
Vertr.-/Verw.-GK	1,86 EUR	20,3 %
Herstellkosten	9,17 EUR	
Fertigungsgemeinkosten	3,20 EUR	160,0 %
Fertigungslöhne	2,00 EUR	
Materialgemeinkosten	1,49 EUR	60,0 %
Fertigungsmaterial	**2,48 EUR**	

Rückwärtskalkulation (alternative GKZS aus Aufgabe 1.2)		
Listenverkaufspreis	15,00 EUR	
Kundenrabatt	1,50 EUR	10,0 % vom LVP
Zielverkaufspreis	13,50 EUR	
Skonto	0,27 EUR	2,0 % vom Ziel-VP
Barverkaufspreis	13,23 EUR	
Gewinnzuschlag	2,20 EUR	20,0 %
maximale Selbstkosten	11,03 EUR	
Vertr.-/Verw.-GK	2,38 EUR	27,5 %
Herstellkosten	8,65 EUR	
Fertigungsgemeinkosten	2,00 EUR	100,0 %
Fertigungslöhne	2,00 EUR	
Materialgemeinkosten	1,99 EUR	75,0 %
Fertigungsmaterial	**2,66 EUR**	

nach Rückwärtskalkulation: 3,97 EUR übrig für Materialkosten
3,97 EUR : 1,6 = 2,48 EUR für Fertigungsmaterial

Alternative Lösung:
nach Rückwärtskalkulation: 4,65 EUR übrig für Materialkosten
4,65 EUR : 1,75 = 2,66 EUR für Fertigungsmaterial

Abituraufgaben 2016 (Aufgabe 3, Teil 1, teilweise)

1.2.1 Vorwärtskalkulation für 100 kg Nudeln der Sorte „Prima Pasta“:

Kalkulationspositionen	Prozentsätze	Kosten/Preise in Euro	
Materialeinzelkosten		96,00	
+ Materialgemeinkosten	2,5 %	2,40	
= Materialkosten			98,40
Fertigungseinzelkosten		3,00	
+ Fertigungsgemeinkosten	120,0 %	3,60	
= Fertigungskosten			6,60
= Herstellkosten			**105,00**
+ Verwaltungsgemeinkosten	6,0 %		6,30
+ Vertriebsgemeinkosten	2,0 %		2,10
= Selbstkosten			**113,40**
+ Gewinn	6,0 %		6,80
= Barverkaufspreis			**120,20**
+ Kundenskonto	–		0,00
= Zielverkaufspreis			**120,20**
+ Kundenrabatt	16,0 %		22,90
= Listenverkaufspreis			**143,10**

Der Listenverkaufspreis beträgt 143,10 EUR je 100 kg Nudeln.

1.2.2
- Die Einzelkosten sinken proportional zum Beschäftigungsrückgang, da sie variabel sind. Die Gemeinkosten werden sich dagegen kaum verändern, da sie überwiegend fix und damit beschäftigungsunabhängig sind. Als Folge daraus werden die Zuschlagssätze steigen.
- Die Kalkulation mit höheren Zuschlagssätzen führt zu einem höheren Listenverkaufspreis. Wird versucht, diesen höheren Preis am Markt durchzusetzen, könnte dies zu einem weiteren Beschäftigungsrückgang führen, sodass sich das Unternehmen „aus dem Markt heraus" kalkuliert.

Abituraufgaben 2017 (Aufgabe 3, teilweise)

1.1 Einzelkosten sind Kosten, die dem Kostenträger direkt zugeordnet werden können, z. B. Fertigungsmaterial.

Gemeinkosten sind Kosten, die dem Kostenträger nicht direkt zugeordnet werden können und daher mithilfe von Verteilungsschlüsseln den einzelnen Kostenstellen zugewiesen werden, z. B. Strom.

1.2 Stromkosten netto: 12.000,00 EUR
Jährliche kalkulatorische Abschreibung: 144.000,00 EUR : 6 = 24.000,00 EUR
Monatliche kalkulatorische Abschreibung: 2.000,00 EUR

		Kostenstellen			
Gemeinkostenarten	**Zahlen der KLR**	**Material**	**Fertigung**	**Verwaltung**	**Vertrieb**
Sonstige Gemeinkosten	456.200,00 EUR	75.700,00 EUR	294.800,00 EUR	54.500,00 EUR	31.200,00 EUR
Stromkosten	12.000,00 EUR	6.000,00 EUR	3.000,00 EUR	2.250,00 EUR	750,00 EUR
Kalkulatorische Abschreibung für Gabelstapler im Februar	2.000,00 EUR	875,00 EUR	625,00 EUR	–	500,00 EUR
Summen	470.200,00 EUR	82.575,00 EUR	298.425,00 EUR	56.750,00 EUR	32.450,00 EUR
Zuschlagsgrundlagen		330.300,00 EUR	397.000,00 EUR	1.109.200,00 EUR	1.109.200,00 EUR
Ist-Gemeinkostenzuschlagssätze		25 %	75,2 %	5,1 %	2,9 %

- Ist-MGKZ = (82.575,00 EUR · 100) : 330.300,00 EUR = 25 %
- Ist-FGKZ = (298.425,00 EUR · 100) : 397.900,00 EUR = 75 %
- Herstellkosten = 82.575,00 EUR + 330.300,00 EUR + 298.425,00 EUR + 397.900,00 EUR = 1.109.200,00 EUR
- Ist-VerwGKZ = (56.750,00 EUR · 100) : 1.109.200,00 EUR = 5,1 %
- Ist-VertrGKZ = (32.450,00 EUR · 100) : 1.109.200,00 EUR = 2,9 %

2.1

	MEK	30.000,00 EUR
+	MGK (20 %)	6.000,00 EUR
+	FEK	29.000,00 EUR
+	FGK (80 %)	23.200,00 EUR
=	HK	88.200,00 EUR
+	VerwGK (6 %)	5.292,00 EUR
+	VertrGK (4 %)	3.528,00 EUR
=	Selbstkosten	97.020,00 EUR
+	Gewinn (20 %)	19.404,00 EUR
=	Barverkaufspreis	116.424,00 EUR
+	Kundenskonto (2 %)	2.376,00 EUR
=	Zielverkaufspreis	118.800,00 EUR
+	Kundenrabatt (10 %)	13.200,00 EUR
=	Listenverkaufspreis	132.000,00 EUR

2.2

	MK	36.000,00 EUR
+	FK	48.672,00 EUR
=	HK	84.672,00 EUR
+	VerwGK (6 %)	5.080,32 EUR
+	VertrGK (4 %)	3.386,88 EUR
=	Selbstkosten	93.139,20 EUR
+	Gewinn (25 %)	23.284,80 EUR
=	Barverkaufspreis	116.424,00 EUR

Aus den FK ergibt sich: FEK = (48.672,00 EUR · 100) : 180 = 27.040,00 EUR

Die FEK entsprechen ca. 466 Arbeitsstunden (466,21). Es müssten daher ca. 34 Arbeitsstunden (33,79) durch Verbesserungen in den Verfahrensabläufen eingespart werden.

3. Da eine Kostenunterdeckung vorliegt, muss es sich um eine rückläufige Beschäftigung handeln. Die in den Gemeinkosten enthaltenen Fixkosten verringern sich nicht, sodass die Ist-Gemeinkosten höher sind als die mithilfe der Normalgemeinkostenzuschlagssätze verrechneten Gemeinkosten.

Abituraufgaben 2018 (Aufgabe 3, teilweise)

3.1

	in Euro
Fertigungsmaterial	13.500,00
Materialgemeinkostenzuschlag 15 %	2.025,00
Fertigungslöhne	13.000,00
Fertigungsgemeinkostenzuschlag 30 %	3.900,00
Herstellkosten	32.425,00
Verwaltungsgemeinkostenzuschlag 8 %	2.594,00
Vertriebsgemeinkostenzuschlag 4 %	1.297,00
Selbstkosten	36.316,00

3.2.1 Ist-Gemeinkostenzuschlagssätze laut BAB:

MGKZ = 45.000 : 337.500 = 13,33 %

FGKZ = 100.000 : 325.000 = 30,77 %

HK = MEK + MGK + FEK + FGK

337.500,00 EUR + 45.000,00 EUR + 325.000,00 EUR + 100.000,00 EUR

= 807.500,00 EUR

VwGKZ = 60.000 : 807.500 = 7,43 %

VtGKZ = 32.500 : 807.500 = 4,02 %

3.2.2

	Normalkalkulation/ Angebotskalkulation	Ist-Kalkulation	Normalkosten – Ist-Kosten = Kostenüberdeckung (positives Ergebnis) oder Kostenunterdeckung (negatives Ergebnis)
MEK	13.500,00	13.500,00	
MGK	2.025,00	1.799,55	+225,45
FEK	13.000,00	13.000,00	
FGK	3.900,00	4.000,10	−100,10
HK	32.425,00	32.299,65	
VerwGK	2.594,00	2.399,86	+194,14
VertGK	1.297,00	1.298,45	−1,45
SK	36.316,00	35.997,96	+318,04

(Alle Beträge in Euro)

Gründe für Abweichungen bei konstantem Beschäftigungsgrad:

- Verbrauchs- und Mengenabweichungen/Veränderungen beim Verbrauch von Material des Gemeinkostenbereichs
- Preisabweichungen im Gemeinkostenbereich, z. B. Preisänderungen bei Hilfs- und Betriebsstoffen oder Änderung von Hilfslöhnen und Gehältern

2.6 Abituraufgaben Profil Wirtschaft

Abituraufgaben 2011 (Aufgabe 1, teilweise, verändert)

1.1

Fertigungsmaterial		200,00 EUR
+ Materialgemeinkosten	15 %	30,00 EUR
= Materialkosten		230,00 EUR
+ Fertigungskosten		587,00 EUR
= Herstellkosten		817,00 EUR
+ Verwaltungsgemeinkosten	5 %	40,85 EUR
+ Vertriebsgemeinkosten	2 %	16,34 EUR
+ Sondereinzelkosten d. Vertriebs		16,81 EUR
= Selbstkosten		891,00 EUR
+ Gewinnzuschlag	20 %	178,20 EUR
= Barverkaufspreis		1.069,20 EUR
+ Kundenskonto	3 %	33,07 EUR
= Zielverkaufspreis		1.102,27 EUR
+ Kundenrabatt	18,3503 %	247,73 EUR
= Listenverkaufspreis		1.350,00 EUR

Fertigungsmaterial bisher	220,00 EUR
Fertigungsmaterial neu	200,00 EUR
Kostendifferenz	20,00 EUR
Preisreduzierung	**9,1 %**

1.3.1 Da die Ist-Gemeinkosten des ersten Quartals höher sind als die den Kunden durch die Angebotskalkulation in Rechnung gestellten Normalgemeinkosten, führt dies zu Kostenunterdeckungen in den Kostenstellen Material, Fertigung und Verwaltung.

1.3.2 Ursachen:

- unterdurchschnittliche Beschäftigung
- Preiserhöhung für die zur Leistungserstellung erforderlichen Güter
- erhöhter Verbrauch von Gütern und Diensten

(zwei Ursachen erforderlich)

1.3.3 Das tatsächlich erzielte Betriebsergebnis des ersten Quartals wird geringer ausfallen als das geplante Betriebsergebnis (Umsatzergebnis).

1.4 Die in 1.1 berechnete Preisreduktion des Fertigungsmaterials reicht nicht aus, um den gewünschten Gewinn zu realisieren. Die höheren Ist-Gemeinkosten werden durch die verrechneten Normalgemeinkosten nicht abgedeckt. Um eine Verringerung des angestrebten Gewinns zu vermeiden, müsste das Fertigungsmaterial noch günstiger eingekauft werden.

Abituraufgaben 2012 (Aufgabe 2, teilweise)

6.1 Vorwärtskalkulation:

	Fertigungsmaterial	140,00 EUR
+	Materialgemeinkosten 10 %	14,00 EUR
=	Materialkosten	154,00 EUR
+	Fertigungslöhne	80,00 EUR
	Fertigungsgemeinkosten 110 %	88,00 EUR
=	Fertigungskosten	168,00 EUR
	Herstellkosten	322,00 EUR
+	Verwaltungsgemeinkosten 12 %	38,64 EUR
+	Vertriebsgemeinkosten 5 %	16,10 EUR
+	Sondereinzelkosten des Vertriebs	1,26 EUR
=	Selbstkosten	378,00 EUR
+	Gewinnzuschlag 8 %	30,24 EUR
=	Barverkaufspreis	408,24 EUR
+	Kundenskonto 3 %	12,63 EUR
=	Zielverkaufspreis	420,87 EUR
	Kundenrabatt 15 %	74,27 EUR
=	Listenverkaufspreis	495,14 EUR

6.2 Rückwärtskalkulation:

	Selbstkosten	378,00 EUR
+	Gewinnzuschlag	1,27 EUR
=	Barverkaufspreis	379,27 EUR
+	Kundenskonto 3 %	11,73 EUR
=	Zielverkaufspreis	391,00 EUR
+	Kundenrabatt 15 %	69,00 EUR
=	Listenverkaufspreis	460,00 EUR

Gewinnzuschlag in Prozent: 1,27 · 100 : 378,00 = 0,34 %

6.3 Die Auffassung von Koch ist dann vertretbar, wenn der Preis über den variablen Stückkosten liegt und somit positive Deckungsbeiträge erwirtschaftet werden. Bei Unterbeschäftigung führt diese Vorgehensweise zu einer Verbesserung des Betriebsergebnisses insgesamt.

Um jedoch dauerhaft am Markt existieren zu können (u. a. hinsichtlich zukünftiger Investitionen), muss das Unternehmen einen angemessenen Gewinn erzielen. Deshalb ist die Auffassung von Arnold nachzuvollziehen, vor allem falls das Unternehmen nahezu voll ausgelastet ist.

Abituraufgaben 2014 (Aufgabe 1, teilweise)

1.

		Kostenstellen			
Gemeinkostenarten	**Betrag**	**Material**	**Fertigung**	**Verwaltung**	**Vertrieb**
Gehälter	120.000,00 EUR	15.000,00 EUR	45.000,00 EUR	45.000,00 EUR	15.000,00 EUR
Raumkosten	45.000,00 EUR	15.000,00 EUR	19.500,00 EUR	7.500,00 EUR	3.000,00 EUR
Sonstige Gemeinkosten	416.850,00 EUR	63.000,00 EUR	271.500,00 EUR	49.400,00 EUR	32.950,00 EUR
Summe der Gemeinkosten	581.850,00 EUR	93.000,00 EUR	336.000,00 EUR	101.900,00 EUR	50.950,00 EUR

2.

	%	**Ist-Kosten (in Euro)**	**%**	**Normalkosten (in Euro)**	**Kostenüber-/ -unterdeckung (in Euro)**
FM		310.000,00		310.000,00	
MGK	30 %	93.000,00	25 %	77.500,00	–15.500,00
Materialkosten		403.000,00		387.500,00	
FL		280.000,00	140 %	280.000,00	
FGK	120 %	336.000,00		392.000,00	56.000,00
Fertigungskosten		616.000,00		672.000,00	
Herstellkosten		1.019.000,00		1.059.500,00	
VwGK	10 %	101.900,00	10 %	105.950,00	4.050,00
VtGK	5 %	50.950,00	7 %	74.165,00	23.215,00
Selbstkosten		1.171.850,00		1.239.615,00	

3.1 Wenn in der Ist-Kalkulation die Material- und/oder Fertigungsgemeinkosten von der Normal-Kalkulation abweichen, ergeben sich Ist-Herstellkosten, die von den Normal-Herstellkosten abweichen.
Da die Zuschlagsgrundlage für die Verwaltungsgemeinkosten die Normal-Herstellkosten sind, kann es daher trotz gleichem Verwaltungsgemeinkostenzuschlagssatz zu Kostenabweichungen im Verwaltungsbereich kommen. Dies kann nicht vom Leiter der Kostenstelle Verwaltung beeinflusst werden.

3.2 Im Monat März liegt in der Kostenstelle Material eine Kostenunterdeckung vor. Vom Kostenstellenleiter Material nicht zu vertretende Ursachen hierfür könnten sein:

- Beschäftigungsabweichungen: hier ein Rückgang der Auslastung. Dies führt gegenüber dem Vormonat zu einem geringeren Verbrauch an Fertigungsmaterial. Wegen der prozentualen Gemeinkostenzuschläge führen solche Differenzen bei den Einzelkosten zu Abweichungen bei den Gemeinkosten. Bei konstanten Normalzuschlagssätzen bewirkt dies einen Rückgang der den Kunden weiterverrechneten Materialgemeinkosten. Da sich die Ist-Gemeinkosten zum großen Teil fix verhalten, gehen die Ist-Gemeinkosten nicht im gleichen Ausmaß zurück wie die verrechneten Normal-Gemeinkosten. Nur wenn die Einzelkosten in der Vor- und Nachkalkulation konstant gehalten werden, sind die Ursachen von Gemeinkostenabweichungen den Gemeinkostenbereichen eindeutig zuzuordnen.

- Preisabweichungen: Hier liegen gestiegene Preise für Materialgemeinkostenarten vor, z. B. Preise für Hilfs- und Betriebsstoffe, Gehälter für Lagerarbeiter, Energiekosten.

4.1

Fertigungsmaterial		135,00 EUR
+ Materialgemeinkosten	20 %	27,00 EUR
= Materialkosten		162,00 EUR
Fertigungslöhne		90,00 EUR
+ Fertigungsgemeinkosten	105 %	94,50 EUR
= Fertigungskosten		184,50 EUR
= Herstellkosten		346,50 EUR
+ Verwaltungsgemeinkosten	8 %	27,72 EUR
+ Vertriebsgemeinkosten	5 %	17,33 EUR
= Selbstkosten		391,55 EUR
+ Gewinnzuschlag	20 %	78,31 EUR
= Barverkaufspreis		469,86 EUR
+ Kundenskonto	3 %	14,53 EUR
= Zielverkaufspreis		484,39 EUR
+ Kundenrabatt	20 %	121,10 EUR
= Listenverkaufspreis		605,49 EUR

4.2

Selbstkosten		391,55 EUR	↓
+ Gewinnzuschlag	**14,95 %**	**58,53 EUR**	
= Barverkaufspreis		450,08 EUR	↑
+ Kundenskonto	3 %	13,92 EUR	
= Zielverkaufspreis		464,00 EUR	
+ Kundenrabatt	20 %	116,00 EUR	
= Listenverkaufspreis		580,00 EUR	

Abituraufgaben 2015 (Aufgabe 3, teilweise)

1.1

		Zuschlagssätze
FM	2.160.000,00 EUR	**10 %**
MGK	216.000,00 EUR	
MK	2.376.000,00 EUR	
FL	700.000,00 EUR	**250 %**
FGK	1.750.000,00 EUR	
FK	2.450.000,00 EUR	
HK	4.826.000,00 EUR	**7 %**
VwGK	337.820,00 EUR	**13 %**
VtGK	627.380,00 EUR	
Selbstkosten	**5.791.200,00 EUR**	

1.2

FM	90,00 EUR
MGK (10 %)	9,00 EUR
MK	99,00 EUR
FL	86,00 EUR
FGK (250 %)	215,00 EUR
FK	301,00 EUR
HK	400,00 EUR
VwGK (7 %)	28,00 EUR
VtGK (13 %)	52,00 EUR
SK	480,00 EUR
Gewinn (20 %)	96,00 EUR
BVP	576,00 EUR
Skonto (4 %)	24,00 EUR
ZVP	600,00 EUR
Rabatt (25 %)	200,00 EUR
Angebotspreis	**800,00 EUR**

1.3 Bei sinkendem Beschäftigungsgrad gehen die Einzelkosten zurück, die Gemeinkosten bleiben aufgrund des hohen Fixkostenanteils nahezu unverändert. Die kalkulierten Normal-Gemeinkosten sind kleiner als die Ist-Gemeinkosten, was zu einer Kostenunterdeckung führt.
Die Ist-Gemeinkostenzuschlagssätze steigen, weshalb für die Zukunft die Normal-Gemeinkostenzuschlagssätze nach oben angepasst werden sollten; dies hat zur Folge, dass die kalkulierten Verkaufspreise steigen.
Diese Preiserhöhungen können in der Folge zu einem weiteren Absatzrückgang führen.

Abituraufgaben 2016 (Aufgabe 1, teilweise, verändert)

6. Aufwendungen für Fertigungsmaterial: 1.560.000,00 EUR
Aufwendungen für Fertigungslöhne: 500.000,00 EUR

		Zuschlagssätze
FM	1.560.000,00 EUR	
MGK	390.000,00 EUR	**25 %**
MK	1.950.000,00 EUR	
FL	500.000,00 EUR	
FGK	1.140.000,00 EUR	**228 %**
FK	1.640.000,00 EUR	
HK	3.590.000,00 EUR	
VwGK	143.600,00 EUR	**4 %**
VtGK	251.300,00 EUR	**7 %**
SEKVt	15.100,00 EUR	
Selbstkosten	**4.000.000,00 EUR**	

7. Kalkulation des Angebotspreises für 400 Stück:

FM	48.000,00 EUR
MGK (25 %)	12.000,00 EUR
MK	60.000,00 EUR
FL	20.000,00 EUR
FGK (228 %)	45.600,00 EUR
FK	65.600,00 EUR
HK	125.600,00 EUR
VwGK (4 %)	5.024,00 EUR
VtGK (7 %)	8.792,00 EUR
SEKVt	1.704,00 EUR
SK	141.120,00 EUR
Gewinn (10 %)	14.112,00 EUR
BVP	155.232,00 EUR
Skonto (2 %)	3.168,00 EUR
ZVP	158.400,00 EUR
Rabatt (12%)	21.600,00 EUR
Angebotspreis	**180.000,00 EUR**

Hinweis: Bei der Kalkulation mit den Ersatzzuschlagssätzen ergibt sich derselbe Wert als Angebotspreis.

3 Kosten- und Leistungsrechnung III: Kostenanalyse

3.1 Grundlagen

1. 60.000 Stück = 100,00 %
   50.000 Stück = **83,33 % Beschäftigungsgrad**

2./3. Vgl. Stofftelegramm.

4. a)

Prod.-menge Stück	Fix-kosten in Euro	Variable Kosten in Euro	Gesamt-kosten in Euro	Stück-kosten in Euro	Umsatz-erlöse in Euro	Gewinn (Verlust) in Euro
5	20.000,00	5.000,00	25.000,00	5.000,00	10.000,00	–15.000,00
10	20.000,00	10.000,00	30.000,00	3.000,00	20.000,00	–10.000,00
15	20.000,00	15.000,00	35.000,00	2.333,00	30.000,00	–5.000,00
20	20.000,00	20.000,00	40.000,00	2.000,00	40.000,00	0,00
25	20.000,00	25.000,00	45.000,00	1.800,00	50.000,00	+5.000,00
30	20.000,00	30.000,00	50.000,00	1.667,00	60.000,00	+10.000,00
35	20.000,00	35.000,00	55.000,00	1.571,00	70.000,00	+15.000,00
40	20.000,00	40.000,00	60.000,00	1.500,00	80.000,00	+20.000,00
45	20.000,00	45.000,00	65.000,00	1.444,00	90.000,00	+25.000,00
50	20.000,00	50.000,00	70.000,00	1.400,00	100.000,00	+30.000,00

   b) $p \cdot x = k_v \cdot x + K_f$ → 2.000,00 · x = 1.000,00 · x + 20.000,00 → **x = 20 Stück**
   c) 50 Stück (Kapazitätsgrenze)
   d) Stückkosten
   e) Vgl. analog Stofftelegramm.

5. a) 12.000 Stück = 100 %
   7.200 Stück = **60 %**
   b) Gesamtgewinn = U – K = 6,20 EUR · 12.000 St. – 60.000,00 EUR = **14.400,00 EUR**
   Stückgewinn = 14.400,00 EUR : 12.000 St. = **1,20 EUR;** Fixkosten = 60.000,00 EUR : 5
   = **12.000,00 EUR (1,00 EUR/St.)**
   var. Kosten = 60.000,00 EUR – 12.000,00 EUR = 48.000,00 EUR; var. Stückkost.
   = 48.000,00 EUR : 12.000 St. = **4,00 EUR**
   c) Gesamtgewinn = U – K = 6,20 EUR · 9.000 – (12.000,00 EUR + 4,00 EUR · 9.000)
   = **7.800,00 EUR**
   Stückgewinn = 7.800,00 EUR : 9.000 = **0,87 EUR**
   d) U = K 6,20 EUR · x = 12.000,00 EUR + 4,00 EUR · x → x = **5.455 Stück** (ca.)
   e) 6,20 EUR · x = 24.000,00 EUR + 3,00 EUR · x → x = **7.500 Stück**

6.

80 % von 800 Stück =	640 Stück	=	88.000,00 EUR	640 St. · 100,00 EUR =
90 % von 800 Stück =	720 Stück	=	96.000,00 EUR	64.000,00 EUR variable Kosten
Differenz	80 Stück	=	8.000,00 EUR	88.000,00 EUR Ges.kost. (640 St.)
variable Stückkosten	1 Stück	=	**100,00 EUR**	**24.000,00 EUR Fixkosten**

7. a) Gesamtkosten bei 500 Stück = 14.000,00 EUR
   Gesamtkosten bei 600 Stück 16.000,00 EUR
   variable Kosten 100 Stück 2.000,00 EUR
   → variable Stückkosten = 20,00 EUR
   Fixkosten = 14.000,00 EUR – (20,00 EUR · 500 St.) = 4.000,00 EUR
   30,00 EUR · x = 4.000,00 + 20,00 EUR · x → x = **400 St. NS**

   b) 30,00 EUR · x = 4.000,00 EUR + 20,00 EUR · x + 2.500,00 EUR → x = **650 Stück**

   c) 60 % von 800 Stück = 480 Stück

Preis	30,00 EUR
– variable Stückkosten	20,00 EUR
– fixe Stückkosten (4.000,00 EUR : 480 St.)	8,33 EUR
Stückgewinn	**1,67 EUR**

d) An der Kapazitätsgrenze von 800 Stück: Hier sind die Stückkosten am geringsten; der Anstieg der Kostengeraden ist stets kleiner als der Anstieg der Erlösgeraden.

e)

Preis	30,00 EUR
– Preissenkung	10,00 EUR
neuer Preis	20,00 EUR

Der Preis deckt gerade die variablen Stückkosten (somit kein Deckungsbeitrag – vgl. Deckungsbeitragsrechnung). Rechnerisch daher nicht sinnvoll, den Auftrag anzunehmen (z. B. aus Arbeitsplatzsicherungsgründen kurzfristig evtl. dennoch sinnvoll).

f) Kosten der Überbeanspruchung (erhöhter Verschleiß, Ausschuss, unwirtschaftlicher Energieeinsatz); evtl. bereits Anstieg der Fixkosten

8. a)

Gesamtkosten bei Ausbringung von 1.000 Stück	= 15 Mio. EUR
– variable Gesamtkosten bei 1.000 Stück	= 10 Mio. EUR
fixe Kosten **vor** Belastung	= 5 Mio. EUR

NS (VOR): 25.000,00 EUR · x = 5.000.000,00 EUR + 10.000,00 EUR · x
→ x = 333,333 = **334 Stück**

NS (NACH): 25.000,00 EUR · x = 6.000.000,00 EUR + 10.000,00 EUR · x
→ x = **400 Stück**

b) E – K = Gewinn → 25.000,00 EUR · x – (6.000.000,00 EUR + 10.000,00 EUR · x) = 2.000.000,00 EUR → x = **534 Stück**

c) **Gewinnmaximum:**
- praktisch bei 100 %; bei konstanten Erlösen und Grenzkosten und hier minimierter Fixkostenlast pro Stück
- im Unendlichen: Fixkostenlast pro Stück als Grenzwert = 0; Grenzkosten und Stückerlöse sind konstant.

9. a) Gewinnmaximum an der Kapazitätsgrenze = 5.000 Stück
variable Kosten bei 5.000 Stück: 1.250.000,00 + 210.000,00 = 1.460.000,00 EUR
Gewinn = E – K = 340,00 · 5.000 St. – 1.460.000,00 – 55.800,00 = **184.200,00 EUR**

b) Nutzenschwelle: 340,00 · x = 55.800,00 + (180,00 + 70,00 + 22,00 + 20,00) · x
x = 1.162,5 = **1.163 Stück**

c1) Die kurzfristige Preisuntergrenze liegt dort, wo die Erlöse gerade noch die variablen Stückkosten decken, also bei **292,00 EUR/Stück.**

c2) langfristige Preisuntergrenze bei den Stückkosten:
$k = k_f : x + k_v$ = 55.800,00 : 5.000 St. + 292,00 = **303,16 EUR**

d1) 5.000 Stück + 20 % = 6.000 Stück; $K_f \cdot 2$ = 111.600,00 EUR; k_v – 25 % = 219,00 EUR
Stückkosten bei 6.000 Stück: (111.600,00 + (219,00 · 6.000 St.) : 6.000 St. = **237,60 EUR**

d2) Stückgewinn = Preis – Stückkosten = 340,00 – 237,60 = **102,40 EUR**

d3) technischer Fortschritt, z. B. Fotosatzverfahren, NC-Drehbänke ...

d4) K = U → 111.600,00 + 219,00 · x = 238,00 · x → x = **5.873,68 Stück**

3.2 Abituraufgaben Profil Internationale Wirtschaft

Abituraufgaben 2014 (Aufgabe 1, Teil 2, teilweise)

4.1
- Die gewinnmaximale Produktionsmenge liegt an der Kapazitätsgrenze, da sich die Fixkosten bei einer Steigerung der Produktionsmenge auf eine größere Menge verteilen (Fixkostendegression) und somit die Stückkosten geringer werden.
- Gewinn = Erlös – Kosten = 3.000 · 820,00 EUR – 2.050.000,00 EUR = 410.000,00 EUR

4.2 variable Stückkosten: $\frac{2.050.000 - 1.160.000}{3.000 - 1.000} = 445{,}00$ EUR/Stück

Fixkosten: 1.160.000,00 – 445,00 · 1.000 = 715.000,00 EUR im Geschäftsjahr

<u>Berechnung des Break-even-Points:</u>

Break-even-Point (alt):	820x	= 445x + 715.000,00 EUR
	x	= 715.000,00 EUR : 375
	x	= 1.906,67 Stück

Vor der Erhöhung der variablen Stückkosten erzielte das Unternehmen ab einer Menge von 1.907 Stück Gewinn.

k_{vneu} = 445,00 EUR · 1,05
= 467,25 EUR

Break-even-Point (neu):	820x	= 467,25x + 715.000,00 EUR
	x	= 715.000,00 EUR : 352,75
	x	= 2.026,93 Stück

Nach der Erhöhung der variablen Stückkosten erzielte das Unternehmen ab einer Menge von 2.027 Stück Gewinn.

Die abgesetzte Menge muss um 120 Stück ansteigen, um einen Verlust zu vermeiden.

Abituraufgaben 2015 (Aufgabe 2, Teil 2)

4.1 8.800 Stück = 100 % Beschäftigungsgrad

80 % = 7.040 Stück
70 % = 6.160 Stück

$$k_v = \frac{K_2 - K_1}{x_2 - x_1} = \frac{310.400{,}00 \text{ EUR} - 295.000{,}00 \text{ EUR}}{7.040 \text{ Stück} - 6.160 \text{ Stück}} = 17{,}50 \text{ EUR/Stück}$$

K_{fix} = 295.000,00 EUR – 6.160 Stück · 17,50 EUR = 187.200 EUR

k_{Januar} = 187.200,00 EUR : 6.160 Stück + 17,50 EUR = 47,89 EUR/Stück

$k_{März}$ = 187.200,00 EUR : 8.800 Stück + 17,50 EUR = 38,77 EUR/Stück

Mit steigendem Beschäftigungsgrad sinken die Stückkosten. Die Fixkosten verteilen sich auf eine größere Stückzahl. Damit sinkt der Anteil der fixen Kosten an den Stückkosten. Die Stückkosten nehmen insgesamt ab (Degression der Fixkosten, Gesetz der Massenproduktion).

4.2 Gewinnschwelle:

$$x = \frac{K_{fix}}{e - k_v} = \frac{187.200{,}00 \text{ EUR}}{55{,}00 \text{ EUR} - 17{,}50 \text{ EUR}} = 4.992 \text{ Stück}$$

Der Deckungsbeitrag entspricht der Höhe der Fixkosten.

4.3 Gewinn Februar = Erlöse – Kosten
= 55,00 EUR · 7.040 Stück – 310.400,00 EUR
= 76.800,00 EUR

20 % von 17,50 EUR = 3,50 EUR, davon 6 % = 0,21 EUR
k_{vneu} = 17,71 EUR/Stück

Erlös – $k_{vneu} \cdot x - K_{fix}$ = Gewinn Februar

(55,00 EUR · x) – (17,71 EUR · x) – 187.200,00 EUR = 76.800,00 EUR

x = 7.079,646 Stück

Mehrproduktion im April im Vergleich zum Monat Februar: 40 Stück

4.4 Sofern die Absatzsteigerung nur vorübergehend ist, sollte die Tierer GmbH trotz überproportional ansteigender variabler Kosten (Überstundenzuschläge, höhere Abnutzung der Produktionsmaschinen) die Mehrproduktion durch Überstunden bewältigen. Zusätzliche Maschinen würden in diesem Fall zu höheren Fixkosten führen, die das Unternehmen langfristig belasten.

Sofern eine langfristige Absatzsteigerung zu erwarten ist, ist es wirtschaftlich sinnvoller, die anhaltende Mehrproduktion durch zusätzliche Maschinen und Arbeitskräfte aufzufangen. Langfristige Überstunden würden hier sowohl die Arbeitskräfte zu stark belasten (erhöhter Krankenstand, sinkende Produktivität) als auch zu Kostensteigerungen durch stärkere Abnutzung der Maschinen führen.

4.5 Bei sinkendem Beschäftigungsgrad steigen die Stückkosten, da sich die Fixkosten auf weniger Stück verteilen (Fixkostenprogression). Die langfristige Preisuntergrenze steigt. Eine daran orientierte Preisgestaltung würde zu höheren Angebotspreisen führen, obwohl in dieser Situation eine Preissenkung marktgerecht wäre. Sie ist deshalb ungeeignet.

Die Orientierung an der kurzfristigen Preisuntergrenze (= variable Stückkosten) ist sinnvoller, da sich Beschäftigungsschwankungen nicht auswirken. Die Produktion wird kurzfristig nicht eingestellt, solange der Preis die variablen Stückkosten deckt.

Langfristig müssen allerdings die Gesamtkosten gedeckt sein, um den Unternehmensfortbestand zu sichern.

Abituraufgaben 2018 (Aufgabe 3, teilweise)

4.1

	Auslastung	Stück	Gesamtkosten in £
Januar	78,125 %	2.500	91.000,00
Februar	62,500 %	2.000	76.000,00
Differenz		500	15.000,00

Kostenauflösung:
k_v = Kostendifferenz : Mengendifferenz = 15.000,00 £ : 500 St. = 30,00 £

Zusatzauftrag:
db = p – k_v = 39,90 £ – 30,00 £ = 9,90 £
DB = db · x = 9,90 £ · 1.000 = 9.900,00 £

Kapazität reicht aus: 1.800 + 1.000 = 2.800 < 3.200
Das Betriebsergebnis des Monats April würde sich um 9.900,00 £ verbessern.

4.2 Argument dafür:
Eine höhere Auslastung senkt die Stückkosten, macht das Unternehmen wettbewerbsfähiger und sichert die Beschäftigung von Arbeitnehmern.

Argument dagegen:
Günstigere Endverkaufspreise für nur einen einzelnen Abnehmer führen eventuell zu Schwierigkeiten bei Preisverhandlungen mit Stammkunden.

schülerindividuelle Beurteilung

3.3 Abituraufgaben Profil Wirtschaft

Abituraufgaben 2013 (Aufgabe 1, teilweise)

5.1 $k_v = \frac{132.000 - 124.000}{1.600 - 1.200} = 20{,}00$ EUR je Stück

$132.000 = K_f + 1.600 \cdot 20$

$K_f = 100.000{,}00$ EUR

$x = \frac{100.000}{120 - 20} = 1.000$ Stück, folglich liegt der Beschäftigungsgrad bei 50 %.

5.2 Der maximale Stückgewinn liegt bei linearem Kosten- und Erlösverlauf an der Kapazitätsgrenze.

$g = 120 - (20 + \frac{100.000}{2.000}) = 50{,}00$ EUR je Stück

5.3

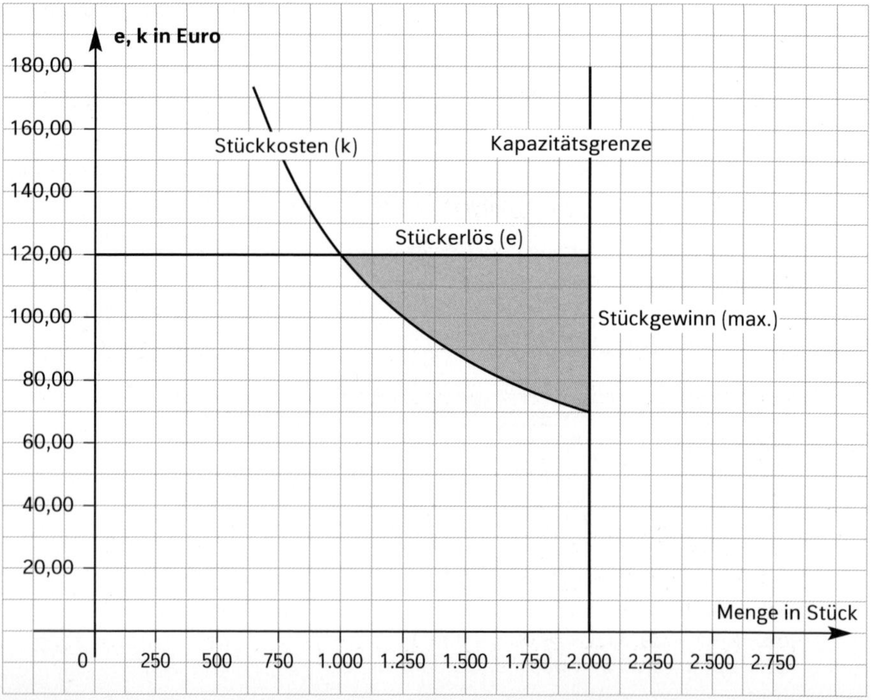

4 Kosten- und Leistungsrechnung IV: Deckungsbeitragsrechnung (Teilkostenrechnung)

4.1 Grundlagen

1. a)

	A	B	C	Insgesamt
Erlöse (in Euro)	900.000,00	1.700.000,00	1.250.000,00	3.850.000,00
Gesamtkosten (in Euro)	850.000,00	1.350.000,00	1.360.000,00	3.560.000,00
Betriebsergebnis (in Euro)	50.000,00	350.000,00	– 110.000,00	290.000,00

b1)

	A	B	C	Insgesamt
Erlöse (in Euro)	900.000,00	1.700.000,00	1.250.000,00	3.850.000,00
variable Kosten (in Euro)	650.000,00	1.200.000,00	860.000,00	2.710.000,00
Deckungsbeitrag (in Euro)	250.000,00	500.000,00	390.000,00	1.140.000,00
Fixkosten				850.000,00
Betriebsergebnis insgesamt (vgl. a)				**290.000,00**

b2)

	A	B	Insgesamt
Erlöse (in Euro)	900.000,00	1.700.000,00	2.600.000,00
variable Kosten (in Euro)	650.000,00	1.200.000,00	1.850.000,00
Deckungsbeitrag (in Euro)	250.000,00	500.000,00	750.000,00
Fixkosten			850.000,00
Betriebsergebnis insgesamt			– **100.000,00**

Fehlender Deckungsbeitrag C (390.000,00 EUR) vermindert Betriebsergebnis in dieser Höhe.

b3) Arbeitsplatzerhaltung, „Vorzeigeartikel“, Sortimentsvielfalt, negativer DB evtl. nur vorübergehend, Komplementärartikel ...

b4) Preisuntergrenze = variable Stückkosten:
A: 650.000,00 : 30.000 St. = **21,67 EUR** B: **40,00 EUR** C: **24,58 EUR**

2./3. Vgl. Stofftelegramm.

4. a)

	Mineralwasser	Bier	Insgesamt
Erlöse (in Euro)	420.000,00	180.000,00	600.000,00
variable Kosten (in Euro)	217.200,00	90.000,00	307.200,00
Deckungsbeitrag (in Euro)	202.800,00	90.000,00	292.800,00
Fixkosten			185.000,00
Betriebsergebnis			**107.800,00**

b1) Deckungsbeitrag ohne zusätzlichen Absatz von 30.000 Kästen Bier:

Verkaufserlös	180.000,00 EUR
– Einstandspreis (15.000 St. · 7,50)	112.500,00 EUR
Deckungsbeitrag	67.500,00 EUR

Deckungsbeitrag mit zusätzlichem Absatz von 30.000 Kästen Bier:

Verkaufserlös (15.000 St. · 12,00 + 30.000 St. · 8,00)	420.000,00 EUR
– Einstandspreis (45.000 St. · 7,50)	337.500,00 EUR
Deckungsbeitrag	82.500,00 EUR

b2) Der zusätzliche Deckungsbeitrag trägt zur Erhöhung des Betriebsergebnisses bei.

b3) Bei einer Bierumsatzerhöhung um 200 % steigen neben den Fixkosten evtl. auch die variablen Kosten.

5. a1)

	A	B	C	D
Erlöse in Euro/100 l	200,00	100,00	270,00	285,00
variable Kosten in Euro/100 l	100,00	100,00	100,00	100,00
Deckungsbeitrag in Euro	100,00	70,00	170,00	185,00

Rangfolge: D – C – A – B

a2) DB in Euro: 200.000,00 (A), 35.000,00 (B), 374.000,00 (C), 185.000,00 (D); Rangfolge: C – A – D – B

b) Erhaltung der Arbeitsplätze, „Vorzeigeartikel", Sortimentsvielfalt, evtl. Komplementärartikel, Preisausgleich mit anderen Produkten ...

c) Ohne Teilkostenrechnung würde man diejenigen Aufträge ablehnen, deren Erlöse die Vollkosten nicht decken. Jeder Auftrag trägt jedoch zur Gewinnsteigerung bei, bei dem die Erlöse die variablen Kosten übersteigen (positiver Deckungsbeitrag).

6. a)

Preis je St.	Erlöse je Sorte	Selbstkosten je Sorte	Menge	Gewinn/Verlust j. Sorte
A 340,00	1.700.000,00	1.515.800,00	5.000	+ 184.200,00
B 395,00	2.765.000,00	2.658.000,00	7.000	+ 107.000,00
C 445,00	1.780.000,00	1.773.000,00	4.000	+ 7.000,00
		Betriebsgewinn:		+ 298.200,00

b1)

Preis je St.	Erlöse je Sorte	Selbstkosten je Sorte	Menge	Gewinn/Verlust j. Sorte
A 340,00	1.530.000,00	1.369.800,00	4.500	+ 160.200,00
B 395,00	2.488.500,00	2.399.000,00	6.300	+ 89.500,00
C 445,00	1.602.000,00	1.621.000,00	3.600	– 19.000,00
		Betriebsgewinn:		+ 230.700,00

b2) Der Fixkostenanteil an den Gesamtkosten wird bei sinkender Absatzmenge größer.

c1)

Menge C	Gesamtkosten	Differenzkosten	k_v	Fixkosten
4.000	1.773.000,00	152.000,00	380,00	253.000,00
3.600	1.621.000,00			

Wenn die fixen Kosten von 253.000,00 EUR kurzfristig nicht abgebaut werden können, müssen die Produkte A und B diese Fixkosten tragen.

Gewinn A	160.200,00 EUR
Gewinn B	89.500,00 EUR
	249.700,00 EUR
– Fixkosten C	253.000,00 EUR
Verlust	3.300,00 EUR

Es ist ungünstig, das Produkt C aus der Produktion zu nehmen, da sich sonst ein Verlust von 3.300,00 EUR ergibt.

c2)

Preis je St.	k_v	db	Menge	DB
A 340,00	292,00	48,00	4.500	216.000,00
B 395,00	370,00	25,00	6.300	157.500,00
C 445,00	380,00	65,00	3.600	234.000,00

c3) Solange ein Deckungsbeitrag für C vorhanden ist, soll C produziert werden, da der Deckungsbeitrag zur Fixkostendeckung beiträgt.

d)

Preis je St.	k_v	db	Menge	Fixkosten	DB	Nettogewinn
A 340,00	292,00	48,00	4.500	55.800,00	216.000,00	160.200,00
B 395,00	370,00	25,00	6.300	68.000,00	157.500,00	89.500,00
C 445,00	443,00	2,00	3.600	253.000,00	7.200,00	–245.800,00

Betriebsgewinn: 3.900,00

Bezug von außen: Gewinnminderung 230.700,00 – 3.900,00 = 226.800,00 EUR → nicht sinnvoll!

4.2 Abituraufgaben Profil Internationale Wirtschaft

Abituraufgaben 2014 (Aufgabe 1, Teil 2, teilweise, verändert)

3.1

Artikelbezeichnung	Menge in Stück	Preis je Stück (in Euro)	Erlös (in Euro)	Variable Kosten je Stück (in Euro)	Variable Kosten (in Euro)	Deckungsbeitrag (in Euro)
Typ A	5.000	750,00	3.750.000,00	320,00	1.600.000,00	2.150.000,00
Typ B	4.200	830,00	3.486.000,00	450,00	1.890.000,00	1.596.000,00
Typ C	7.500	850,00	6.375.000,00	470,00	3.525.000,00	2.850.000,00
Typ D	6.300	920,00	5.796.000,00	490,00	3.087.000,00	2.709.000,00
Summe						9.305.000,00

Deckungsbeiträge	9.305.000,00 EUR
– Gewinn	4.500.000,00 EUR
= fixe Kosten	4.805.000,00 EUR

3.2

Artikelbezeichnung	Menge (in Stück, alt)	Nachfragerückgang (in Stück)	db/St. (in Euro)	Veränderung DB (in Euro)
Typ A	5.000	750	430,00	–322.500,00
Typ B	4.200	420	380,00	–159.600,00
Summe				–482.100,00
Typ C	7.500		380,00	

482.100,00 EUR : 380,00 EUR = 1.268,68 Stück → 1.269 Stück Mehrabsatz

Es müssen insgesamt 8.769 Fenster des Typs C abgesetzt werden.

3.3 Maximalkapazität: 22.800 Minuten

Artikelbezeichnung	Planmenge (in Stück)	Produktionszeit je Stück (in Min.)	db/St. (in Euro)	Rel. db (in Euro)	Rang	Mindestmenge (in Stück)	Zeit (in Min.)	Restkapazität (in Min.)	Stück insgesamt
Typ A	400	15	430,00	28,67	1	200	3.000	3.000	400
Typ B	350	23	380,00	16,52	4	175	4.025		175
Typ C	600	20	380,00	19,00	2	350	7.000	1.400	420
Typ D	350	25	430,00	17,20	3	175	4.375		175
Summe							18.400	4.400	

Abituraufgaben 2016 (Aufgabe 1, Teil 2)

2.1 Umsatzerlöse: 90.000 · 10,50 EUR 945.000,00 EUR

abzügl. variabler Kosten 644.000,00 EUR

DB Shirts 301.000,00 EUR

40 % der fixen Kosten in Höhe von 700.000,00 EUR = 280.000,00 EUR
→ Barverkaufspreis in Höhe von 10,50 EUR reicht aus.

db = 280.000,00 EUR : 90.000 Stück = 3,11 EUR pro Stück
Barverkaufspreis (neu) = k_v + db = 7,16 EUR + 3,11 EUR = 10,27 EUR

Der Barverkaufspreis muss mindestens 10,27 EUR betragen.

2.2

Verkaufspreis pro Stück	8,50 EUR
k_v pro Stück (= 644.000,00 EUR : 90.000 Stück)	7,16 EUR
db pro Stück	1,34 EUR
Gesamt-DB Auftrag (1,34 EUR · 15.000 Stück)	20.100,00 EUR

Bei freien Kapazitäten sollte dieser Zusatzauftrag angenommen werden, da er einen zusätzlichen Deckungsbeitrag in Höhe von 20.100,00 EUR erwirtschaftet.

2.3 Da für kurzfristige Absatzentscheidungen nur die variablen Kosten relevant sind, ermöglicht die Deckungsbeitragsrechnung die Optimierung des Produktionsprogramms sowie Entscheidungen bezüglich der Anpassung an kurzfristige Beschäftigungsschwankungen.

3. Relative Deckungsbeitragsrechnung:

Prüfzeit Shirt in Minuten	6
Prüfzeit Hose in Minuten	10
Max. Prüfzeit in Stunden	450
Arbeitszeit in Minuten	27.000
Nettoverkaufserlös pro Shirt	12,50 EUR
Nettoverkaufserlös pro Hose	19,50 EUR
k_v Shirt	4,10 EUR
k_v Hose	8,20 EUR
Abs. db/Shirt	8,40 EUR
Abs. db/Hose	11,30 EUR
db Shirts/Stunde	84,00 EUR
db Hosen/Stunde	67,80 EUR

	Lieferzusagen in Stück	Benötigte Prüfzeit in Stunden
Shirts	1.600	160
Hosen	1.500	250
Reststunden		40
Restminuten		2.400

Shirts: höherer rel. db, Produktion von 300 Stück ≙ 30 Std. Prüfmaschine → restliche 10 Std.: 60 Hosen

Optimales Produktionsprogramm für Auftrag im Juni				
	Lieferzusagen	Zusatz-produktion	Stück insgesamt	DB
Shirts	1.600	300	1.900	15.960,00 EUR
Hosen	1.500	60	1.560	17.628,00 EUR
				Summe: 33.588,00 EUR

4.1

	Eigenfertigung	Fremdbezug
Verkaufserlös pro Stück	10,50 EUR	10,50 EUR
Durchschnittliche monatliche Produktions- und Absatzmenge	1.500	1.500
Proportional-variable Stückkosten	5,20 EUR	7,68 EUR
Fixe Kosten pro Monat	6.000,00 EUR	2.000,00 EUR
Stück-Deckungsbeitrag db	5,30 EUR	2,82 EUR
Gesamtdeckungsbeitrag DB	7.950,00 EUR	4.230,00 EUR
– Fixkosten	–6.000,00 EUR	–2.000,00 EUR
= Betriebsergebnis (Monat)	1.950,00 EUR	2.230,00 EUR

Fremdbezug ist unter dem Aspekt des höheren Betriebsergebnisses sinnvoll. Trotz höheren Deckungsbeitrags bei Eigenfertigung ist der Fremdbezug aufgrund der Reduktion der Fixkosten um $^2/_3$ vorteilhafter.

Mögliche Einwände:

- Annahme der „durchschnittlichen" Absatzmenge problematisch
- eventueller Imageschaden durch Produktion in Asien
- Einhaltung der Qualitätsstandards eventuell schwierig

(zwei Aspekte erforderlich)

4.2 Kosten Eigenfertigung = Kosten Fremdbezug:
$5{,}2x + 6.000 = 7{,}68x + 2.000$
$\rightarrow x = 1.612{,}90$

Die Stückkosten sind bis zu einer produzierten und abgesetzten Menge von 1.612 Stück bei Eigenfertigung höher als bei Fremdbezug. Ab einer Menge von 1.613 Stück ist es unter Kostenaspekten günstiger, die Shirts selbst zu produzieren.

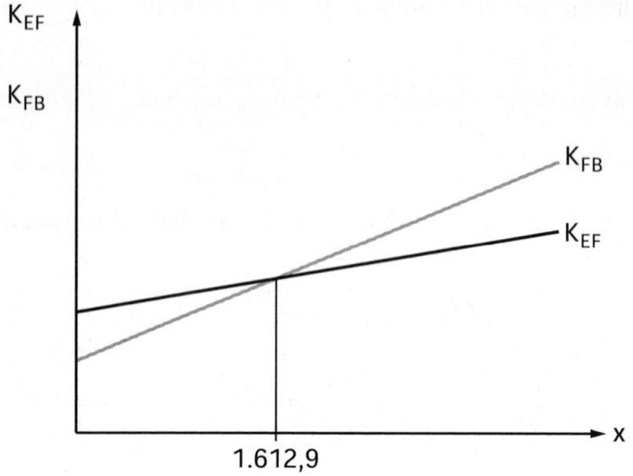

4.3 Abituraufgaben Profil Wirtschaft

Abituraufgaben 2011 (Aufgabe 3, teilweise, verändert)

2.1 Betriebsergebnis = DB – K_f = 480.000,00 – 600.000,00 = –120.000,00 EUR (Verlust)

Die Gewinnschwelle erfordert einen Deckungsbeitrag in Höhe der Fixkosten. Der DB ist somit um 120.000,00 EUR auf die Höhe der K_f (= 600.000,00 EUR) zu steigern.

120.000,00 · 100 : 480.000,00 = 25 % (notwendige Steigerung des DB)

Weil E, K_v und DB, ausgehend vom Ursprung, linear verlaufen, müssen die Erlöse um denselben Faktor gesteigert werden:

1.000.000,00 · 1,25 = 1.250.000,00 EUR (Gewinnschwellen-Erlös)

2.2 Der maximal erreichbare Gewinn wird an der Kapazitätsgrenze erzielt.

Beschäftigungsgrad = $66\frac{2}{3}$ % → DB = 480.000,00 EUR
Beschäftigungsgrad = 100 % → DB = 720.000,00 EUR

Betriebsergebnis = DB – K_f = 720.000,00 – 600.000,00 = 120.000,00 EUR

Abituraufgaben 2012 (Aufgabe 2, teilweise)

7.1

	AXXON	DELTA	XYLON
Erlöse	236,00 EUR	148,00 EUR	132,00 EUR
Fertigungslöhne	80,00 EUR	80,00 EUR	40,00 EUR
Sonstige variable Kosten	72,00 EUR	16,00 EUR	34,00 EUR
Stückdeckungsbeitrag	84,00 EUR	52,00 EUR	58,00 EUR
Produktbeitrag (gesamt)	20.160,00 EUR	15.600,00 EUR	23.200,00 EUR
Gesamtdeckungsbeitrag		58.960,00 EUR	

7.2 Benötigte Fertigungszeit ohne Kapazitätsbeschränkung:

AXXON	240 St. · 4 =	960 Stunden
DELTA	300 St. · 4 =	1.200 Stunden
XYLON	400 St. · 2 =	800 Stunden
Summe		2.960 Stunden

Es liegt eine Engpasssituation vor. Deshalb richtet sich die Rangfolge nach dem relativen Deckungsbetrag.

	AXXON	DELTA	XYLON
Stückdeckungsbeitrag	84,00 EUR	52,00 EUR	58,00 EUR
Engpassfaktor Zeit	4 Stunden	4 Stunden	2 Stunden
Relativer Deckungsbeitrag	21,00 EUR/Std.	13,00 EUR/Std.	29,00 EUR/Std.
Rangfolge	2	3	1
Optimales Produktionsprogramm	240 Stück	200 Stück	400 Stück
Fertigungszeit	960 Stunden	800 Stunden	800 Stunden

Abituraufgaben 2013 (Aufgabe 1, teilweise)

6.1

Typ	A	B	C
Verkaufspreis in Euro	15,00	21,00	12,50
Fertigungszeit in Min.	5	10	8
Fertigungslohn pro Stück	3,00	6,00	4,80
Sonstige variable Stückkosten in Euro	7,00	12,00	5,00
Summe variable Stückkosten in Euro	10,00	18,00	9,80
Stückdeckungsbeitrag in Euro	5,00	3,00	2,70
Produktrangfolge	1	2	3

Es ergibt sich folgende Zusammensetzung der Lieferung:

600 Stück von **A**
200 Stück von **B**
200 Stück von **C**

6.2

Typ	A	B	C	Summe
Fertigungszeit in Min.	5	10	8	
Maximale Absatzmenge in Stück	10.000	10.000	10.000	
Fertigungsminuten insges.	50.000	100.000	80.000	230.000
Kapazität in Min.				180.000

Vorliegen einer Engpasssituation: Engpass „Fertigungszeit“

Typ	A	B	C
Stückdeckungsbeitrag in Euro	5,00	3,00	2,70
Relativer Deckungsbeitrag pro Min.	1,00	0,30	0,3375
Rangfolge	1	3	2
Optimales Produktionsprogramm in Stück	**10.000**	**5.000**	**10.000**
Fertigungszeit in Min.	50.000	50.000	80.000

7.
- Die kurzfristige Preisuntergrenze liegt bei 10,00 EUR/Stück.
- Weil in einem Mehrproduktunternehmen eine Zuordnung der Fixkosten auf die einzelnen Produkte nicht möglich/sinnvoll ist.

Abituraufgaben 2015 (Aufgabe 3, teilweise)

2.1 $k_v = \frac{98.000 - 77.000}{900 - 600} = 70{,}00$ EUR pro Stück

$K(900) = 98.000$

$98.000 = K_f + 70 \cdot 900$

$K_f = 35.000{,}00$ EUR pro Monat

$E = K$

$120x = 70x + 35.000$

$x =$ **700 Stück**

2.2 Langfristige Preisuntergrenze = Stückkosten

k = 70,00 EUR + (35.000,00 EUR : 1.250 Stück) = **98,00 EUR**

2.3

	Erlös	Kosten	Betriebsergebnis
Januar	72.000,00 EUR	77.000,00 EUR	–5.000,00 EUR
Februar	108.000,00 EUR	98.000,00 EUR	10.000,00 EUR
März	126.000,00 EUR	108.500,00 EUR	17.500,00 EUR
Summe	306.000,00 EUR	283.500,00 EUR	**22.500,00 EUR**

2.4 e = 120,00 EUR

e_{Zusatz} = 120,00 EUR · 0,7 = 84,00 EUR

k_v = 70,00 EUR

$k_{v/Überstundenzuschlag}$ = 28,00 EUR · 0,25 = 7,00 EUR

$k_{v/neu}$ = 70,00 EUR + 7,00 EUR = 77,00 EUR

Betriebsergebniserhöhung = (84,00 EUR – 11,00 EUR) · 200 Stück = **1.400,00 EUR**

2.5 Für die Annahme des Auftrags:

Erschließung eines neuen Absatzgebietes

Gegen die Annahme des Auftrags:

Überlastung der Mitarbeiter durch Überstunden

3.1 Die Prüfzeiten betragen pro Monat 236 Stunden.
Prüfzeit in Minuten: 236 · 60 = 14.160 Min.

Modell	Modell 1	Modell 2	Modell 3
e	2.780,00 EUR	2.145,00 EUR	1.660,00 EUR
k_v	2.060,00 EUR	1.200,00 EUR	1.300,00 EUR
db	720,00 EUR	945,00 EUR	360,00 EUR
relativer db (je Minute)	9,00 EUR	13,50 EUR	12,00 EUR
Rangfolge	3	1	2
benötigte Zeit	8.000 Min.	8.400 Min.	4.800 Min.
zugeteilte Zeit	960 Min.	8.400 Min.	4.800 Min.
optimales Produktionsprogramm	**12 Stück**	**120 Stück**	**160 Stück**

3.2 Betriebsergebnis = (945,00 EUR · 120 + 360,00 EUR · 160 + 720,00 EUR · 12)
− 120.000,00 EUR = **59.640,00 EUR**

5 Rechtsformen I: Grundlagen – Personengesellschaften

5.1 Kaufmann – Handelsregister – Firma

Kaufmann im Sinne des HGB

1. für Kaufleute nach HGB

2. Gewerbetr. mit kfm. Geschäftsbetrieb:
   - Kaufleute nach HGB, Eintragungspflicht
   - HR-Eintrag ist deklaratorisch.

   Gewerbetr. ohne kfm. Geschäftsbetrieb:
   - Kannkaufleute, Eintragungswahlrecht
   - Falls HR-Eintrag: Eintrag ist konstitutiv, sie werden Kaufleute nach HGB.
   - falls kein HR-Eintrag: Nichtkaufleute

3. - kein HR-Eintrag
   - keine Firma (Bei Tod des Inhabers bzw. Verpachtung darf Name nicht weitergeführt werden.)
   - vereinfachte Aufzeichnungspflichten (keine Inventar-, Bilanzerstellung, keine Handelsbücher)
   - Prokura-Erteilung nicht möglich
   - OHG, KG nicht möglich (lediglich BGB-Gesellschaft erlaubt)
   - Bürgschaftserklärungen nur schriftlich
   - Prüfungs- und Rügefrist bei Lieferungen: innerhalb sechs Monaten nach Lieferung

4. - alle Kapitalgesellschaften
   - alle Gewerbetreibende mit kfm. Geschäftsbetrieb

5. - Formkaufleute: Eintrag konstitutiv
   - sonstige Gewerbetreibende mit kfm. Geschäftsbetrieb: Eintrag deklaratorisch

6. - Mitarbeiterzahl
   - Umsatz
   - Größe der Räume
   - Zahl Zweigniederlassungen
   - Höhe der Forderungen
   - Art der Geschäftsabwicklung
   - Teilnahme Kreditverkehr
   - Vermögen

7. Kannkaufmann:
   - kann sich ins HR eintragen lassen
   - Beispiele: Gewerbetreibende ohne kfm. Geschäftsbetrieb, Land- und Forstwirte

   Formkaufmann:
   - muss sich ins Handelsregister eintragen lassen
   - alle Kapitalgesellschaften (GmbH, AG)

8. Nein. Kaufmann im Sinne des HGB ist hier die GmbH (Formkaufmann).

9. Gewerbetreibende ohne kfm. Geschäftsbetrieb, die nicht im HR eingetragen sind (Nichtkaufleute)

10. - volle Buchführungspflichten → höhere Kosten
    - unverzügl. Prüfungs- und Rügepflichten

11. a) Kaufmann nach HGB
    b) Kaufmann nach HGB
    c) kein Kaufmann im Sinne des HGB (kein Gewerbebetrieb, sondern freier Beruf)
    d) Kannkaufmann; bei HR-Eintrag: Kaufmann nach HGB; kein HR-Eintrag: Nichtkaufmann
    e) Formkaufmann, Kaufmann nach HGB
    f) Kannkaufmann, bei HR-Eintrag: Kaufmann nach HGB; kein HR-Eintrag: Nichtkaufmann
    g) Kaufmann nach HGB („e. K."!)
    h) Kaufmann nach HGB („e. K."!)
    i) Formkaufmann, Kaufmann nach HGB
    j) kein Kaufmann im Sinne des HGB

Handelsregister – Firma

1. öffentliches Verzeichnis aller Kaufleute nach HGB des Amtsgerichtsbezirks

2. Amtsgericht (speziell: Registergericht)

3. Firma, Inhaber, Kapital, Geschäftssitz, Gegenstand des Unternehmens, Geschäftsführer, Vorstände, Prokura

4. jeder

5. durch rotes Unterstreichen

6. Veröffentlichung im Bundesanzeiger und in einer örtlichen Tageszeitung

7.
   - Informationsquelle für jeden über wichtige Tatsachen (Gesellschafter, Kapitalverhältnisse ...) von Kaufleuten nach HGB
   - Schaffung klarer Rechtsgrundlagen

8.
   - Banken (Klärung der Rechtsverhältnisse vor Kreditvergabe)
   - Lieferanten (Klärung der Vertretungsbefugnisse)
   - Rechtsanwälte (Klärung der Vertretungsbefugnisse)
   - Krankenkassen, Detekteien, Notariate

9. **Abteilung A:** Einzelunternehmen und Personengesellschaften
   Abteilung B: Kapitalgesellschaften

10. Eingetragene und bekannt gemachte Tatsachen muss jeder gegen sich gelten lassen (§ 15 Abs. 2 HGB).

11. **Deklaratorisch (rechtsbezeugend):**
    Die Tatsachen waren schon vor ihrer Eintragung rechtswirksam (z. B. Prokura, Beginn der Einzelunternehmung, OHG, KG).

    Konstitutiv (rechtserzeugend):
    Die Tatsache wird erst durch die Eintragung rechtswirksam (z. B. Gründung Kapitalgesellschaft, Kannkaufleute).

12. Richtig sind: b, e, g, j.

13./14. Vgl. Stofftelegramm.

15. a) Sachfirma b) Mischfirma c) Personenfirma
    d) Fantasiefirma e) Personenfirma f) Mischfirma

16.
    - Einwilligung der bisherigen Inhaberin
    - Die Firma muss weiterhin als Modegeschäft betrieben werden.

17. Nein. Verstoß gegen den Grundsatz der Firmenunterscheidbarkeit (Verwechslungsgefahr). Es muss eine andere Firma gewählt werden, die sich zumindest durch einen Zusatz von der bereits bestehenden Firma unterscheidet.

18. Nein, da Verstoß gegen Irreführungsverbot. Die Firma muss geändert werden.

5.4 Einzel- oder Gesellschaftsunternehmung

1. Knut Säusel e. K., Säusel e. K. ...

2. unbeschränkt (Privat- und Geschäftsvermögen haften.) 3. + 4. + 5. Vgl. Stofftelegramm.

5.5 Offene Handelsgesellschaft (OHG)

1. formfrei möglich, meist aus Beweisgründen jedoch schriftlich

2. e, f (Begründung: Zusatz „OHG“ zwingend)

3. a) Nein. Der Zusatz muss „OHG“ lauten. Der Firmenkern kann beibehalten werden.
   b) Nein. Dies wäre eine Täuschung Dritter. Die Haftungsverschlechterung muss ersichtlich werden. Firmenwahrheit! Zusatz also z. B. „e. K.“, „e. Kfm.“ ...
   c) Nein (vgl. b). Nur erlaubt, wenn nach Ausscheiden von Schnuff noch mindestens drei Gesellschafter da wären und Schnuff der Beibehaltung seines Namens zustimmt (§ 24 Abs. 2 HGB).
   d) Ja, wenn Schnorr einwilligt (§ 24 Abs. 2 HGB).

4. a) **Unbeschränkt:** Haftung mit Kapitalanteil und Privatvermögen
   Unmittelbar (direkt): Jeder Gläubiger kann sich direkt an einen Gesellschafter halten. Der Gesellschafter hat keine „Einrede der Vorausklage“ gegen die Gesellschaft, jedoch einen Ausgleichsanspruch gegenüber den anderen Gesellschaftern.
   Gesamtschuldnerisch (solidarisch): Alle Gesellschafter haften für die gesamten Schulden der Gesellschaft.
   b) **Haftung:** betrifft Außenverhältnis (Haftung gegenüber Dritten)
   Verlustbeteiligung: betrifft Innenverhältnis (Verringerung des Kapitalanteils)

5. **Gewinnverteilung:** 4 % des Kapitals, Rest nach Köpfen
   Verlustverteilung: nach Köpfen

6. **Gesetzliches Wettbewerbsverbot:** ohne Zustimmung der anderen Gesellschafter keine eigenen Geschäfte im Handelsgewerbebereich der OHG sowie keine Beteiligung an einem gleichartigen Unternehmen als persönlich haftender Gesellschafter

   Beispiele:
   - Der OHG-Gesellschafter einer Maschinenfabrik darf nicht auf eigene Rechnung Maschinen verkaufen.
   - keine Beteiligung als OHG-Gesellschafter oder Komplementär an einer anderen gleichartigen Gesellschaft

7. **Innenverhältnis (Geschäftsführung):**

   Einzelgeschäftsführungsbefugnis nur für gewöhnliche Geschäfte. Bei außergewöhnlichen Geschäften müssen alle Gesellschafter zustimmen (Gesamtgeschäftsführungsbefugnis). Da hier ein außergewöhnliches Geschäft vorliegt, hat B seine Kompetenzen überschritten und ist gegebenenfalls den anderen Gesellschaftern gegenüber schadenersatzpflichtig.

Außenverhältnis (Vertretung):

Einzelvertretungsbefugnis für alle gewöhnlichen und außergewöhnlichen Geschäfte. Der Kaufvertrag ist also gültig.

8. Ja, der Kaufvertrag ist gültig. Der Umfang der Vertretungsmacht ist unbeschränkbar. Dies gilt auch, wenn ein Dritter von der Beschränkung wusste (§ 126 Abs. 2 HGB). Im Innenverhältnis können jedoch B und C von A gegebenenfalls Schadenersatz verlangen.

9. a) Anmeldung dieses Ausschlusses von sämtlichen Gesellschaftern zur Eintragung ins Handelsregister (§ 125 Abs. 4 HGB)
   b) Vereinbarung einer Gesamtvertretung (§ 125 Abs. 2 HGB) oder Vertretung zusammen mit einem Prokuristen (§ 125 Abs. 3 HGB)
   c) Beschränkung des Umfangs der Vertretungsmacht (§ 126 Abs. 2 HGB)

10. a) ja, Eintritt in bisherige Einzelunternehmung (§ 28 HGB)
    b) Gemäß § 28 HGB kann Neu die Haftung für alte Schulden ausschließen durch
       - Handelsregistereintrag nebst Bekanntmachung oder
       - Mitteilung an Dritte durch einen Gesellschafter.
    c) Ein Haftungsausschluss für alte Schulden ist im Außenverhältnis bei Eintritt in eine bereits bestehende OHG nicht möglich. Lediglich im Innenverhältnis ist eine Vereinbarung möglich.

11. a) sechs Monate auf Geschäftsjahresende (§ 132 HGB)
    b) Haftung weitere fünf Jahre für die beim Austritt existierenden Verbindlichkeiten (§ 159 HGB)

12. a) 31. Dezember 02, Kündigungsfrist sechs Monate auf Geschäftsjahresende
    b) ja, Haftung weitere fünf Jahre für die bei seinem Austritt bestehenden Verbindlichkeiten; unmittelbare Haftung

13. nein, mögliche Haftungsverschlechterung wäre Dritter getäuscht. Zusatz also z. B.: „e. K."

14. Vorschlag A: rechtsgültig, Gesamtvertretung; Voraussetzung: von allen Gesellschaftern zur Eintragung ins HR anzumelden

    Vorschlag B: im Außenverhältnis nicht gültig, da eine Beschränkung des Umfangs der Vertretungsmacht nicht erlaubt ist

15. nein, mögliche Privatentnahme: 4 % von 300.000,00 EUR (Anfangskapital) = 12.000,00 EUR

16. a) notarielle Beurkundung, da Gebäude eingebracht werden
    b) Nein, Zusatz „OHG" erforderlich. Firmenkern kann beibehalten werden.
    c) ja, da im HGB keine bestimmte Kapitaleinlage gefordert wird
    d) Innenverhältnis: 1. Januar 02; Außenverhältnis: 10. Januar 02 bzw. bei erstem Geschäft
    e) Eifer muss zahlen (unmittelbare Haftung). Im Innenverhältnis hat er Ausgleichsanspruch.

17. - Rechte: Geschäftsführung, Vertretung, Gewinnanteil, Privatentnahmen, Kündigung, Kontrolle bei Geschäftsführungsausschluss ...
    - Pflichten: Leistung Kapitaleinlage, Geschäftsführung, Wettbewerbsenthaltung, Verlustbeteiligung ...

18.
- Einlagepflicht: Laut HGB ist keine bestimmte Höhe der Einlage vorgeschrieben. Somit ist diese Vereinbarung möglich (weitgehende Vertragsfreiheit im Innenverhältnis).
- Bilanztechnisch: Der Name des Gesellschafters erscheint auf der Passivseite. Sein Kapitalanteil in der Gründungsbilanz beträgt 0,00 EUR.
- Mitgesellschafter: Entscheidend bei der OHG ist das Vertrauen der Gesellschafter untereinander und nicht die Höhe ihrer Kapitalanteile.
- Gläubigersicht: Jeder Gesellschafter haftet unbeschränkt mit seinem ganzen Vermögen; die Höhe der Kapitaleinlage des einzelnen Gesellschafters spielt daher eine untergeordnete Rolle.

19. grundsätzlich kein Entnahmerecht bei einem negativen Kapitalanteil (§ 122 HGB)

5.6 Kommanditgesellschaft (KG)

1. Innenverhältnis: Außergewöhnliches Geschäft; Stoll muss folglich zustimmen (§ 116 Abs. 2 HGB). Filz und Milz können widersprechen (§ 164 HGB).

   Außenverhältnis: Kaufvertrag ist rechtsgültig, da Komplementär auch bei außergewöhnlichen Rechtsgeschäften Einzelvertretungsmacht hat (§ 126 HGB).

2. Kommanditist haftet wie Vollhafter bis HR-Eintrag (§ 176 Abs. 2 HGB).

3. bei Neubeginn der KG, solange der HR-Eintrag noch nicht erfolgt ist (§ 176 Abs. 1 HGB)

4. Nein, Kommanditisten haben kein Vertretungsrecht (§ 170 HGB).

5. Innenverhältnis: Frei gestaltbar. Somit kann ein Kommanditist durch vertragliche Vereinbarung Geschäftsführungsrechte erhalten.

   Außenverhältnis: Vertretungsrecht für den Kommanditisten nicht möglich (§ 170 HGB). Er könnte jedoch im Rahmen eines Angestelltenverhältnisses zum Prokuristen oder Handlungsbevollmächtigten ernannt werden, wodurch er mehr oder weniger weitgehende Vertretungsmacht erhält.

6. Der Kommanditist haftet in Höhe seiner noch nicht eingezahlten Einlage unmittelbar. K muss daher 30.000,00 EUR an G zahlen.

7. <u>Bei voll eingezahlter Kommanditeinlage:</u> Der Gewinnanteil wird bis zur Auszahlung als sonstige Verbindlichkeit behandelt. Der Kapitalanteil bleibt somit unverändert.

   <u>Bei noch nicht voll eingezahlter Kommanditeinlage:</u> Der Gewinnanteil erhöht den Kapitalanteil insofern, als die Position „Nicht eingezahltes Kommanditkapital" allmählich aufgelöst wird.

8. Ja, unmittelbare Haftung in Höhe der noch nicht eingezahlten Einlage auch für alte Schulden der KG

9.
- Rechte Komplementäre: Geschäftsführung, Vertretung, Gewinnanteil, Privatentnahmen ...
- Pflichten Komplementäre: Leistung, Kapitaleinlage, Geschäftsführung, Wettbewerbsenthaltung, Verlustbeteiligung ...
- Rechte Kommanditisten: Widerspruchsrecht bei außergew. Geschäften, Kündigung
- Pflichten Kommanditisten: Kapitaleinlage, Haftung bis Höhe der Einlage, Verlustbeteilig.

10. a) **Bedeutung OHG:**
- typische Personengesellschaft
- Alle Gesellschafter tragen volles Risiko (Vollhafter), daher haben sie ein hohes Interesse am Wohlergehen der Gesellschaft.
- voller persönlicher Einsatz aller Gesellschafter
- enges Vertrauensverhältnis zwischen Gesellschaftern notwendig
- meist Familienunternehmen (klein bis mittelgroß)

b) **Bedeutung KG:**
- leichte Kapitalbeschaffung durch Aufnahme neuer Kommanditisten
- Kommanditisten beschränken Geschäftsführungs- und Vertretungsbefugnisse der Komplementäre nur unwesentlich.
- Kommanditisten ohne Mitarbeitspflicht und ohne persönliche Haftung
- meist kleine bis mittelgroße Unternehmen

11. a)
- Kommanditisten ohne wesentlichen Einfluss auf Geschäftsführung
- weniger Kontrollrechte der Kommanditisten – weniger Gewinnanteil für Kommanditisten
- jederzeitige Kapitalbeschaffung durch Aufnahme weiterer Kommanditisten möglich

b) Hans Motte KG; Motte & Co. KG

c) Innenverhältnis: 31. Januar (Unterzeichnung des Gesellschaftsvertrags)
Außenverhältnis: mit Aufnahme des Geschäftsbetriebs; HR-Eintrag deklaratorisch

d) Vor HR-Eintrag: Rist haftet unbeschränkt.
Nach HR-Eintrag: unmittelbare Haftung bis 50.000,00 EUR (nicht eingezahlte Kapitaleinlage)

e)
1. Rist ist im Recht (Widerspruchsrecht der Kommanditisten bei außergewöhnlichen Geschäften).
2. Rist darf gleichzeitig Vollhafter bei anderer Unternehmung sein. Gesetzliches Wettbewerbsverbot gilt für Kommanditisten nicht.
3. Kündigung unwirksam (Kündigungsfrist sechs Monate zum Geschäftsjahresende)

12. a) OHG: zwei Vollhafter, also geringeres Risiko für Kreditgeber

b)
- Ein Gesellschafter möchte nicht voll haften.
- Ein Gesellschafter möchte nicht mitarbeiten.

c)
- Die Gesellschafter verlangen vom Partner ebenfalls volle Haftung.
- Die Banken verlangen volle Haftung beider Partner.
- Beide Gesellschafter wollen volle Geschäftsführungs- und Vertretungsbefugnis.
- Für beide Gesellschafter soll das Wettbewerbsverbot gelten.

d) Unterschiedlich zu beantworten.
Fremdfinanzierung wäre bei der OHG wegen höherer Kreditwürdigkeit evtl. leichter. Die KG wiederum ermöglicht die (relativ einfache) Aufnahme weiterer Kommanditisten, was erhebliche Eigenfinanzierungsmöglichkeiten verspricht.

13.
- Die weiteren Gesellschafter wollen die Erben nicht als gleichberechtigte Vollhafter mit vollen Geschäftsführungs- und Vertretungsbefugnissen.
- Die Erben sind fachlich nicht in der Lage, die Pflichten der Vollhafter zu übernehmen.
- Die Erben wollen nicht voll haften.

14. **Haftsumme:** Haftung des Kommanditisten laut Handelsregistereintrag

bedungene Einlage: Pflichteinlage laut Gesellschaftsvertrag = Basis für Gewinnverteilung

15. § 167 Abs. 3 HGB: bis zum Betrag seines Kapitalanteils und seiner noch rückständigen Einlage

16.
- Kommanditist kann nur bestimmten Betrag einzahlen, ist aber bereit, höher zu haften.
- Banken bestehen auf höherer Haftung der Kommanditisten.
- Kommanditisten erhalten evtl. höheren Gewinnanteil bei höherer Haftung.
- Hohe im Handelsregister eingetragene Haftsummen erhöhen evtl. die Kreditwürdigkeit.

17. a)
- Erhaltung seiner Macht
- rasche Entscheidungen
- keine Meinungsverschiedenheiten in Geschäftsführung
- größere Sachkenntnis Amanns

b) **Innenverhältnis:** Kauf ist außergewöhnliches Geschäft. Somit ist Folgendes notwendig:
- Komplementär Berger muss zustimmen.
- Kommanditisten Kramer und Dreher dürfen nicht widersprechen.

Außenverhältnis: Kaufvertrag gültig (Vertretungsmacht auch für außergewöhnliche Geschäfte)

c) Die Verbindlichkeit ist vor Eintritt des Kommanditisten Dreher in die KG entstanden. Dreher haftet für Verbindlichkeiten unmittelbar nur bis zur Höhe der noch nicht geleisteten Einlage. Deshalb ist Dreher zur Zahlung von 10.000,00 EUR verpflichtet.

d)
- Berger ist zur Entnahme von 4 % von 200.000,00 EUR = 8.000,00 EUR berechtigt (§ 122 HGB).
- Berger würde außerdem das gesetzliche Wettbewerbsverbot verletzen (§ 112 Abs. 1 HGB).

18. a) Es gelten die gleichen Bestimmungen wie für OHG-Gesellschafter:

Geschäftsführung:
- Einzelgeschäftsführungsbefugnis bei gewöhnlichen Geschäften
- Gesamtgeschäftsführung bei außergewöhnlichen Geschäften

Vertretung:
- Einzelvertretung bei gewöhnlichen + außergewöhnl. Geschäften
- Eine Beschränkung des Umfangs der Vertretungsmacht ist Dritten gegenüber unwirksam.

b) Solange die Einlage nicht vollständig geleistet ist, haftet der Kommanditist Berner den Gläubigern bis zur Höhe seiner Einlage unmittelbar.

Kommanditeinlage:	100.000,00 EUR
davon eingezahlt:	60.000,00 EUR
ausstehende Einlage:	40.000,00 EUR

→ Diesen Betrag kann das Finanzamt maximal von Berger verlangen.

c1) Ein Investitionskredit in Höhe von 250.000,00 EUR stellt für die Schober und Schwarz KG ein gewöhnliches Geschäft dar (vgl. Umsatzerlöse in Höhe von 12,3 Mio. EUR). Kommanditist Renner besitzt demnach kein Widerspruchsrecht (§ 164 HGB).

Hinweis: Die Abgrenzung zwischen gewöhnlichen und außergewöhnlichen Geschäften ist in der Praxis kompliziert. Somit könnte auch alternativ argumentiert werden.

c2) Es liegt ein außergewöhnliches Geschäft vor, da die Übernahme eines Betriebes weit über den normalen Geschäftsverkehr einer KG hinausgeht. Kommanditist Renner besitzt demnach ein Widerspruchsrecht (§ 164 HGB).

c3) Der Kreditvertrag ist für die Schober und Schwarz KG nicht bindend, da Renner als Kommanditist von der Geschäftsführung und Vertretung ausgeschlossen ist (§ 164 HGB).

5.7 Abituraufgaben Profil Internationale Wirtschaft

Abituraufgaben 2015 (Aufgabe 1, Teil 1)

1.1
- Der Gläubiger kann von der KG oder von jedem der beiden Komplementäre die Begleichung der Forderung in voller Höhe verlangen.
- Er kann von Max Kullen die Zahlung in Höhe von maximal 40.000,00 EUR verlangen. Da Max Kullen seine Einlage noch nicht voll geleistet hat, haftet er bis zur Höhe der noch ausstehenden Einlage (§ 171 Abs. 1 HGB).

1.2 Bei dem Kauf der integrierten Unternehmenssoftware inklusive des langjährigen Servicevertrags kann davon ausgegangen werden, dass es sich um ein außergewöhnliches Rechtsgeschäft handelt, da sich die KG langfristig bindet und die Kaufsumme eine erhebliche Investition für die KG darstellt.

Außenverhältnis:
Im Außenverhältnis gilt für alle Geschäfte Einzelvertretungsbefugnis (§ 125 HGB). Der Kauf- und Servicevertrag ist rechtswirksam.

Innenverhältnis:
Im Innenverhältnis ist bei außergewöhnlichen Rechtsgeschäften die Zustimmung aller Gesellschafter erforderlich, d. h. auch des Kommanditisten (§ 116 Abs. 2 HGB, § 164 HGB). Entsteht der KG aus dem Rechtsgeschäft ein Schaden, so ist Paul schadenersatzpflichtig.

1.3 Nach § 166 Abs. 1 HGB steht dem Kommanditisten kein laufendes Kontrollrecht der Bücher zu. Er darf lediglich eine Abschrift des Jahresabschlusses verlangen und dessen Richtigkeit unter Einsicht der Bücher prüfen.
Als Gesellschafter der GmbH hätte er nach § 51a GmbHG ein laufendes Auskunfts- und Einsichtsrecht, d. h., er muss jederzeit vom Geschäftsführer über die laufenden Angelegenheiten der Gesellschaft informiert werden und Einblick in die Bücher bekommen. Damit hat Paul Kullen recht.

1.4
- Die Komplementäre müssten zu Geschäftsführern der GmbH bestellt werden.
- Im Gesellschaftsvertrag muss Einzelvertretung vereinbart werden, da andernfalls Gesamtvertretung gilt (§ 35 Abs. 2 GmbHG).

Abituraufgaben 2017 (Aufgabe 1, teilweise)

1. Vorteile:
- Risiko sinkt, da mehrere Gesellschafter beteiligt sind und haften
- Vergrößerung der Eigenkapitalbasis, höhere Kreditwürdigkeit
- Aufgabenteilung und Absprachen möglich → bessere Bewältigung der Aufgabenfülle, bessere Qualität von Entscheidungen

Nachteile:
- Abstimmungen sind erforderlich. → Entscheidungsflexibilität sinkt, eventuelle Meinungsverschiedenheiten können die Entwicklung des Unternehmens hemmen.
- Gewinnteilung

(je eine Erläuterung erforderlich)

2. Stefan Völter kann als Kommanditist nach Handelsregistereintragung bei vollständig geleisteter Einlage nicht von einem Gläubiger zur Haftung herangezogen werden (§ 171 HGB). Völter hat seine Einlage voll geleistet, somit muss er nicht persönlich haften und kann die Zahlung ablehnen.

3.1 Nach § 112 HGB i. V. mit § 165 HGB gilt das gesetzliche Wettbewerbsverbot nicht für Kommanditisten. Völter darf sich als Vollhafter bei einem anderen Unternehmen beteiligen.

3.2 Die Einstellung eines Mitarbeiters gehört zur gewöhnlichen Geschäftstätigkeit eines Komplementärs. Für ihn gilt laut § 116 Abs. 1 HGB Einzelgeschäftsführungsbefugnis. Kommanditisten sind nach § 164 HGB grundsätzlich von der Geschäftsführung ausgeschlossen. Bei gewöhnlichen Geschäftsführungsmaßnahmen besteht für Kommanditist Völter kein Widerspruchsrecht. Hartmann ist zur Einstellung der Marketingleiterin berechtigt.

5.8 Abituraufgaben Profil Wirtschaft

Abituraufgaben 2009 (Aufgabe 3, Teil 1–7.1)

1.
   - Aufteilung des unternehmerischen Risikos auf mehrere Teilhaber
   - zusätzliche Eigenkapitalbeschaffung durch Aufnahme weiterer Gesellschafter
   - evtl. größere Kreditwürdigkeit durch breitere Haftungsbasis
   - Aufteilung der Leitungsfunktion auf mehrere Vollhafter

2. Innenverhältnis: nachgiebiges Recht

   - Die Verhältnisse zwischen den Gesellschaftern können sehr verschiedenartig sein, daher sollen die Beteiligten ihre Beziehungen zueinander frei regeln können (Vertragsfreiheit).
   - Außenstehende können durch interne Vereinbarungen (z. B. Gewinnverteilung, Mitarbeit) nicht geschädigt werden.

   Außenverhältnis: zwingendes Recht

   - Ein Vertragspartner muss sich darauf verlassen können, dass ein vertretungsberechtigter Gesellschafter die Vertretungsmacht in vollem Umfang besitzt. Intern geregelte Abweichungen sind Außenstehenden i. d. R. nicht bekannt. Zulässige Abweichungen vom Regelfall (z. B. Gesamtvertretung) müssen ins Handelsregister eingetragen und bekannt gemacht werden (Rechtssicherheit).
   - Die Haftung der Gesellschafter ist streng geregelt und kann nur in gesetzlich genau geregelten Ausnahmefällen (z. B. § 28 HGB) eingeschränkt werden.

3. Da Beate Weiß ihre vereinbarte Kapitaleinlage noch nicht voll geleistet hat, haftet sie gemäß § 171 Abs. 1 HGB den Gesellschaftsgläubigern mit dem noch ausstehenden Betrag unmittelbar, d. h., der Gläubiger kann von ihr 80.000,00 EUR verlangen. Die restlichen 15.000,00 EUR muss er gegenüber der KG bzw. den Komplementären geltend machen.

4. Laut Gesellschaftsvertrag gelten die gesetzlichen Geschäftsführungs- und Vertretungsregelungen, d. h., Komplementär Braun hat Einzelgeschäftsführungs- und Einzelvertretungsmacht (§§ 115 Abs. 1 und 125 Abs. 1 HGB).

   Wegen der unbeschränkten Einzelvertretungsmacht von Braun ist der Kaufvertrag für die KG rechtlich bindend (Außenverhältnis; § 125 f. HGB).

Obwohl es sich um ein gewöhnliches Rechtsgeschäft handelt, durfte er den Kaufvertrag wegen des Einspruchs des geschäftsführenden Vollhafters Müller nicht abschließen (Innenverhältnis; § 115 Abs. 1 HGB). Den übrigen Gesellschaftern stehen im Schadensfall Ersatzansprüche gegen Braun wegen Pflichtverletzung zu.

5.1 • Durch die gleichmäßige Verzinsung (4 %) wird die Höhe des zum Geschäftsbeginn eingesetzten Kapitals der einzelnen Gesellschafter berücksichtigt. Gesellschafter, die ihre Leistungen möglichst frühzeitig erbringen, sollen begünstigt werden.
• Das HGB verlangt die Verteilung des Restgewinns in einem „angemessenen Verhältnis". Diese Vorgabe wird hier präzisiert durch das Verhältnis 3 : 3 : 1, welches die unterschiedliche Arbeitsleistung (Geschäftsführung und Vertretung durch Komplementäre, neben der Tätigkeitsvergütung) und Risikoübernahme (unbeschränkte Haftung der Komplementäre) der Gesellschafter berücksichtigt.

5.2 Beitrag zur offenen Selbstfinanzierung:

- Braun: gesamter Gewinnanteil – Tätigkeitsvergütung (Privatentnahme) = 121.000,00 EUR – 48.000,00 EUR = 73.000,00 EUR
- Müller: gesamter Gewinnanteil – Tätigkeitsvergütung (Privatentnahme) = 113.800,00 EUR – 48.000,00 EUR = 65.800,00 EUR
- Weiß: Wegen der fälligen ausstehenden Einlage von 80.000,00 EUR hat die KG einen Aufrechnungsanspruch gegenüber der Kommanditistin. Sie trägt deshalb mit ihrem gesamten Gewinnanteil von 21.800,00 EUR zur Eigenfinanzierung bei (§ 167 Abs. 2 HGB).

5.3 Erwirtschaftete Gewinne werden nicht ausgeschüttet, sondern erhöhen das Eigenkapital der Gesellschaft. Das Kapital steht dem Unternehmen langfristig und zinslos zur Verfügung; durch die breitere Eigenkapitalbasis ergibt sich außerdem eine höhere Kreditwürdigkeit. Der Verzicht auf Gewinnauszahlung schont zudem die Liquidität des Unternehmens.

6.1 Das eingebrachte Grundstück wurde zum gemeinschaftlichen Vermögen (Gesamthandsvermögen) aller Gesellschafter (§ 105 Abs. 3 HGB i. V. m. § 718 f. BGB), d. h., nur mit Zustimmung der Mitgesellschafter kann er das Grundstück zurückerhalten.

6.2 Eine Beteiligung als Teilhafter ist grundsätzlich zulässig, da er nicht dem gesetzlichen Wettbewerbsverbot unterliegt (§ 165 HGB i. V. m. § 112 HGB).

7.1 • Eventuell ergeben sich für die KG Liquiditätsprobleme durch die Auszahlung der Einlage.
• Beim Austritt des einzigen Teilhafters ist kein Fortbestand der Gesellschaftsform KG möglich, sofern kein Nachfolger gefunden wird.
• Die Forderung von Frau Weiß orientiert sich am eingebrachten Kapitalanteil und einem Anteil an den inzwischen erwirtschafteten stillen Reserven einschließlich eines Firmenwerts.

Abituraufgaben 2010 (Aufgabe 2, Teil 1–3)

1. Der OHG-Gesellschaftsvertrag ist grundsätzlich formfrei. Durch die Sacheinlage in Form eines Grundstücks ist eine notarielle Beurkundung des Gesellschaftsvertrags erforderlich (§ 311b BGB).

2.1 Im **Außenverhältnis** gilt für gewöhnliche und außergewöhnliche Rechtsgeschäfte Einzelvertretungsbefugnis, d. h., der Vertrag ist für die OHG bindend (§ 125 Abs. 1 HGB).

Im **Innenverhältnis** führt der Widerspruch von Berger gegen diese gewöhnliche Handlung dazu, dass diese unterbleiben muss (§ 115 Abs. 1 HGB). Der Kaufvertrag hätte nicht abgeschlossen werden dürfen. Falls der OHG ein Schaden entsteht, kann Zeisel wegen Verstoßes gegen seine Geschäftsführungsbefugnisse in Anspruch genommen werden (Schadenersatzpflicht).

2.2 Im **Außenverhältnis** gilt für gewöhnliche und außergewöhnliche Rechtsgeschäfte Einzelvertretungsbefugnis, d. h., der Vertrag ist für die OHG bindend (§ 125 Abs. 1 HGB).

Im **Innenverhältnis** handelt es sich um eine außergewöhnliche Handlung, die die Zustimmung aller Gesellschafter (hier: von Berger) erfordert (§ 116 Abs. 2 HGB). Der Pachtvertrag hätte nicht abgeschlossen werden dürfen. Gegebenenfalls ist Zeisel schadenersatzpflichtig.

3. Es wäre im Hinblick auf Zügigkeit und Flexibilität der im Geschäftsleben erforderlichen Entscheidungen sehr umständlich, bei allen gewöhnlichen Geschäften die Zustimmung aller Gesellschafter einholen zu müssen. Die Gemeinschaft der OHG-Gesellschafter erfordert als Arbeits- und Risikogemeinschaft gegenseitiges Vertrauen, was in der Einzelgeschäftsführungsbefugnis mit der Möglichkeit des Widerspruchs zum Ausdruck kommt.

Abituraufgaben 2011 (Aufgabe 1, Teil 1–2)

1.
- Nur die beiden Komplementäre Adam und Geiger haben das Recht zur Geschäftsführung und Vertretung des Unternehmens (§§ 114, 125 HGB). Klein und evtl. weitere Kommanditisten sind von der Leitung der KG und weitgehend von der Mitsprache ausgeschlossen (§§ 164, 170 HGB).
- Eine künftige Eigenkapitalbeschaffung wird durch die Aufnahme weiterer Kommanditisten, d. h. beschränkt haftender Gesellschafter, erleichtert.

2.1 Im Außenverhältnis gilt für die Komplementäre Einzelvertretungsbefugnis, d. h., der Vertrag ist für die KG bindend (§ 125 HGB).
Klein haftet gegenüber der Maschinenfabrik mit seiner noch ausstehenden Einlage in Höhe von 100.000,00 EUR unmittelbar (§ 171 Abs. 1 HGB). Da seine noch ausstehende Kapitaleinlage noch nicht fällig ist, hat er gegenüber der KG einen Ausgleichs- oder Verrechnungsanspruch. Mit der Restforderung in Höhe von 50.000,00 EUR kann sich die Maschinenfabrik an die KG oder an die Komplementäre wenden.

2.2 Adam und Geiger können den Einblick verweigern. Kommanditist Klein hat nur das Recht auf Einblick in den Jahresabschluss zum 31.12.2007 (§ 166 Abs. 1 HGB). Ein laufendes Kontrollrecht steht ihm nicht zu.

2.3
- Als Kommanditist unterliegt Klein nicht dem gesetzlichen Wettbewerbsverbot (§ 165 HGB) und benötigt daher keine Zustimmung der beiden Komplementäre. Klein kann sich neben seiner Kommanditbeteiligung auch als geschäftsführender Gesellschafter an der GmbH beteiligen.
- Da Klein als Kommanditist grundsätzlich von der Geschäftsführung ausgeschlossen ist, besteht kaum Gefahr, dass er Geschäftsgeheimnisse der Green-Tec KG in seiner Position als Geschäftsführer der GmbH nutzen könnte. Andererseits kann die Tätigkeit in derselben Branche aufgrund der Konkurrenzsituation zu Interessenkonflikten führen.

Abituraufgaben 2012 (Aufgabe 1, Teil 1 und 2)

1.1 Innenverhältnis: Bei der Aufnahme eines Großkredites handelt es sich um eine außergewöhnliche Handlung, welche die Zustimmung aller Gesellschafter erfordert (§ 161 Abs. 2 i. V. m. § 116 Abs. 2 HGB). Da die Zustimmung von Maier nicht eingeholt wurde, hat Berger seine Geschäftsführungsbefugnis überschritten.

Außenverhältnis: Der Kreditvertrag ist bindend für die KG, da jeder Komplementär Einzelvertretungsbefugnis für gewöhnliche und außergewöhnliche Rechtsgeschäfte besitzt (§ 125 Abs. 1 HGB).

1.2 Als Kommanditist hat Wegmann keinen Anspruch auf Privatentnahmen, sondern nur auf Auszahlung seines Gewinnanteils. Ohne Einwilligung der anderen Gesellschafter ist er nicht befugt, seinen Kapitalanteil zu vermindern (§ 169 Abs. 1 HGB).

1.3
- Der Gesellschaftsvertrag sieht mit einer Verzinsung von 6 % des eingesetzten Kapitals für alle Gesellschafter eine höhere und damit risikoadäquatere Verzinsung als nach § 121 Abs. 1 HGB vor.
- Die Verteilung des Restgewinns soll laut § 168 Abs. 2 HGB in einem angemessenen Verhältnis erfolgen. Im vorliegenden Fall ist die Verteilung des Restgewinns offensichtlich im Verhältnis der Kapitalanteile erfolgt, was als angemessen angesehen werden kann.
- Die Mitarbeit im Unternehmen durch die beiden Komplementäre wurde bereits vorab durch die gewinnunabhängige Tätigkeitsvergütung abgegolten.
- Im Verlustfall bleibt die Belastung von Hans Maier vergleichsweise gering.

Vor diesem Hintergrund ist Hans Maier angemessen am Ergebnis beteiligt.

(drei Aspekte verlangt)

2.
- Vorteile: z. B.
  - Haftungsbeschränkung für alle Gesellschafter,
  - GmbH als juristische Person ist unsterblich und vom Gesellschafterwechsel unabhängig.
- Wegmann hat als Kommanditist lediglich ein Kontroll- und Widerspruchsrecht (§§ 166, 164 HGB). Als GmbH-Gesellschafter hat er in der Gesellschafterversammlung ein Stimmrecht, das sich nach der Höhe seines Geschäftsanteils bemisst. Jeder Euro eines Geschäftsanteils gewährt eine Stimme, sodass bei einem Geschäftsanteil von 1.600.000,00 EUR ein spürbarer Einfluss auf die Geschäftsleitung ausgeübt werden kann.

Abituraufgaben 2013 (Aufgabe 2, teilweise)

1. Der Gesellschaftsvertrag ist grundsätzlich formfrei. Da Thomas Steck im Rahmen seines Einzelunternehmens ein Grundstück einbringt, ist eine notarielle Beurkundung notwendig (§ 311b Abs. 1 BGB).

   Die bisherige Firma kann fortgeführt werden (§ 24 Abs. 1 HGB), der Zusatz KG ist zwingend vorgeschrieben (§ 19 Abs. 1 HGB), d. h., der Rechtsformzusatz muss geändert werden.

2. Innenverhältnis:
Der Kauf eines Kleintransporters gilt als gewöhnliche Handlung, wofür Thomas Steck Einzelgeschäftsführungsbefugnis besitzt. Wegen des Widerspruchs des Komplementärs Christoph Steck hätte der Vertrag nicht abgeschlossen werden dürfen (§ 115 Abs. 1 HGB). Als Kommanditistin hat Julia Steck nur bei außergewöhnlichen Handlungen ein Widerspruchsrecht (§ 164 HGB).

Außenverhältnis:
Der Kaufvertrag ist für die KG bindend; Thomas Steck hat Einzelvertretungsmacht (§ 4 Gesellschaftsvertrag und § 125 Abs. 1 HGB).

3. Oliver Götz hat die vereinbarte Kapitaleinlage noch nicht voll geleistet, weshalb er in Höhe der ausstehenden Einlage (150.000,00 EUR) unmittelbar haftet (§ 171 Abs. 1 HGB). Dies gilt auch für die vor seinem Eintritt begründeten Verbindlichkeiten (§ 28 Abs. 1 HGB). Oliver Götz kann die Zahlung von 16.800,00 EUR nicht verweigern.

4. Falls im Gesellschaftsvertrag nichts Gegenteiliges vereinbart ist, kann Christoph Steck ohne Zustimmung der anderen Gesellschafter jährlich maximal 4 % seines Anfangskapitals (nur 2.000,00 EUR) entnehmen (§ 122 Abs. 1 HGB).

Wirtschaftlich betrachtet würde eine höhere Entnahme das Eigenkapital der KG schmälern und für das Unternehmen eine zusätzliche Liquiditätsbelastung darstellen.

6.1

Merkmale	KG	AG
Mindestkapital	kein Mindestkapital	gezeichnetes Kapital 50.000,00 EUR
Mitbestimmung der Arbeitnehmer	keine (nur über den Betriebsrat)	Aufsichtsrat (bei mehr als 500 AN) (und Betriebsrat)
Vertretung	die Vollhafter haben Einzelvertretungsbefugnis	der Vorstand hat Gesamtvertretungsbefugnis

6.2
- Der aktuelle sowie ein evtl. zukünftiger Kapitalbedarf kann von einem breiteren Anlegerpublikum durch Stückelung in kleine Kapitalbeträge aufgebracht werden.
- Die AG als juristische Person ist im Gegensatz zur KG unsterblich, d. h. vom Gesellschafterbestand unabhängig.
- Nur die AG haftet mit ihrem Gesellschaftsvermögen. Der Aktionär haftet nicht.

Abituraufgaben 2015 (Aufgabe 2, teilweise)

1.
- Da ein Grundstück in die Gesellschaft eingebracht wird, bedarf der Gesellschaftsvertrag gemäß § 311b BGB der notariellen Beurkundung.
- Der Firmenkern kann gemäß § 24 Abs. 1 HGB beibehalten werden, der Rechtsformzusatz muss nach § 19 Abs. 2 HGB in offene Handelsgesellschaft (OHG) geändert werden.
  Firmierungsvorschlag: Peter Huber OHG

2. Die OHG entsteht im Innenverhältnis am 19.03.2013. Im Außenverhältnis wird sie wirksam, sobald ein Gesellschafter im Namen der OHG Geschäfte tätigt, d. h. mit Veröffentlichung der Stellenanzeige bzw. spätestens mit der Einstellung des Mitarbeiters am 27.03.2013 (§ 123 Abs. 2 HGB).

3.1 Im Innenverhältnis gilt der Kauf des Monatsbedarfs an Stahl als gewöhnliche Handlung, wofür Bauer Einzelgeschäftsführungsbefugnis besitzt (§§ 115 und 116 HGB).

Im Außenverhältnis besitzt Bauer Einzelvertretungsbefugnis, sodass die OHG an den Vertrag gebunden ist (§§ 125 und 126 HGB).

3.2 Gesellschafter Huber hat im Innenverhältnis bei allen gewöhnlichen und außergewöhnlichen Handlungen ein Widerspruchsrecht (§ 115 HGB). Da Huber widerspricht, darf Bauer das Geschäft nicht abschließen (evtl. Schadenersatz).

Gegenüber Dritten hat dieser Widerspruch keine Wirkung, da Bauer Einzelvertretungsbefugnis besitzt (§§ 125 und 126 HGB). Das Aktiengeschäft ist bindend für die OHG.

4. Scheidet ein Gesellschafter aus der OHG aus, haftet er noch fünf Jahre für die Verbindlichkeiten der OHG, die zum Zeitpunkt seines Ausscheidens bestanden (§ 160 HGB). Bauer muss daher zahlen.

Abituraufgaben 2016 (Aufgabe 1, teilweise)

1. Die Firmierung „B&K Präzisionswerkzeuge OHG" entspricht den gesetzlichen Vorgaben. Sie erfüllt die Anforderungen des § 18 Abs. 2 HGB, keine irreführenden Angaben zu enthalten. Zudem ist der gemäß § 19 Abs. 1 HGB verlangte Rechtsformzusatz „OHG" vorhanden.

2. Grundsätzlich ist der Gesellschaftsvertrag einer OHG formfrei. Da Hans König ein Grundstück in die B&K Präzisionswerkzeuge OHG einbringt, ist gemäß § 311 b BGB eine notarielle Beurkundung des Gesellschaftsvertrags notwendig.

3. Innenverhältnis:
Bei einem Eigenkapital von 1.600.000,00 EUR stellt die Kreditaufnahme in Höhe von 1.500.000,00 EUR eine Handlung dar, die über den gewöhnlichen Betrieb der OHG hinausgeht. Daher ist ein Beschluss sämtlicher Gesellschafter erforderlich (§ 116 Abs. 1 und 2 HGB). Hans König hätte eine Darlehensentscheidung in dieser Höhe ohne Absprache mit Frank Bauser nicht treffen dürfen und ist daher schadensersatzpflichtig in Höhe der zusätzlich anfallenden Zinsen.

Außenverhältnis:
Der Darlehensvertrag ist rechtswirksam zustande gekommen und kann nicht mehr rückgängig gemacht werden, da Hans König allein zur Vertretung der Gesellschaft berechtigt ist (§ 125 HGB).

4. Frank Bauser darf sich wunschgemäß ohne Zustimmung von Hans König an der Feinwerkzeug KG beteiligen, da er als Kommanditist keine Geschäfte tätigt und kein persönlich haftender Gesellschafter der KG ist (§ 112 HGB).

Frank Bauser darf ohne Zustimmung von Hans König bis zu 4 % seines Kapitalanteils entnehmen.
600.000,00 EUR · 0,04 = 24.000,00 EUR, eine Entnahme in Höhe von 50.000,00 EUR ist ohne Zustimmung von Hans König daher nicht möglich (§ 122 HGB).

8.2 Innenverhältnis:
Hans König hat bei allen Handlungen ein Widerspruchsrecht. Da er der Abgabe des reduzierten Angebots widerspricht, hätte Frank Bauser das Angebot nicht abgeben dürfen und ist gegebenenfalls schadensersatzpflichtig (§ 115 Abs. 1 HGB).

Außenverhältnis:
Der Kaufvertrag ist rechtswirksam zustande gekommen, da Frank Bauser allein zur Vertretung der Gesellschaft berechtigt ist (§ 125 HGB). Der Widerspruch hat im Außenverhältnis keine Wirkung.

6 Rechtsformen II: GmbH

6.1 GmbH

1. a) mit Handelsregistereintrag (konstitutiv)
   b) • Haftung vor HR-Eintrag: unbeschränkt, unmittelbar, solidarisch (Vollhafter)
      • Haftung nach HR-Eintrag: nur Gesellschaftsvermögen haftet (Haftung beschränkt)
   c) Geschäftsführer, Aufsichtsrat, Gesellschafterversammlung

2. a) A 20.000, B und C je 15.000 Stimmen (1,00 EUR Geschäftsanteil = 1 Stimme); § 47 GmbHG
   b) A 20.000,00 EUR, B und C je 15.000,00 EUR
   c) Ja. Geschäftsführer können Gesellschafter oder andere Personen sein (§ 6 GmbHG).
   d) Ja. Geschäftsführer hat Vertretungsmacht für alle gewöhnlichen und außergewöhnlichen Rechtsgeschäfte. Innenverhältnis: Geschäftsführungsbefugnis laut Satzung (§ 45 GmbHG).
   e) Gesamtvertretungsbefugnis; A und B müssen also unterzeichnen (§ 35 Abs. 2 GmbHG).
   f) Nein. Dies ist Aufgabe der Gesellschafter (§ 46 Abs. 7 GmbHG).
   g) Ja. Die Gewinnverteilung obliegt den Gesellschaftern (§ 46 Abs. 1 GmbHG).
   h) Nein. Notarielle Form ist bei der Übertragung notwendig (§ 15 Abs. 3 GmbHG).

3. **Stammkapital (= gezeichnetes Kapital):** Summe aller Geschäftsanteile (mind. 25.000,00 EUR)

   Geschäftsanteil:
   • vom Gesellschafter übernommener Anteil am Stammkapital
   • Nennbetrag des Geschäftsanteils muss auf volle Euro lauten.

4. a) **Gesamtvertretung:** Beide Gesellschafter sind nur gemeinsam zur Vertretung der Gesellschaft ermächtigt.

   Vorteile:
   • gegenseitige Kontrolle der Geschäftsführer
   • Entscheidungen gut durchdacht, da zweiseitige Zustimmung notwendig

   Nachteile:
   • Meinungsverschiedenheiten verhindern evtl. positive Entscheidungen.
   • Flexibilität bei schnell zu treffenden Entscheidungen begrenzt

   b) Argumente **für** eine Umwandlung der GmbH in eine KG:
   • Publizitäts- und Prüfungspflichten entfallen.
   • steigende Kreditwürdigkeit
   • Die Bildung eines Aufsichtsrates entfällt.

   Argumente **gegen** eine Umwandlung der GmbH in eine KG:
   • mindestens ein Vollhafter notwendig
   • aufwendige Umwandlungsmaßnahmen notwendig (neuer Gesellschaftsvertrag, Handelsregistereintrag, Umstellungen in der Buchhaltung ...)

5. a) • Anlage des GmbH-Gesetzes (MoMiG)
      • Zusammenfassung von Gesellschaftsvertrag, Geschäftsführerbestellung und Gesellschafterliste in einem Dokument

   b) • maximal drei Gesellschafter
      • ein Geschäftsführer
      • Musterprotokoll darf nicht verändert werden.

   c) Vorteil: kostengünstiger (Vereinfachung)

      Nachteil: weniger Gestaltungsfreiheit

6. Sach-, Personen-, Misch- bzw. Fantasiefirma mit Zusatz GmbH

6.2 Abituraufgaben Profil Internationale Wirtschaft

Abituraufgaben 2014 (Aufgabe 1, Teil 1)

1. Nach § 35 Abs. 2 GmbHG sind mehrere Geschäftsführer nur gesamtvertretungsbefugt. Die GmbH ist deswegen nicht an den Kaufvertrag gebunden.

2.1
- besonders leichte Beschaffung von Eigenkapital durch die Ausgabe von Aktien über die Börse
- besonders leichte Übertragbarkeit der Aktien an der Börse

2.2

AG	GmbH
Auskunftsrecht (§ 131 AktG): Der Aktionär kann an der Hauptversammlung vom Vorstand Auskunft über die Angelegenheiten der Gesellschaft verlangen.	Auskunfts- und Einsichtsrecht (§ 51 a GmbHG): Der GmbH-Gesellschafter hat jederzeit das Recht, Auskunft über die Angelegenheiten der Gesellschaft sowie Einsicht in die Bücher und Schriften der Gesellschaft zu erhalten.
Weisungen (§ 76 Abs. 1 AktG): Der Vorstand leitet die AG unter eigener Verantwortung, er ist nicht weisungsgebunden.	Weisungen (§ 51 a GmbHG): Die Geschäftsführer sind an die Weisungen der Gesellschafter gebunden.
Bestellung und Abberufung des Vorstandes (§ 84 Abs. 1 AktG): Aufgabe des Aufsichtsrats	Bestellung und Abberufung der Geschäftsführer (§ 46 GmbHG): Aufgabe der Gesellschafterversammlung, sofern es keinen Aufsichtsrat gibt
Bestellung von Prokuristen und Handlungsbevollmächtigten obliegt dem Vorstand.	Bestellung von Prokuristen und Handlungsbevollmächtigten ist Aufgabe der Gesellschafterversammlung (§ 46 GmbHG).

(drei Nennungen erforderlich)

Die Rechte des GmbH-Gesellschafters gehen weiter als die Rechte eines Aktionärs. Christina Möllers Befürchtungen sind berechtigt.

2.3 Eine Abänderung des Gesellschaftsvertrages bedarf einer Dreiviertelmehrheit (75 %) der abgegebenen Stimmen (§ 53 Abs. 2 GmbHG). Jeder Euro eines Geschäftsanteils gewährt eine Stimme (§ 47 Abs. 2 GmbHG).
Marina Steiner und Thorsten Närger verfügen zusammen über Geschäftsanteile in Höhe von 15.000.000,00 EUR. Dies entspricht nur einem Anteil von 62,5 % der gesamten Geschäftsanteile (Stammkapital). Marina Steiner und Thorsten Närger können daher die Umwandlung in eine AG nicht allein durchsetzen.

2.4 Eine Abweichung ist möglich durch z. B.:
- die Nichtausschüttung von Gewinnen (offene Rücklagen)
- die Wertsteigerung bei Vermögen (stille Rücklagen)

6.3 Abituraufgaben Profil Wirtschaft

Abituraufgaben 2008 (Aufgabe 1, Teil 1)

1. • Entscheidung gegen KG:
   - Mindestens eine natürliche Person würde bei der KG als Komplementär auch mit dem Privatvermögen haften (§ 161 HGB).
   - Drittorganschaft (Fremdgeschäftsführung) ist nicht möglich.

   • Entscheidung gegen GmbH:
   - Gesetzliches Mitspracherecht der anderen GmbH-Gesellschafter ist erheblich größer als das der Kommanditisten (§ 45 f. GmbHG).
   - Aufnahme neuer GmbH-Gesellschafter bedarf einer notariell beurkundeten Änderung des Gesellschaftsvertrages (§ 2 GmbHG). Eigenkapitalbeschaffung über neue Kommanditeinlagen ist einfacher.

Abituraufgaben 2009 (Aufgabe 3, Teil 7, teilweise)

7.2
- Keine persönliche Haftung der Gesellschafter für die Verbindlichkeiten der GmbH; die GmbH als juristische Person haftet nur mit ihrem Gesellschaftsvermögen.
- Geschäftsführung und Vertretung können auf angestellte Geschäftsführer übertragen werden (Drittorganschaft).
- Der Bestand der GmbH ist unabhängig von einem Gesellschafterwechsel („unsterbliche GmbH").

7.3 Gründung einer GmbH mit den Gesellschaftern Braun und Müller, die als Komplementärin in die bestehende KG eintritt. Braun und Müller werden Kommanditisten.

Die Komplementär-GmbH übt die Geschäftsführung aus durch die beiden geschäftsführenden Gesellschafter (GmbH & Co. KG im engeren Sinne, d. h. Personenidentität von Komplementärgesellschaftern und Kommanditisten).

Abituraufgaben 2010 (Aufgabe 1, Teil 3)

3.1 Das Gehalt sollte nicht als kalkulatorischer Unternehmerlohn aufgenommen werden. Es wird in der Finanzbuchhaltung als Aufwand verbucht und stellt damit Zweckaufwand (= Grundkosten) dar. Ein Ansatz als kalkulatorischer Unternehmerlohn würde zu einer Doppelverrechnung von Kosten und damit zu einem überhöhten kalkulierten Angebotspreis führen.

3.2

	Nennbetrag der Geschäftsanteile	Anzahl der Stimmen
Zimmermann	4,0 Mio. EUR	4,0 Mio. Stimmen
Ladmann	3,0 Mio. EUR	3,0 Mio. Stimmen
Schneider	2,0 Mio. EUR	2,0 Mio. Stimmen

Zimmermann setzt sich mit seiner Forderung durch, wenn

- Ladmann und/oder Schneider zustimmen,
- Ladmann und/oder Schneider sich der Stimme enthalten.

Damit erreicht Zimmermanns Antrag jeweils die erforderliche Mehrheit der abgegebenen Stimmen (§ 47 Abs. 1 und 2 i. V. m. § 46 Abs. 5 GmbHG).

3.3 Wesentlicher Bestimmungsgrund für den Kaufpreis ist einerseits der tatsächliche Wert des Geschäftsanteils an der GmbH. Durch die Bildung von Gewinnrücklagen (in Höhe von 50 % der Nennbeträge) liegt der tatsächliche Wert des Geschäftsanteils von Schneider über dem Nennbetrag seines Geschäftsanteils. Darüber hinaus ist Schneider an den möglichen stillen Reserven der GmbH beteiligt. Deshalb sollte der Kaufpreis über dem Nennbetrag seines Geschäftsanteils liegen.

Andererseits ist der Verkaufspreis des Geschäftsanteils Verhandlungssache. In einer schwierigen wirtschaftlichen Situation kann der Kaufpreis auch unter dem Nennbetrag des Geschäftsanteils liegen.

Abituraufgaben 2012 (Aufgabe 2, teilweise)

1. Der Geschäftsanteil ist die Beteiligung eines Gesellschafters am tatsächlichen Reinvermögen einer GmbH. Das Stammkapital ist die Summe der Nennbeträge aller Geschäftsanteile.

2. Nennbetrag und tatsächlicher Wert des Geschäftsanteils können voneinander abweichen, wenn Teile des Jahresüberschusses nicht entnommen, sondern den Rücklagen zugeführt werden.

3. Voraussetzungen:
   - Das Mindeststammkapital der GmbH muss 25.000,00 EUR betragen.
   - Vor Anmeldung der Gesellschaft müssen mindestens 25 % auf jeden Nennbetrag des Geschäftsanteils und mindestens 50 % des Mindeststammkapitals einbezahlt sein (§§ 5, 7 Abs. 2 GmbHG).

   Alle Voraussetzungen sind vor der Anmeldung erfüllt. Die Anmeldung kann erfolgen.

4. Innenverhältnis:
   Geschäftsführer sind allein geschäftsführungsberechtigt bis 30.000,00 EUR (§ 7 Gesellschaftsvertrag), d. h., Blumer hätte ohne Zustimmung der anderen Geschäftsführer die Anlage nicht bestellen dürfen.

   Außenverhältnis:
   Der Kaufvertrag ist für die GmbH bindend, da jeder Geschäftsführer einzelvertretungsberechtigt ist. Die Beschränkung der Vertretungsbefugnis ist gegenüber Dritten unwirksam (§ 37 Abs. 2 GmbHG).

   Ergebnis:
   Die GmbH ist zur Zahlung verpflichtet. Blumer ist den anderen Gesellschaftern gegebenenfalls zu Schadenersatz verpflichtet (§ 37 Abs. 1 GmbHG).

5.1 Satzungsänderungen bedürfen einer Dreiviertelmehrheit der abgegebenen Stimmen (§ 53 Abs. 2 GmbHG).

Stimmanteile:

Koch:	75.000 Stimmen (75.000,00 EUR Nennbetrag des Geschäftsanteils)
Arnold:	20.000 Stimmen (20.000,00 EUR Nennbetrag des Geschäftsanteils)
Blumer:	35.000 Stimmen (35.000,00 EUR Nennbetrag des Geschäftsanteils)
	130.000 Stimmen

Koch und Arnold verfügen lediglich über 95.000 Stimmen. Dies entspricht einem Anteil von 73,1 %. Folglich kann Blumer eine Satzungsänderung verhindern.

5.2 Für einen Kapitalgeber ist eine Ausschüttung deshalb von Interesse, weil er für sein investiertes Kapital den Ertrag ausgezahlt bekommen möchte. Er erhält damit die Möglichkeit, neue Anlageentscheidungen zu treffen.

Aus Sicht der GmbH ist es in Anbetracht des geplanten Investitionsvorhabens sinnvoll, auf die Ausschüttung zu verzichten und Teile des Jahresüberschusses einzubehalten, um die Selbstfinanzierung einer Fremdfinanzierung vorzuziehen.

Abituraufgaben 2013 (Aufgabe 1, teilweise)

1.
- Es haftet nur die GmbH mit dem Gesellschaftsvermögen.
- Es ist Fremdgeschäftsführung möglich.

2. Voraussetzungen für die Anmeldung zur Eintragung ins Handelsregister:
- Stammkapital von mindestens von 25.000,00 EUR (§ 5 Abs. 1 GmbHG) – erfüllt
- Mindesteinzahlung von 12.500,00 EUR insgesamt (§ 7 Abs. 2 GmbHG) – erfüllt
- Mindesteinzahlung auf jeden Geschäftsanteil 25 % (§ 7 Abs. 2 GmbHG) – bei Paulus (16,67 %) nicht erfüllt

Die Voraussetzungen zur Anmeldung sind aktuell noch nicht erfüllt.

3. Innenverhältnis:

Paulus und Metzler haben die Beschränkung ihrer Geschäftsführungsbefugnis durch die Satzung nicht beachtet.

Außenverhältnis:

Das Rechtsgeschäft ist für die GmbH bindend.
Paulus und Metzler sind gemeinschaftlich vertretungsberechtigt (§ 35 GmbHG).
Die Beschränkung ihrer Befugnisse laut Satzung hat gegenüber Dritten keine rechtliche Wirkung (§ 37 GmbHG). Brauns Widerspruch ist im Außenverhältnis ohne Bedeutung.

4. Änderungen des Gesellschaftsvertrages bedürfen einer Dreiviertelmehrheit der abgegebenen Stimmen in der Gesellschafterversammlung (§ 53 Abs. 2 GmbHG). Jeder Euro eines Geschäftsanteils gewährt eine Stimme (§ 47 Abs. 2 GmbHG).

Paulus und Metzler erreichen diese notwendige Mehrheit nicht, wenn Braun an der Gesellschafterversammlung teilnimmt und gegen den Vorschlag der Änderung stimmt.

7 Rechtsformen III: Die Aktiengesellschaft

7.1 Grundlagen

1. ja, Sachfirma bei Kapitalgesellschaften erlaubt

2. Nur Gesellschaftsvermögen haftet, keine persönliche Haftung der Aktionäre.

3. a) mit Handelsregistereintrag (konstitutiv)
   b) unbeschränkte, unmittelbare, solidarische Haftung

4. Vgl. Stofftelegramm.

5. Rechte Aktionär:
   - Stimmrecht in Hauptvers.
   - Auskunftsrecht in Hauptvers.
   - Gewinnbeteiligung (Dividende)
   - Bezugsrecht bei Kapitalerhöhungen ...

6. **gezeichnetes Kapital:** Grundkapital bei der AG; Nennwerte bzw. Anteile sämtlicher Aktien

7. a) + b) Der Gläubiger muss sich an die AG (juristische Person) wenden, da es bei der AG keine unmittelbare Haftung gibt.

8. **Vorteile der AG im Vergleich zur OHG:**

   - beschränkte Haftung
   - Kapitalstückelung in viele kleine Teile möglich
   - große Kapitalbeschaffungsmöglichkeiten (Kapitalerhöhungen: Ausgabe junger Aktien)

9. nein, Unter-pari-Ausgabe von Aktien verboten

10. **Depotstimmrecht:** das den Banken von Aktionären eingeräumte Recht, an der Hauptversammlung vertretungsweise abzustimmen. Die Bank erhält gegebenenfalls eine große Machtfülle. Ein Machtmissbrauch ist jedoch durch folgende Vorschriften weitgehend eingeschränkt:

    - schriftliche Ermächtigung durch Aktionär notwendig
    - Erteilung für maximal 15 Monate
    - jederzeitiger Widerruf möglich
    - Bank muss dem Aktionär ihre eigenen Vorschläge zur Ausübung des Stimmrechts vorher bekannt geben.
    - Aktionär kann der Bank bestimmte Weisungen erteilen

    Vorteile: Die Bank kann die Lage der AG evtl. besser beurteilen und Aktienkäufer besser beraten. Ohne Depotstimmrecht würden viele Stimmrechte nicht ausgeübt werden.

11. Hauptversammlung mit 75 % iger Mehrheit

12. a, d, h, k: Hauptversammlung; b, c, g, j: Aufsichtsrat; e, f, i: Vorstand

13.

	KG	AG
Geschäftsführung	Geschäftsführung durch Komplementäre; gewöhnliche Geschäfte: Einzelgeschäftsführungsbefugnis; außergewöhnliche Geschäfte: Gesamtgeschäftsführungsbefugnis aller Komplementäre; Widerspruchsrecht Kommanditisten	Die Geschäftsführung obliegt dem Vorstand. Gesamtgeschäftsführungsbefugnis aller Vorstandsmitglieder
Vertretung	Vertretung durch Komplementäre; Einzelvertretungsbefugnis für gewöhnliche + außergewöhnliche Geschäfte	Gesamtvertretungsbefugnis aller Vorstandsmitglieder

14. Hauptaufgabe des Aufsichtsrats: Überwachung des Vorstands; diese Funktion wäre u. a. nicht mehr gewährleistet.

15. **Publizität:** Unterrichtung der Öffentlichkeit über die Lage des Unternehmens (Offenlegungspflicht), Veröffentlichung des Jahresabschlusses (Bilanz, GuV, Anhang) + Lageberichts in Geschäftsblättern sowie dem Bundesanzeiger nebst Einreichung beim Handelsregister

    Begründung der Publizitätspflicht: Öffentlichkeit, Aktionäre, Gläubiger und Arbeitnehmer haben ein berechtigtes Interesse an den wesentlichen Daten der AG. Aufgrund der Unternehmensgröße und zahlreichen Verflechtungen der Gesamtwirtschaft würde bei einem Unternehmenszusammenbruch ein erheblicher wirtschaftlicher Schaden entstehen. Dies bedingt entsprechende Schutzmaßnahmen, u. a. die Publizitätspflicht.

16. 25 % der Nennwerte der Aktien + volles Agio (§ 36a AktG)

17. a) Ja. Eine Kapitalerhöhung bedarf einer 75%igen Mehrheit, die bei 28 % in jedem Fall verhindert werden kann.
    b) 25 % (Sperrminorität) notwendig. Da i. d. R. in Hauptversammlungen nur 40 % bis 80 % des gezeichneten Kapitals vertreten sind, könnten 20 % genügen, um die Kapitalerhöhung zu verhindern.

    Beispiel: 70 % in Hauptversammlung anwesend. → 25 % von 70 % = 17,5 %
    17,5 % + 1 Aktie würden also genügen, um die Kapitalerhöhung zu verhindern.

18. Das gezeichnete Kapital bei der AG ist eine feste Größe. Einbehaltene Gewinne müssen somit auf einem separaten Eigenkapitalkonto (Rücklagen) gebucht werden.

    Bei der OHG werden einbehaltene Gewinne den (variablen) Kapitalkonten gutgeschrieben.

19. Nein. Vertretungsrecht obliegt dem Vorstand.

20. a) erlaubte Verflechtung
    b) Verboten. Überkreuzverflechtung (§ 100 Abs. 2 Nr. 3 AktG). Zweck der Vorschrift: Verhinderung von Abhängigkeiten zwischen den Organen beider Gesellschaften. Wirksame Kontrolle des Vorstands durch den Aufsichtsrat wird ermöglicht.
    c) nicht erlaubt, Obergrenze = 10 Aufsichtsratssitze (§ 100 Abs. 2 Nr. 1 AktG)
    d) erlaubt, widerspricht nicht (§ 100 AktG)
    e) nicht erlaubt (§ 100 Abs. 2 Nr. 2 AktG)

21. Einzelunternehmung, GmbH, GmbH & Co. KG, (kleine) AG

22. Ja. Der Vorstand besitzt Geschäftsführungs- und Vertretungsbefugnis für alle gewöhnlichen und außergewöhnlichen Rechtsgeschäfte.

23. Präsenz in der HV: 80 % von 6 Mio. Stück Aktien = 4,8 Mio. Stück → 50 % = 2,4 Mio. Stück → Aktionär kann Entlastung nicht verhindern, weil er weniger als 2,4 Mio. Stück besitzt.

7.2 Mitbestimmung im Aufsichtsrat (AR)

1. **Argumente für Mitbestimmung allgemein:**
   - Interesse + Motivation der Arbeitnehmer (AN) am Betrieb steigen.
   - Demokratisierung der Wirtschaft durch Mitbestimmung
   - Humanisierung des Arbeitslebens u. a. durch Mitbestimmung
   - Gegenseitige Abhängigkeit von Arbeit und Kapital erfordert Mitbestimmung.

   Argumente gegen Mitbestimmung allgemein:
   - Erschwerung betrieblicher Entscheidungsprozesse
   - Mitbestimmung ohne gleichwertige Mitverantwortung und Risikoübernahme
   - evtl. fehlende notwendige Sachkenntnisse der Arbeitnehmer
   - evtl. verstärkte Kapitalflucht des in- und ausländischen Kapitals

2. Betriebsrat, Aufsichtsrat, Vorstand (Arbeitsdirektor)

3. a) AktG, Drittelbeteiligungsgesetz (DrittelbG), MitbestG, MontanMG
   b) **Drittelbeteiligungsgesetz** (AG bis 2.000 Arbeitnehmer): Anteilseigner (Zweidrittelmehrheit); **Mitbestimmungsgesetz** (AG > 2.000 Arbeitnehmer): Anteilseigner (50 % Stimmenanteil + doppelte Stimme des Aufsichtsratsvorsitzenden, der üblicherweise von den Anteilseignern gewählt ist)

4. a) Dem Vorstand gehört ein Arbeitsdirektor als gleichberechtigtes Mitglied an (§ 33 MitbestG).
   b) Er bearbeitet insbesondere arbeitsrechtliche, soziale und personelle Angelegenheiten.

5. **a/c/d:** MitbestG; **b/e:** BetrVG
   f: Personengesellschaft, somit keine Mitbestimmung in den Organen

6. a) Beide mit Zweidrittelmehrheit. Wird diese nicht erreicht: Aktionärsvertreter wählen Vorsitzenden, Arbeitnehmervertreter den Stellvertreter.
   b) Aufsichtsratsvorsitzender (Aktionärsvertreter) hat zwei Stimmen.

7. a) § 7 MitbestG: 8 AR-Mitglieder der Anteilseigner (Aktionäre), 8 AR-Mitglieder der Arbeitnehmer (6 Arbeitnehmer des Unternehmens + 2 Gewerkschaftsvertreter)
   b) 10 AR-Mitglieder der Anteilseigner, 10 AR-Mitglieder der AN (7 AN des Unternehmens + 3 Gewerkschaftsvertreter)

8. Arbeitnehmer- und Aktionärsvertreter sind zahlenmäßig gleich im Aufsichtsrat vertreten. Die paritätische Mitbestimmung gibt es bei AGs und GmbHs mit mehr als 2.000 Arbeitnehmern (MitbestG) sowie bei Kapitalgesellschaften des Montanbereichs (MontanMG).

9. Vgl. Aufgabe 6.

10. Je nachdem, welche Mitbestimmungsregelung für die AG gilt:
    - **MitbestG:** Arbeitnehmerzahl
    - **DrittelbG:** Satzung (Höchstzahl nach Höhe des gezeichneten Kapitals)

7.3 Die Aktie

1./2. Vgl. Stofftelegramm.

3. 4 Mio. : 800.000,00 EUR = 5,00 EUR

7.4 Abituraufgaben Profil Internationale Wirtschaft

Abituraufgaben 2014 (Aufgabe 1, teilweise)

2.1
- besonders leichte Beschaffung von Eigenkapital durch die Ausgabe von Aktien über die Börse
- besonders leichte Übertragbarkeit der Aktien an der Börse

2.2

AG	GmbH
Auskunftsrecht (§ 131 AktG): Der Aktionär kann an der Hauptversammlung vom Vorstand Auskunft über die Angelegenheiten der Gesellschaft verlangen.	Auskunfts- und Einsichtsrecht (§ 51 a GmbHG): Der GmbH-Gesellschafter hat jederzeit das Recht, Auskunft über die Angelegenheiten der Gesellschaft sowie Einsicht in die Bücher und Schriften der Gesellschaft zu erhalten.
Weisungen (§ 76 Abs. 1 AktG): Der Vorstand leitet die AG unter eigener Verantwortung, er ist nicht weisungsgebunden.	Weisungen (§ 51 a GmbHG): Die Geschäftsführer sind an die Weisungen der Gesellschafter gebunden.
Bestellung und Abberufung des Vorstandes (§ 84 Abs. 1 AktG): Aufgabe des Aufsichtsrats	Bestellung und Abberufung der Geschäftsführer (§ 46 GmbHG): Aufgabe der Gesellschafterversammlung, sofern es keinen Aufsichtsrat gibt
Bestellung von Prokuristen und Handlungsbevollmächtigten obliegt dem Vorstand.	Bestellung von Prokuristen und Handlungsbevollmächtigten ist Aufgabe der Gesellschafterversammlung (§ 46 GmbHG).

(drei Nennungen erforderlich)

Die Rechte des GmbH-Gesellschafters gehen weiter als die Rechte eines Aktionärs. Christina Möllers Befürchtungen sind berechtigt.

7.5 Abituraufgaben Profil Wirtschaft

Abituraufgaben 2010 (Aufgabe 3, Teil 1 und 2)

1.

Kriterien	GmbH	AG
Mindestkapital	25.000,00 EUR	50.000,00 EUR
Vertretung	durch den/die Geschäftsführer (Gesamtvertretung)	durch den/die Vorstände (Gesamtvertretung)
Haftung	die GmbH mit dem Gesellschaftsvermögen; keine persönliche Haftung der Gesellschafter	die AG mit dem Gesellschaftsvermögen; keine persönliche Haftung der Aktionäre

2.
- Kapitalbeschaffung: Die GmbH ist für einen begrenzten Investorenkreis geeignet; größere Kapitalbeträge können i. d. R. nur durch ein breites Anlegerpublikum durch Stückelung in kleine Kapitalbeträge aufgebracht werden.
- Veräußerung der Kapitalanteile: Die Börsennotierung erlaubt eine leichtere Übertragbarkeit der Anteile.

Abituraufgaben 2011 (Aufgabe 1, Teil 5, teilweise)

5.1
- Der hohe Kapitalbedarf von 13.000.000,00 EUR kann von einem breiteren Anlegerpublikum durch Stückelung in kleine Kapitalbeträge aufgebracht werden.
- Die AG als juristische Person ist im Gegensatz zur KG unsterblich, d. h. vom Gesellschafterbestand unabhängig.
- Die auf das Gesellschaftsvermögen der AG beschränkte Haftung verhindert den Zugriff auf das Privatvermögen der Anteilseigner.

5.2 Bei der AG gilt der Grundsatz der Gesamtvertretung.

- Im vorliegenden Fall ist der Vertrag zunächst schwebend unwirksam und kann durch Genehmigung von Geiger für die AG rechtswirksam werden.
- Sofern die Satzung für den Vorstand Einzelvertretung vorsieht und dies im Handelsregister eingetragen und veröffentlicht ist, ist der Vertrag für die AG sofort bindend (§§ 78, 81 AktG).

Abituraufgaben 2014 (Aufgabe 3, teilweise)

1.1
- Die Aufteilung des Grundkapitals in viele, auch kleine Kapitalanteile ermöglicht eine leichtere Beschaffung großer Kapitalbeträge.
- Der Zugang zum Kapitalmarkt über die Börse ist möglich.

1.2.1 Für die Auflösung bzw. Umwandlung der GmbH bedarf es einer Mehrheit von $\frac{3}{4}$ der abgegebenen Stimmen (§ 60 Abs. 1 Nr. 2 GmbHG).
Jeder Euro des Geschäftsanteils gewährt eine Stimme (§ 47 Abs. 2 GmbHG).
Die Summe der Geschäftsanteile beträgt 800.000,00 EUR. Christian Herzer verfügt mit einem Geschäftsanteil von 200.000,00 EUR über $\frac{1}{4}$ der Stimmen.
Er kann die Umwandlung nicht verhindern, sofern die beiden anderen Gesellschafter für die Umwandlung stimmen.

1.2.2

	GmbH	AG
Bestellung des leitenden Organs	Bestellung des Geschäftsführers im Gesellschaftsvertrag (§ 6 Abs. 3 GmbHG) oder durch Gesellschafterversammlung (§ 46 Nr. 5 GmbHG)	Aufsichtsrat bestellt Vorstand (§ 84 AktG)
Kontrolle der Geschäftsführung	durch Gesellschafter bzw. Aufsichtsrat, sofern vorhanden (§§ 46 Nr. 6 und 52 GmbHG)	durch Aufsichtsrat (§ 111 Abs. 1 AktG) und Entlastung durch HV (§ 120 Abs. 1 AktG)
Veräußerung des Gesellschaftsanteils	grundsätzlich frei veräußerlich, notarielle Beurkundung (§ 15 Abs. 1 und 3 GmbHG)	frei handelbar; hohe Flexibilität, sofern börsennotierte AG

1.2.3 Bei 550 Mitarbeitern muss der Aufsichtsrat der AG zu einem Drittel aus Arbeitnehmervertretern bestehen.
Rechtsgrundlage: § 1 Abs. 1 Nr. 1 und § 4 Abs. 1 DrittelbG.

1.3 Die Gründer der AG bestellen den ersten Aufsichtsrat (§ 30 Abs. 1 AktG).
Wenn sie aufgrund der Mehrheitsverhältnisse die entsprechenden Personen in den Aufsichtsrat gewählt haben, können sie sich vom Aufsichtsrat zu Vorständen bestellen lassen (§ 30 Abs. 4 AktG).

2.1 Die bisher nicht beteiligte Bank ist bereit, ein Agio bezahlen, weil sie stille Reserven vermutet und vom Geschäftskonzept der AG überzeugt ist.

2.2
- Namensaktien lauten auf einen bestimmten Eigentümer. Die Übertragung von vinkulierten Namensaktien ist an die Zustimmung der AG geknüpft.
- Stimmrechtslose Vorzugsaktien sind mit besonderen Rechten ausgestattet, wie z. B. höhere Dividende, Mindestdividende usw., gegen Verzicht auf das Stimmrecht in der HV.

Abituraufgaben 2015 (Aufgabe 1, teilweise)

1.1 Argumente für die Umwandlung in eine GmbH:

- verhältnismäßig unkomplizierte und kostengünstige Gründung
- Aufsichtsrat muss erst ab mehr als 500 Arbeitnehmern gebildet werden

Argumente für die Umwandlung in eine AG:

- leichtere Kapitalbeschaffung durch Stückelung in kleine Kapitalbeträge
- einfachere Übertragung der Kapitalanteile

1.2

Kriterien	GmbH	AG
Dauer der Amtszeit	unbegrenzt	maximal fünf Jahre; wiederholte Bestellung möglich (§ 84 Abs. 1 AktG)
Kontrolle der Unternehmensleitung	durch Gesellschafterversammlung (§ 46 Nr. 6 GmbHG) oder Aufsichtsrat, sofern vorhanden (§ 52 GmbHG)	durch Aufsichtsrat (§ 111 Abs. 1 AktG)

2. Die Bestellung der Geschäftsführer einer GmbH erfolgt im Gesellschaftsvertrag (§ 6 Abs. 3 GmbHG) oder durch Beschluss der Gesellschafterversammlung (§ 46 Nr. 5 GmbHG). Die Gesellschafter können eine „Doppelfunktion" (Geschäftsführer und Gesellschafter) ausüben. Infolgedessen haben die Gesellschafter Andreas Eder und Siegfried Peter direkten Einfluss darauf, wer zu Geschäftsführern der GmbH bestellt wird.

Über die Besetzung des Vorstandes einer AG entscheidet der Aufsichtsrat (§ 84 Abs. 1 AktG). Die Gründer der AG bestellen den ersten Aufsichtsrat (§ 30 Abs. 1 AktG). Soll ein Aktionär zum Vorstand bestellt werden, so kann er nicht zugleich auch dem Kontrollgremium (Aufsichtsrat) angehören. Aus diesem Grund haben Eder und Peter keinen direkten Einfluss auf ihre Bestellung zu Vorständen. Aufgrund der Mehrheitsverhältnisse können sie jedoch Personen in den Aufsichtsrat wählen, die sie zu Vorständen berufen.

3.1.1 Argumente für die Beteiligungsfinanzierung:

- Sicherung der Unabhängigkeit des Unternehmens, da nicht von Fremdkapitalgebern abhängig
- Eigenkapital steht zeitlich unbegrenzt zur Verfügung, während Fremdkapital befristet ist.

Argumente gegen die Beteiligungsfinanzierung:

- Eigenkapitalgeber beanspruchen Gewinnanteile, Informations- und Mitspracherechte.
- Die Eigenkapitalquote vor der Kapitalerhöhung gegen Einlagen beträgt etwa 49 %, sodass eine zinsgünstige Fremdfinanzierung unter Berücksichtigung des Leverage-Effektes vorteilhaft sein könnte.

3.1.2 Grundkapital: 75 Mio. EUR, entspricht 15 Mio. Aktien
Vertretenes Grundkapital 90 %: 67,5 Mio. EUR, entspricht 13,5 Mio. Aktien

Sperrminorität:
25 % von 13,5 Mio. Aktien = 3,375 Mio. Aktien
Für eine Sperrminorität sind 3,375 Mio. Aktien + 1 Aktie notwendig.

Rieger besitzt 375.000 Aktien zu wenig.
Rieger besitzt: 3.375.001 Aktien – 375.000 Aktien = 3.000.001 Aktien

3.2
- Transparenz bezüglich Aktionärsstruktur, da bei Namensaktien die Aktionäre dem Unternehmen bekannt sind.
- Erleichterte Kontaktaufnahme, da die Aktionäre direkt angeschrieben und z. B. zur Hauptversammlung eingeladen werden können.

3.3
- Untergrenze: Nennwert, da die Aktienausgabe unter pari gesetzlich verboten ist (§§ 8 und 9 AktG).
  Obergrenze: keine gesetzliche Vorgabe; Börsenkurs der alten Aktie gibt theoretische Obergrenze vor.
- Nachteil zu hoher Emissionskurs:
  Die Emission kann am Kapitalmarkt nicht untergebracht und so der geplante Mittelzufluss nicht erreicht werden.
- Nachteil zu niedriger Emissionskurs:
  Der mögliche Mittelzufluss wird nicht ausgeschöpft.

Abituraufgaben 2017 (Aufgabe 2, teilweise)

1.
- Der Börsengang erleichtert die Beschaffung von Eigenkapital, das u. a. zur Finanzierung von Projekten, wie beispielsweise der weiteren Produktentwicklung, benötigt und verwendet wird. Mit dem Verzicht auf Fremdkapital wird die Kreditlinie geschont.
- Durch den Börsengang und die anschließende Börsennotierung wird das Unternehmen bekannter. Dadurch lassen sich möglicherweise die Produkte besser verkaufen und Personal leichter rekrutieren.

2.1 Die Höchstzahl der Aufsichtsratsmitglieder beträgt neun Personen (§ 95 AktG; Grundkapital 1,5 Mio. EUR) und setzt sich zu einem Drittel aus Arbeitnehmervertretern sowie zu zwei Dritteln aus Vertretern der Anteilseigner zusammen – hier also sechs Vertreter der Anteilseigner sowie drei Arbeitnehmervertreter, da die Zahl der Mitarbeiter über 500 liegt (§ 96 AktG i. V. m. §§ 1 und 4 DrittelbG).

2.2 Vorteile:

- Durch die stärkere Berücksichtigung von Arbeitnehmerinteressen in der Unternehmenspolitik können die Arbeitsmotivation und -zufriedenheit erhöht und so deren Arbeitsproduktivität gesteigert werden.
- Die Berücksichtigung des Stakeholder-Value-Gedankens führt zu einer Verbesserung der Arbeitgeber-Arbeitnehmer-Beziehungen und bindet Mitarbeiter langfristig an das Unternehmen.

Nachteile:

- Aufgrund von Interessenkonflikten im Aufsichtsrat werden Entscheidungsfindungsprozesse oft länger und komplizierter.
- Für das Unternehmen entstehen möglicherweise erhöhte Kosten durch eine arbeitnehmerfreundliche Unternehmenspolitik.

(je eine Erläuterung erforderlich)

8 Multinational companies – cooperation and integration

8.3 Integration[1]

1. See Stofftelegramm.

2. See Stofftelegramm.

3. For the investor:
   You never know if there might be e.g. political changes in the host country that lead to different laws and regulations or even war, so that you'll have to leave the country.

   For the host country:
   If you welcome foreign direct investment you might risk exploitation of your people and your environment.

4. **Cooperation:** contractual cooperation in certain fields. Economic independence partly remains, e.g. franchising.

   Integration: investments of excess capital into other businesses, e.g. mergers, acquisitions

5./6. See Stofftelegramm.

7. **Horizontal integration:** when a firm adds another firm at the same stage of production; e.g. shopping centre/shopping centre or furniture factory/furniture factory

   Vertical integration: when a firm adds another firm at a different stage in the supply chain; e.g. furniture factory/furniture store or textile factory/store

   Lateral integration: A firm adds a firm in a different production process; e.g. car manufacturer/food processing firm or eyewear manufacturer/lens manufacturer.

8. See Stofftelegramm.

9. See Stofftelegramm.

10. a) Horizontal

    b) Vertical

    c) Vertical

[1] *Lösungen zu den Kapiteln 8.1–8.3*

8.6 Organisational structures[1]

1. One business gives another business the right to use its name and products for a fixed time period. In return the franchisee has to pay a monthly or yearly royalty.
2. Franchisee
3. The franchisor can offer a standard, well-known product, which is produced by a consistent, well-tested product.
4. Accounting support, marketing support, training
5. False. Franchises are usually allocated on a geographical basis as the location is chosen to avoid direct competition with another franchisee of the same brand.
6. See answer 3.
7. The reasons behind forming a joint venture include business expansion, development of new products or moving into new markets, particularly overseas. The companies can help each other.
8. Culture clash, communication problems, different management styles
9. In a joint venture there is no transfer of ownership whereas in a merger a completely new company evolves and the old ones are given up.
10. When two companies merge, the boards of directors (or the owners) come to an agreement. The original companies cease to exist, and a new company forms, combining the personnel and assets of the merging companies.
    In an acquisition, one company purchases another. The purchased company ceases to exist, or it becomes a part of the buying company. The buying company owns all assets, including the name of the company, their equipment, their personnel and even their patents and other intellectual property.
11. Hard location factors are measurable in numbers and can therefore be included in cost estimates. Soft location factors are not measurable and thus cannot be included in cost estimates. Examples see Stofftelegramm.
12. PESTEL means that factors from various areas have to be considered when making a choice of location: political, economic, social, technological, environmental and legal factors. Examples see obstacles in Stofftelegramm.
13. To define communication flow and accountabilities
14. In functional organization structures departments focus on single functions whereas in divisional structures the functions are divided into products or regions.
15. The main problem in a matrix structure is the fact that coordination is complex. Employees have to report to more than one manager.

[1] *Lösungen zu den Kapiteln 8.4–8.6*

8.7 Abituraufgaben Profil Internationale Wirtschaft

Abituraufgaben 2014 (Aufgabe 2, Teil 2)

2.1
- Horizontal integration: firms joining together at the same stage of production
- Vertical integration: forward or backward; taking over a firm at an earlier or later stage of production
- Conglomerate: merging with a company operating in a completely different industry

2.2.1 Hard location factors:

- Infrastructure (e.g. transport, power, water)
  → good infrastructure necessary to maintain high delivery standards
- Government (e.g. regulations, taxation)
  → legal framework to guarantee reliable production and delivery

Soft location factors:

- Availability of labour supplies
  → sufficient supply of workforce to meet the increasing demand for ventilators
- Education
  → Skilled workforce must match the educational requirements of Aero GmbH to maintain the company's high quality standards.

2.2.2 Pros:
- Creation of new jobs → creation of income in the host country
- Transfer of new technologies
- Improvement of educational and technical skills
- Increase in tax revenues

Cons:
- Exploitation of workforce
- Disregard of acceptable working conditions
- Environmental damage
- Exploitation of natural resources

(two arguments each required)

2.3 Pros:
- Both companies stay independent: no merger in terms of finances.
- Mutual benefit from specialist know-how
- Access to new markets
- Allows for quick withdrawal in case of failure

Cons:
- Know-how given away to a potential competitor
- Image problems (in terms of branding)
- Loss of administrative resources
- Legal forms: For Aero GmbH it might be important to have a joint venture on the same level in terms of liability as the liability of an ordinary partnership is restricted only to private persons, i.e. Mr Chen and Mr Lin. An LLC or PLC therefore might be the more appropriate legal form for Aero GmbH as it could be more reliable in terms of financial potential.

- Vast distance → delivery at short notice not manageable
- Time lag → communication difficulties due to different time zones
- Cultural differences → Diverse patterns of communication may lead to misunderstandings.

Conclusion: Considering Aero GmbH's current market position and reputation the company would be ill-advised to enter the joint venture.

Abituraufgaben 2015 (Aufgabe 2, Teil 2, teilweise)

2.1 Functional structure

Pros:

- Greater specialisation within departments
- Economies of scale can be taken advantage of.
- Clear objectives within each department

(two aspects required)

2.2

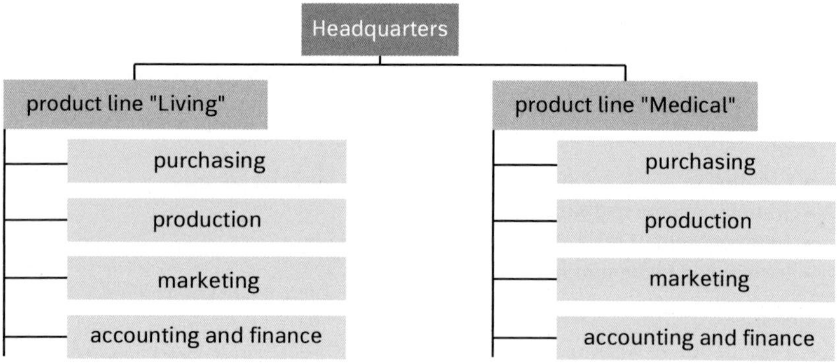

Pros:

- Divisional specialization can lead to improved profitability.
- The success of each division can be measured more easily.
- Clear-cut responsibilities are based on product lines.
- Closer proximity to the customer allows for more rapid adjustments to the market.

(two aspects required)

3.1 Backward vertical integration:
Tierer GmbH buy a company which builds components for their blood pressure monitors and/or scales or they set up their own facility.

Forward vertical integration:
Tierer GmbH sign contracts with selected partners, e.g. pharmacies or medical supply stores.

Horizontal integration:
Tierer GmbH take over or merge with another company operating in the same industry (e.g. producing digital fever thermometers) and at the same stage of production.

Abituraufgaben 2016 (Aufgabe 2, Teil 1, teilweise)

1.2
- Political and legal climate:
  EU membership, transparent tax and legal system
- Economy:
  Rate of organised economic crime and corruption, resilience to economic crises
- Human capital:
  Educational level of workforce, net migration
- Infrastructure and IT development:
  Access to internet, EU funding of infrastructure projects

(one example required for each category)

Location decision: individual answer based on sound arguments

1.4

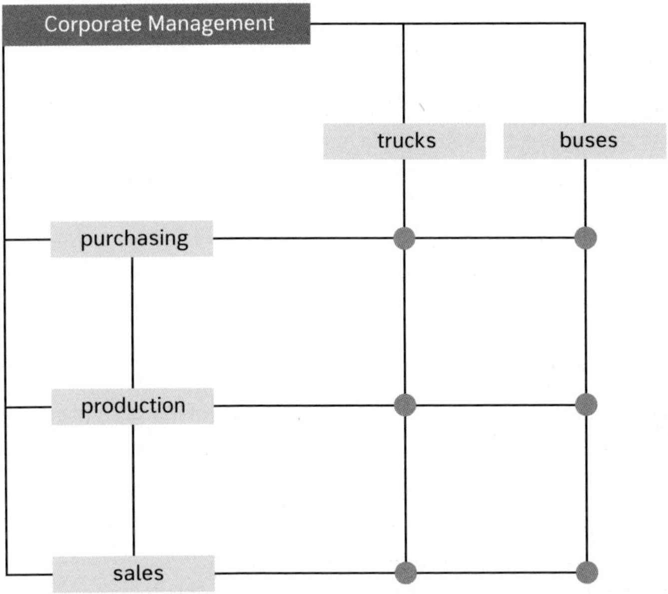

Advantages:

- Increased cooperation and communication across borders and product lines to serve global customers more efficiently
- Improved management of supply chains, inside and outside the organisation
- More flexibility to react to changes in markets
- Better opportunities for career advancement (as there are more management jobs)

Disadvantages:

- Possible conflict of loyalty between functional managers and product managers over the allocation of resources and the authority to issue directives
- Projects might be difficult to monitor if teams have a lot of independence.
- Increased costs due to a large number of managers

(one aspect each required)

Abituraufgaben 2017 (Aufgabe 2, Teil 2)

4.1 Opportunities:

- Increasing sales due to new market → increasing global market share
- Chinese customers may be the first step to take hold in the Asian market.

Potential threats:

- Exchange rate fluctuations may lead to strong sales fluctuations.
- Product piracy as there is insufficient protection of intellectual property rights

4.2 Types of integration:

- Horizontal integration occurs when a company takes over or merges with another company which operates in the same industry and at the same stage of the value chain. Motives for horizontal integration:
  - Gains in market share
  - Increased cost efficiency
- Vertical integration is a strategy where a company expands its business operations into different steps along the value chain, such as when a manufacturer acquires its supplier (backward integration) and/or distributor (forward integration). Motives for vertical integration:
  - More control over the value chain
  - Ability to reduce cost
  - Possibility to diversify and thus spread market risk

CC is doing business in the same industry and at the same stage of the value chain. Thus Biosensors AG could integrate horizontally with CC.

4.3.1 Hard location factors are quantifiable/measurable in terms of money and include:

- Subsidies from the host country (China) → incentive to set up a site
- Average wages in China → reduction of production cost

Soft location factors are not measurable in terms of money and include:

- Skills of workers → ensure quality of products
- A clear and reliable legal framework for FDIs → allows for long-term planning

4.3.2 Functional structure:
Departments are organised around the main functions of the company, e.g. purchasing, production, sales.

Divisional structure:
Departments are organised around either product lines or regions.

Matrix structure:
It combines functional and divisional structures, e.g. around the main functions and product lines, resulting in a complex structure in which there are multiple supervisors for the same positions or teams.

The organisational structure which makes the most sense for a single-product company like Biosensors AG is the functional organisational structure. The other structures would result in costs that are not matched by economic benefit.

Abituraufgaben 2018 (Aufgabe 2, Teil 1, teilweise, verändert)

1. Eschebein und Söhne GmbH decided to integrate vertically by starting to produce bikes themselves in 2006.
   In 2014 it integrated horizontally by adopting e-bikes as a new product line in addition to the existing product lines of racing bikes and mountain bikes.

2. • Increased ability to control cost (lower transaction costs/lower transportation costs/economies of scale)
   • Risk diversification

3. [...]

4. Organisational structure:

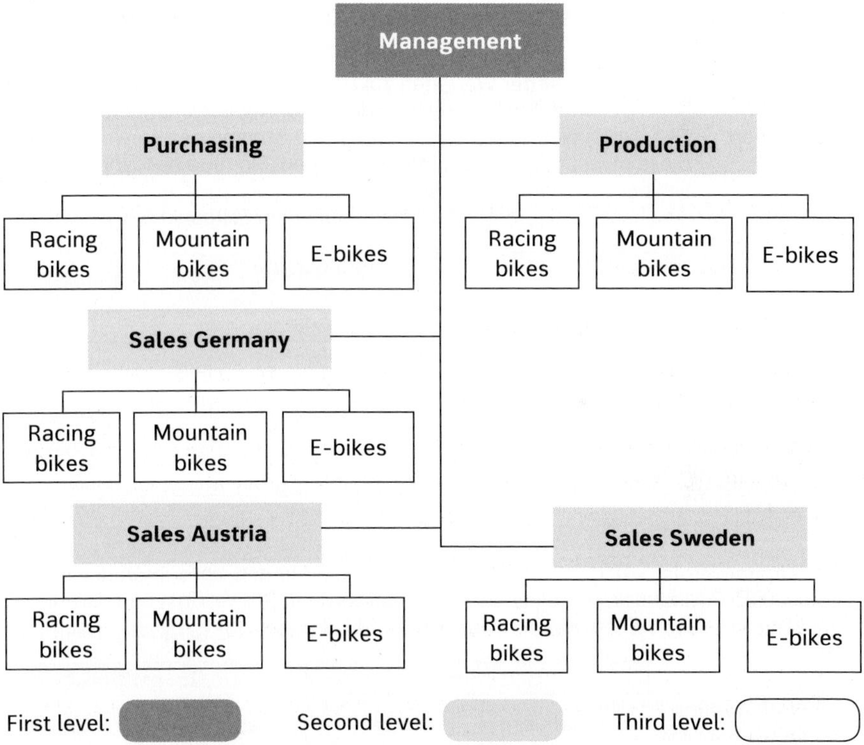

5. • Joint venture: Two companies agree to pool their resources for the purpose of accomplishing a specific task in a separate company. The joint venture is a business entity in its own right. The two partner companies remain legally and economically independent while returns and risks from the joint venture are shared between them.
   • Opportunity for Eschebein und Söhne: They may take advantage of CFHB's existing infrastructure, customer base, and distribution channels in Sweden.
   • Risk to Eschebein und Söhne: Conflicts and disputes with CFHB may arise since they might exploit the joint venture to their sole advantage, e.g. by technology theft.

9 Finanzierung und Investition I: Investitionsrechnung

9.2 Statische Investitionsrechnung

1. Kostenvergleichsrechnung: Vgl. Stofftelegramm.

2. a)

Kosten Verfahren I	=	Kosten Verfahren II
$200{,}00 \cdot x + 10.000{,}00$	=	$300{,}00 \cdot x + 8.000{,}00$
kritische Menge x	=	20

b) Bis zur Produktionsmenge von 20 Stück ist Verfahren II günstiger, danach Verfahren I.

9.3 Dynamische Investitionsrechnung – Kapitalwertmethode

1. Barwert: Der Barwert ist der Wert, den zukünftige Zahlungen in der Gegenwart besitzen. Er wird durch Abzinsung der zukünftigen Zahlungen ermittelt.
   Kapitalwert: Der Kapitalwert einer Investition ist die Summe der Barwerte aller durch diese Investition verursachten Zahlungen (Ein- und Auszahlungen) abzüglich der Anschaffungskosten.
   Diskontierung: Abzinsung zukünftiger Zahlungen auf einen Zeitpunkt 0 (t_0)

2.

	Überschüsse	Kalkulationsfaktor bei 6 %	Barwert
1. Jahr	40.000,00 EUR	0,943396	37.735,85 EUR
2. Jahr	45.000,00 EUR	0,889996	40.049,84 EUR
3. Jahr	45.000,00 EUR	0,839619	37.782,87 EUR
4. Jahr	50.000,00 EUR	0,792094	39.604,68 EUR
Summe Barwerte			155.173,24 EUR
– Anschaffungskosten			150.000,00 EUR
Kapitalwert			5.173,24 EUR

Der Kapitalwert ist > 0, d. h., das Unternehmen erhält in den vier Jahren die investierten 150.000,00 EUR zurück, das eingesetzte Kapital wird mit 6 % verzinst und darüber hinaus ein Überschuss mit einem Barwert von 5.173,24 EUR erzielt.

3.

		Investition 1		Investition 2	
	Kalkulationsfaktor bei 12 %	Überschüsse	Barwert	Überschüsse	Barwert
1. Jahr	0,892857	27.000,00 EUR	24.107,14 EUR	28.000,00 EUR	25.000,00 EUR
2. Jahr	0,797194	29.000,00 EUR	23.118,62 EUR	35.000,00 EUR	27.901,79 EUR
3. Jahr	0,711780	32.000,00 EUR	22.776,97 EUR	39.000,00 EUR	27.759,43 EUR
4. Jahr	0,635518	34.000,00 EUR	21.607,61 EUR	30.000,00 EUR	19.065,54 EUR
5. Jahr	0,567427	38.000,00 EUR	21.562,22 EUR	28.000,00 EUR	15.887,95 EUR
Liquidationserlös		11.000,00 EUR	6.241,70 EUR	12.500,00 EUR	7.092,84 EUR
Summe Barwerte			119.414,26 EUR		122.707,55 EUR
– Anschaffungskosten			120.000,00 EUR		120.000,00 EUR
Kapitalwert			–585,74 EUR		2.707,55 EUR

Entscheidung für Investition 2, da der Kapitalwert größer als bei Investition 1 und größer 0 ist. Bei dieser Investition erhält das Unternehmen in den fünf Jahren die investierten 120.000,00 EUR zurück, das eingesetzte Kapital wird mit 12 % verzinst und darüber hinaus ein Überschuss mit einem Barwert von 2.707,55 EUR erzielt.

4.

		Robot		Guta	
	Kalkulationsfaktor bei 15 %	**Überschüsse**	**Barwert**	**Überschüsse**	**Barwert**
1. Jahr	0,869565	120.000,00 EUR	104.347,83 EUR	115.000,00 EUR	100.000,00 EUR
2. Jahr	0,756144	120.000,00 EUR	90.737,24 EUR	115.000,00 EUR	86.956,52 EUR
3. Jahr	0,657516	120.000,00 EUR	78.901,95 EUR		
4. Jahr	0,571753	120.000,00 EUR	68.610,39 EUR		
Summe Barwerte			342.597,40 EUR		186.956,52 EUR
– Anschaffungskosten			300.000,00 EUR		150.000,00 EUR
Kapitalwert			42.597,40 EUR		36.956,52 EUR

Entscheidung für Robot, da der Kapitalwert größer ist. Aber unterschiedliche Anschaffungskosten sind noch zu berücksichtigen (Differenzinvestition 150.000,00 EUR).

9.4 Abituraufgaben Profil Internationale Wirtschaft

Abituraufgaben 2014 (Aufgabe 3, Teil 1)

1.1

Alle Beträge in Euro	Kitchen-Servant		Kitchen-Master	
Kalk. Abschreibung	210.000,00 : 6	35.000,00	(330.000,00 – 15.000,00) : 6	52.500,00
Kalk. Zinsen		7.350,00		12.075,00
Sonst. fixe Kosten		27.250,00		17.500,00
= gesamte Fixkosten		69.600,00		82.075,00
Fertigungslöhne		225.000,00		312.500,00
Materialkosten		165.000,00		275.000,00
Sonst. variable Kosten		22.500,00		25.000,00
= gesamte variable Kosten		412.500,00		612.500,00
= Gesamtkosten		482.100,00		694.575,00
Stückkosten	482.100,00 : 15.000 Stück	32,14	694.575,00 : 25.000 Stück	27,78

1.2 Anlage 1: k_v = 412.500,00 EUR : 15.000 Stück = 27,50 EUR/Stück
K = 69.600,00 EUR + 27,50 EUR · x

Anlage 2: k_v = 612.500,00 EUR : 25.000 Stück = 24,50 EUR/Stück
K = 82.075,00 EUR + 24,50 EUR · x

69.600,00 EUR + 27,50 EUR · x = 82.075,00 EUR + 24,50 EUR · x

kritische Menge = 4.158,33 Stück

Ergebnis: Ab einer Menge von 4.159 Stück ist Anlage 2 günstiger.

1.3 Vorteil: einfaches und schnelles Verfahren

Nachteile:
- Barwert der Zahlungen bleibt unberücksichtigt.
- Schwierigkeit der Kostenaufgliederung in fixe und variable Bestandteile
- Fokussierung auf die Kostenseite
- Erträge aus der Investition bleiben unberücksichtigt.

(je eine Nennung erforderlich)

Beurteilung: gut geeignet, da vergleichbare Zahlenwerte und Rahmenbedingungen (z. B. Laufzeit, kalk. Zins)

1.4 (Anlage 1)

Jahr	Zusätzliche Investition		Kitchen-Servant	Kitchen-Master
	Einzahlungs-überschüsse in Euro	Barwerte in Euro		
1	40.000,00	37.383,00		
2	45.000,00	39.305,00		
3	45.000,00	36.733,00		
4	35.000,00	26.701,00		
5	25.000,00	17.825,00		
6	20.000,00	13.327,00		
Summe		171.274,00	232.460,00	381.215,00
+ Liquidationserlös				15.000,00 · 0,666342 = 9.995,00
= Barwertsumme		171.274,00	232.460,00	391.210,00
– Anschaffungswert		120.000,00	210.000,00	330.000,00
= Kapitalwert		41.274,00	22.460,00	61.210,00
		63.734,00		61.210,00

Ergebnis: Der Kapitalwert aller Anlagen ist positiv. Dies bedeutet, der Investor

- erhält sein investiertes Kapital zurück,
- erhält eine Verzinsung in Höhe des Kalkulationszinssatzes,
- erzielt einen zusätzlichen Überschuss.

Die Summe aus den Kapitalwerten der Anlage „Kitchen-Servant" und der zusätzlichen Maschine ist höher als der Kapitalwert der Anlage „Kitchen-Master". Dies bedeutet, dass der Barwert des Überschusses bei der Anlage „Kitchen-Master" um 12.524,00 EUR geringer ist als bei den anderen beiden Anlagen.

Lightning Burger sollte sich aus diesem Grund für die Anschaffung der Anlage „Kitchen-Servant" und die zusätzliche Investition entscheiden.

Abituraufgaben 2017 (Aufgabe 1, teilweise)

5.1 Die Grafik zeigt die Kostenverläufe der beiden Investitionsalternativen. Maschine 1 hat mit 12.500,00 EUR höhere Fixkosten, dafür sind die variablen Kosten niedriger als bei Maschine 2, die niedrigere Fixkosten (10.000,00 EUR) und höhere variable Kosten aufweist. Der Schnittpunkt der beiden Kostenkurven zeigt die kritische Menge, die bei 4.000 Stück und 20.000,00 EUR liegt.

Die kritische Menge ist die Produktionsmenge, bei der beide Maschinen Kosten in gleicher Höhe verursachen. Liegt die voraussichtlich produzierte Stückzahl unter der kritischen Menge, so ist Maschine 2 vorzuziehen, liegt die voraussichtlich produzierte Menge darüber, so ist die Produktion mit Maschine 1 kostengünstiger.

5.2 Vorteile:

- einfache Methode zur Herbeiführung von Investitionsentscheidungen (im Vergleich zur dynamischen Investitionsrechnung)
- leichte Visualisierung

Nachteile:

- Auflösung der Kosten in fixe und variable Kosten nicht immer genau durchführbar
- Wichtige Aspekte zur Beurteilung von Investitionsentscheidungen werden nicht berücksichtigt, z. B. künftige Kostenentwicklungen, Erträge, Gewinn.

(drei Argumente erforderlich)

Fazit:
Die Methode der Kostenvergleichsrechnung ist hilfreich für überschlägige Vergleichsrechnungen. Sie liefert jedoch keine präzisen Informationen und ist deshalb nur bedingt zum Vergleich von Investitionsalternativen geeignet. Unter der Voraussetzung, dass die Investitionsalternativen vergleichbare Zahlenwerte und Rahmenbedingungen aufweisen, ist sie jedoch eine einfach durchzuführende Methode zur Entscheidungsfindung.

9.5 Abituraufgaben Profil Wirtschaft

Abituraufgaben 2010 (Aufgabe 2, Teil 2)

5.1 **Kostenvergleichsrechnung:**

- Die Kostenentwicklung im Zeitablauf bleibt unberücksichtigt.
- Die Rentabilität der Investition wird nicht berücksichtigt.

Kapitalwertmethode:

- Zukünftige Ein- und Auszahlungen beruhen nur auf Schätzungen.
- geschätzter einheitlicher Kalkulationszinsfuß für die gesamte Laufzeit

5.2

Ende des Jahres	Einzahlungen in Euro	Auszahlungen in Euro	Einzahlungsüberschüsse in Euro	Barwert (6 %) in Euro
1	125.000,00	45.000,00	80.000,00	75.472,00
2	135.000,00	50.000,00	85.000,00	75.650,00
3	135.000,00	47.000,00	88.000,00	73.886,00
4	140.000,00	70.000,00	70.000,00	55.447,00
5	160.000,00	85.000,00	75.000,00	56.044,00
6	195.000,00	60.000,00	135.000,00	95.170,00
Barwertsumme				431.669,00
– Anfangsauszahlung				400.000,00
+ Liquidationserlös				7.050,00
= Kapitalwert				38.719,00

Der Kapitalwert von +38.719,00 EUR besagt, dass der Investor

- sein eingesetztes Kapital zurückerhält,
- eine Verzinsung in Höhe des Kalkulationszinssatzes erzielt,
- einen zusätzlichen Überschuss erzielt, dessen Barwert 38.719,00 EUR beträgt.

5.3
- Das Konkurrenzunternehmen erwartet eine höhere Mindestverzinsung, da möglicherweise das Risiko höher eingeschätzt und ein Anstieg des allgemeinen Zinsniveaus erwartet wird.
- Der Kapitalwert sinkt, da bei vergleichbarer Höhe der Investitionsausgaben die anfallenden Einzahlungsüberschüsse sowie der Liquidationserlös mit dem höheren Zinssatz abgezinst werden und daher mit einem niedrigeren Barwert in die Rechnung eingehen.

Abituraufgaben 2011 (Aufgabe 2, Teil 1, teilweise)

1.1 Kosten alte Anlage:
K = 2.000 St. · 550,00 EUR/St. + 500.000,00 EUR = 1.600.000,00 EUR

Kosten neue Anlage:

Fertigungslöhne pro Jahr	400.000,00 EUR	
Fertigungsmaterial pro Jahr	300.000,00 EUR	
sonstige variable Kosten pro Jahr	100.000,00 EUR	800.000,00 EUR
Gehälter pro Jahr	60.000,00 EUR	
sonstige fixe Kosten pro Jahr	140.000,00 EUR	
Abschreibung pro Jahr	400.000,00 EUR	600.000,00 EUR
Kosten pro Jahr		1.400.000,00 EUR

Die neue Anlage verursacht bei einer Absatzmenge von 2.000 Stück 200.000,00 EUR weniger Gesamtkosten als die alte Produktionsanlage.

1.2 k_v neu: 800.000,00 EUR : 2.000 Stück = 400,00 EUR/Stück

Kostenfunktion der neuen Anlage: K = 400,00x + 600.000,00

kritische Menge:

Kosten alte Anlage	=	Kosten neue Anlage
550,00x + 500.000,00	=	400,00x + 600.000,00
150,00x	=	100.000,00
x	=	666,67 Stück

Ab einer Absatzmenge von 667 Stück ist die neue Anlage kostengünstiger. Bei kleineren Absatzmengen verursacht die alte Anlage geringere Kosten.

Ersatzlösung:
Kostenfunktion der neuen Anlage: K = 450,00x + 530.000,00
kritische Menge: 300 Stück

1.4.1 Bei der Festlegung der Höhe des Kalkulationszinssatzes können

- der gegenwärtige Zinssatz am Kapitalmarkt zuzüglich eines Risikozuschlags und
- eine vom Investor vorgegebene Mindestverzinsung

von Bedeutung sein.

1.4.2

Jahr	Einzahlungen in Euro[1]	Auszahlungen in Euro[2]	Einzahlungs-überschüsse in Euro	Abzinsungs-faktor	Barwerte in in Euro
1	1.600.000,00	1.000.000,00	600.000,00	0,909091	545.455,00
2	1.600.000,00	1.000.000,00	600.000,00	0,826446	495.868,00
3	1.600.000,00	1.000.000,00	600.000,00	0,751315	450.789,00
4	1.600.000,00	1.000.000,00	600.000,00	0,683013	409.808,00
5	1.600.000,00	1.000.000,00	600.000,00	0,620921	372.553,00
6	1.600.000,00	1.000.000,00	600.000,00	0,564474	338.684,00
Barwertsumme:					2.613.157,00
Anschaffungswert:					2.400.000,00
Kapitalwert:					213.157,00

Der Kapitalwert besagt, dass der Investor neben der Kapitalrückzahlung eine Verzinsung in Höhe von 10 % seines eingesetzten Kapitals sowie weitere Überschüsse erzielt, deren Barwerte 213.157,00 EUR betragen. Die Investition ist somit vorteilhaft.

[1] *Einzahlungen = Umsatzerlöse (2.000 St. · 800,00 EUR/St.)*
[2] *Auszahlungen = Kosten – Abschreibungen (1.400.000,00 EUR – 400.000,00 EUR)*

Ersatzlösung:

Jahr	Einzahlungen in Euro	Auszahlungen in Euro	Einzahlungs-überschüsse in Euro	Abzinsungs-faktor	Barwerte in in Euro
1	1.600.000,00	1.030.000,00	570.000,00	0,909091	518.182,00
2	1.600.000,00	1.030.000,00	570.000,00	0,826446	471.074,00
3	1.600.000,00	1.030.000,00	570.000,00	0,751315	428.250,00
4	1.600.000,00	1.030.000,00	570.000,00	0,683013	389.317,00
5	1.600.000,00	1.030.000,00	570.000,00	0,620921	353.925,00
6	1.600.000,00	1.030.000,00	570.000,00	0,564474	321.750,00
Barwertsumme:					2.482.498,00
Anschaffungswert:					2.400.000,00
Kapitalwert:					82.498,00

1.4.3 Die Entscheidung war richtig, da eine Anlage des Differenzbetrages zum Kalkulationszinssatz einen Kapitalwert von null Euro hat, sodass sich die Kapitalwerte der beiden Alternativen nicht verändern.

Abituraufgaben 2013 (Aufgabe 3, teilweise)

1.1 Kosten in Euro:

		Lkw A		**Lkw B**
kalk. Abschreibung (AK – RW) : 5 Jahre		30.000,00		20.000,00
+ kalk. Zinsen		11.700,00		9.600,00
+ Steuer und Versicherung		10.300,00		9.400,00
+ Pflege und Wartung		20.000,00		15.000,00
= Summe Fixkosten		72.000,00		54.000,00
Fixkosten/km		1,20		0,90
+ Kraftstoffkosten/km	(1,70 · 40 : 100)	0,68	(1,70 · 50 : 100)	0,85
+ Reparaturkosten/km		0,10		0,15
= Gesamtkosten/km		1,98		1,90

1.2 • Jahreskosten **Lkw A** = Jahreskosten **Lkw B**

$$72.000 + 0{,}78x = 54.000 + 1{,}00\,x$$
$$18.000 = 0{,}22x$$
$$x = 81.818{,}18 \text{ km}$$

•

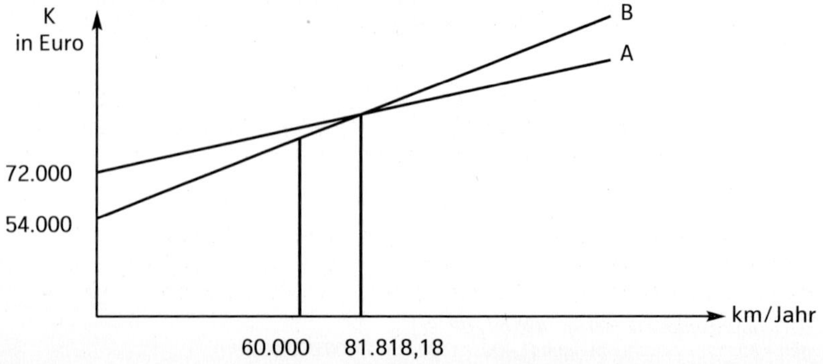

Da bis zu einer jährlichen Fahrleistung von 81.818,18 km der **Lkw B** kostengünstiger ist, sollte sich die GmbH für den **Lkw B** entscheiden.

1.3
- Keine Einbeziehung der Erträge. Daher ist kein Vergleich von Investitionsprojekten mit unterschiedlichen Erträgen möglich. Neben den Kosten sollten auch Größen wie Gewinn und Rentabilität einbezogen werden.
- Die Amortisationsrechnung berücksichtigt neben den Kosten auch den Gewinn der Investition. Dieser wird in Einzahlungsüberschüsse umgerechnet. Daraus lässt sich der Zeitraum ermitteln, in dem das investierte Kapital in das Unternehmen zurückfließt. Die Amortisationsrechnung liefert jedoch keine Information über die Rentabilität der Investition.
  Außerdem werden die Kapitalrückflüsse nach Ablauf der Amortisationszeit nicht berücksichtigt und damit auch nicht in die Entscheidung einbezogen.

2. [...]

3.1 Eine Investition gilt nach der Kapitalwertmethode als vorteilhaft, wenn der Kapitalwert null oder positiv ist.

Ist der Kapitalwert null, dann reichen die Einzahlungsüberschüsse aus, um das eingesetzte Kapital wiederzugewinnen und zusätzlich eine Verzinsung zum Kalkulationszinsfuß zu erwirtschaften.

Ein positiver Kapitalwert von z. B. 20.000,00 EUR bedeutet, dass noch ein zusätzlicher Überschuss erzielt wird, dessen Barwert 20.000,00 EUR beträgt.

3.2

Jahr	Einzahlungen in Euro	Auszahlungen in Euro	Einzahlungs-überschüsse in Euro	Abzinsungs-faktor	Barwerte in Euro
1	510.000,00	210.000,00	300.000,00	0,943396	283.019,00
2	870.000,00	220.000,00	650.000,00	0,889996	578.497,00
3	460.000,00	280.000,00	180.000,00	0,839619	151.131,00
4	520.000,00	230.000,00	290.000,00	0,792094	229.707,00
5	790.000,00	250.000,00	540.000,00	0,747258	403.519,00
Liquidationserlös			45.000,00	0,747258	33.627,00
Summe					1.679.500,00
AK					−1.650.000,00
Kapitalwert					29.500,00

3.3 Kann der frei gewordene Betrag von 50.000,00 EUR nur zum Kalkulationszinssatz angelegt werden, hat diese Differenzinvestition einen Kapitalwert von null, sodass der Kapitalwert der Alternative bei 20.000,00 EUR und damit unterhalb des in Aufgabe 3.2 berechneten Kapitalwertes liegt.

Kann mit dem frei gewordenen Betrag ein Kapitalwert von mehr als 9.500,00 EUR erzielt werden, wäre es sinnvoll, die vergleichbare Produktionsanlage anzuschaffen und die weitere Investition zu tätigen. Die Summe dieser Kapitalwerte wäre dann größer als 29.500,00 EUR.

3.4
- Ein- und Auszahlungen sind Schätzwerte und damit risikobehaftet.
- Wahl des richtigen Kalkulationszinsfußes: Wird dieser zu niedrig angesetzt, werden Investitionen zu leichtfertig getätigt. Ein zu hoher Kalkulationszinsfuß stellt eine hohe Hürde für Investitionen dar.

Abituraufgaben 2015 (Aufgabe 2, teilweise)

6.2

Jahr	Einzahlungsüberschüsse	Barwerte in Euro
1	85.000,00	79.439,00
2	78.000,00	68.128,00
3	80.000,00	65.304,00
4	72.000,00	54.928,00
5	78.000,00	55.613,00
6	75.000,00	49.976,00
Liquidationserlös	8.000,00	5.331,00
Summe der Barwerte		378.719,00
– Anschaffungsauszahlung		300.000,00
= Kapitalwert		78.719,00

Die Investition ist vorteilhaft, da der Kapitalwert positiv ist. In diesem Fall erhält der Investor neben der Kapitalrückzahlung und der erwarteten Verzinsung von 7 % einen zusätzlichen Überschuss, dessen Barwert 78.719,00 EUR beträgt.

6.3

Jahr	Einzahlungsüberschüsse	Barwerte in Euro
1	12.000,00	11.215,00
2	12.000,00	10.481,00
3	12.000,00	9.796,00
4	12.000,00	9.155,00
5	12.000,00	8.556,00
6	12.000,00	7.996,00
Summe der Barwerte		57.199,00
– Anschaffungsauszahlung		50.000,00
= Kapitalwert		7.199,00

Die Summe der Kapitalwerte der Alternativanlage (65.357,00 EUR) und der Differenzinvestition (7.199,00 EUR) beträgt 72.556,00 EUR. Auf Basis der Kapitalwerte ist somit die erste Alternative vorteilhafter (Differenz 6.163,00 EUR).

6.4
- Die Höhe und der Zeitpunkt der zukünftigen Zahlungen sind ungewiss.
- Die Höhe der Barwerte und damit auch die Vorteilhaftigkeit der Investition hängen von der Höhe des Kalkulationszinsfußes ab.

Abituraufgaben 2016 (Aufgabe 2, teilweise)

1.1

Kostenvergleichsrechnung in Euro	Typ A	Typ B
kalkulatorische Abschreibungen*	45.000,00	51.000,00
kalkulatorische Zinsen**	8.250,00	10.350,00
fixe Betriebskosten	130.000,00	136.000,00
variable Betriebskosten je Stück:		
Fertigungslöhne	0,70	0,40
sonstige variable Kosten	0,14	0,15
Materialkosten	2,00	2,00
variable Stückkosten	2,84	2,55
variable Gesamtkosten	312.400,00	280.500,00
Gesamtkosten	495.650,00	477.850,00

Die Montageanlage Typ B verursacht bei einer Produktionsmenge von 110.000 Stück 17.800,00 EUR weniger Gesamtkosten als Typ A; folglich ist die Investitionsalternative Typ B vorteilhaft.

* kalkulatorische Abschreibungen = (AK – RW) : ND
** kalkulatorische Zinsen = (AK + RW) : 2 · Kalkulationszinssatz

1.2 fixe Kosten Typ A: 45.000,00 EUR + 8.250,00 EUR + 130.000,00 EUR = 183.250,00 EUR
fixe Kosten Typ B: 51.000,00 EUR + 10.350,00 EUR + 136.000,00 EUR = 197.350,00 EUR

Kosten Typ A	=	Kosten Typ B
183.250,00 + 2,84 x	=	197.350,00 + 2,55 x
x	=	48.620,7 Stück

Ab einer Produktionsmenge von 48.621 Stück ist die Montageanlage Typ B kostengünstiger. Bei kleineren Produktionsmengen verursacht Typ A geringere Kosten.

1.3
- Der Kostenvergleich ist nur kurzfristig, da die Kostenentwicklung im Zeitablauf unberücksichtigt bleibt.
- Die Auflösung der Kosten in fixe und variable Bestandteile ist problematisch.

1.5.1 Der Kapitalwert besagt, dass der Investor neben der Kapitalrückzahlung eine Verzinsung in Höhe von 6 % seines eingesetzten Kapitals sowie weitere Überschüsse erzielt, deren Barwertsumme 252.379,00 EUR beträgt. Die Investition ist aus Sicht des Unternehmens somit vorteilhaft.

1.5.2

Jahr	Einzahlungsüberschüsse in Euro	Barwerte in Euro
1	18.000,00	16.981,00
2	19.800,00	17.622,00
3	21.780,00	18.287,00
4	23.958,00	18.977,00
5	26.354,00	19.693,00
Barwertsumme		91.560,00
– Anschaffungskosten		50.000,00
= Kapitalwert		41.560,00

Kapitalwert Typ A + Kapitalwert Differenzinvestition
187.179,00 EUR + 41.560,00 EUR = 228.739,00 EUR

Die Investition Typ A und die Differenzinvestition haben zusammen einen um 23.640,00 EUR niedrigeren Kapitalwert als die Investition Typ B. Somit ergibt der Kapitalwertvergleich, dass die Montageanlage Typ B weiterhin vorteilhafter ist.

10 Finanzierung und Investition II: Offene Selbstfinanzierung

10.2 Offene Selbstfinanzierung (Gewinnverwendung bei der AG)

1./2. Vgl. Stofftelegramm.

3. a)

Gewinnverwendungsschema:	
Jahresüberschuss	300.000,00 EUR
– Einstellung in gesetzliche Rücklage	15.000,00 EUR
Rest	285.000,00 EUR
– Einstellung in andere Gewinnrücklagen	142.500,00 EUR
Bilanzgewinn	142.500,00 EUR
– Dividende (20.000 Aktien · 7,00 EUR Div.)	140.000,00 EUR
Gewinnvortrag	2.500,00 EUR

b)

S	Bilanz 31. Dezember		H
Vermögen	1.300.000,00	gezeichnetes Kapital	1.000.000,00
		gesetzl. Rücklage	15.000,00
		and. Gewinnrücklagen	142.500,00
		Bilanzgewinn	142.500,00
	1.300.000,00		1.300.000,00

4.

Gewinnverwendungsschema:	Fall 1	Fall 2	Fall 3
Jahresüberschuss	700.000,00	700.000,00	8.300.000,00
– Verlustvortrag	100.000,00	–	–
+ Gewinnvortrag	–	50.000,00	210.000,00
– Einstell. in gesetzl. Rückl.	30.000,00 **1**	35.000,00 **4**	50.000,00 **6**
Rest	570.000,00	715.000,00	8.460.000,00
– Einstell. in and. Gewinnrückl.	285.000,00 **2**	332.500,00 **5**	4.125.000,00 **7**
Bilanzgewinn	285.000,00	382.500,00	4.335.000,00
– weitere Einstell. in and. Gewinnrückl.	28.500,00	38.250,00	–
Rest	256.500,00	344.250,00	4.335.000,00
– Dividende	200.000,00 **3**	200.000,00	4.250.000,00 **8**
Gewinnvortrag	56.500,00	144.250,00	85.000,00

Nebenrechnungen:

1 Gesetzliche Rücklage + Kapitalrücklage betragen noch nicht 10 % des gezeichneten Kapitals!
→ 5 % aus (JÜ – Verlustvortrag) 600.000,00 EUR = 30.000,00 EUR

2 50 %-Einstellung

3 256.500,00 EUR : 200.000 = 1,.. EUR je Aktie → Dividende: 1,00 EUR/Aktie · 200.000 Aktien = 200.000,00 EUR

4 5 % aus 700.000,00 EUR = 35.000,00 EUR

5 50 %-Einstellung aus 665.000,00 EUR (700.000,00 EUR – 35.000,00 EUR) = 332.500,00 EUR

6 5 % aus 8.300.000,00 = 415.000,00

gesetzliche Rücklage bisher:	2.450.000,00 EUR
Soll (10 % des gez. Kap.)	2.500.000,00 EUR
noch aufzufüllen max.	50.000,00 EUR

7 50 % aus (8,3 Mio. – 50.000,00) 8.250.000,00 = 4.125.000,00 EUR

8 25.000.000,00 EUR = 100 %
4.335.000,00 EUR = 17,34 % → 17 % aus 25 Mio. = 4.250.000,00 EUR

5. a)

Jahresüberschuss	460.000,00 EUR
– Verlustvortrag	60.000,00 EUR
	400.000,00 EUR
– Einstellung in gesetzl. Rücklage 5 %	20.000,00 EUR
	380.000,00 EUR
– Einstell. in and. Gewinnrückl. 50 %	190.000,00 EUR
minimaler Bilanzgewinn	190.000,00 EUR
maximaler Bilanzgewinn	380.000,00 EUR

b) minimaler Dividendensatz:
2,00 Mio. = 100,0 %
0,19 Mio. = **9,5** %

maximaler Dividendensatz:
2,00 Mio. = 100,0 %
0,38 Mio. = **19,0** %

c) **Eigenkapital bei minimaler Ausschüttung:** **Bilanzkurs:**

gezeichnetes Kapital	2.000.000,00 EUR	
gesetzliche Rücklage bisher	140.000,00 EUR	GK 2,00 Mio. = 100,0 %
Zuführung in gesetzl. Rücklage	20.000,00 EUR	EK 3,15 Mio. = **157,5 %**
andere Gewinnrücklagen bisher	800.000,00 EUR	
Zuführung in andere Gewinnrücklagen	190.000,00 EUR	
Eigenkapital	**3.150.000,00** EUR	

Eigenkapital bei maximaler Ausschüttung: **Bilanzkurs:**

gezeichnetes Kapital	2.000.000,00 EUR	
gesetzliche Rücklage bisher	140.000,00 EUR	GK 2,00 Mio. = 100,0 %
Zuführung in gesetzliche Rücklage	20.000,00 EUR	EK 2,96 Mio. = **148,0 %**
andere Gewinnrücklagen bisher	800.000,00 EUR	
Eigenkapital	**2.960.000,00** EUR	

d) Vgl. Stofftelegramm.

6. Die aus gesetzlichen Vorschriften resultierende Rücklagenbildung (gesetzliche Rücklage, Recht von Vorstand und Aufsichtsrat zur Bildung von Gewinnrücklagen) bedingt bei der AG im Vergleich zur KG eine höhere „erzwungene“ Selbstfinanzierung, sofern die Gesellschafter der KG ihr gesetzliches Entnahmerecht voll in Anspruch nehmen.

Da jedoch insbesondere Komplementäre an kostengünstigem Wachstum der Unternehmung interessiert sind, werden sie freiwillig hohe Gewinnanteile im Unternehmen belassen.

7. a)

Gewinnverwendungsschema:	
Jahresüberschuss	1.200.000,00 EUR
+ Gewinnvortrag	20.000,00 EUR
– Einstellung in gesetzliche Rücklage	60.000,00 EUR
Rest	1.160.000,00 EUR
– Einstell. in and. Gewinnrückl. 50 %	570.000,00 EUR
Bilanzgewinn	590.000,00 EUR
– Dividende (4,00 EUR je Aktie)	560.000,00 EUR
Gewinnvortrag	30.000,00 EUR

b)

gezeichnetes Kapital	7.000.000,00 EUR
gesetzliche Rücklage (600.000,00 + 60.000,00)	660.000,00 EUR
andere Gewinnrücklagen (2,8 Mio. + 0,57 Mio.)	3.370.000,00 EUR
Gewinnvortrag	30.000,00 EUR
neues Eigenkapital	11.060.000,00 EUR

c)
- Vorstand und Aufsichtsrat können beschließen, die Feststellung des Jahresabschlusses der HV zu überlassen (§ 172 AktG).
- Billigt der Aufsichtsrat den Jahresabschluss nicht: HV stellt Jahresabschluss fest (§ 173 AktG).

8. Lösung: (Jede korrekt begründete Lösungsalternative ist ebenso möglich.)

Entscheidungskriterien	**Gewichtung %**	**Keine Rücklagenbildung**		**50 % in Rücklagen**		**75 % in Rücklagen**	
		P.	**gew. P.**	**P.**	**gew. P.**	**P.**	**gew. P.**
Wachstumsförderung	20	0	0	3	60	4	80
Liquidität	10	0	0	3	30	5	50
Rentabilität	20	0	0	3	60	5	100
Aktionärsstimmung	40	4	160	4	160	2	80
Kreditwürdigkeit	5	0	0	3	15	5	25
Unabhängigkeit	5	0	0	3	15	5	25
Summe	100	–	160	–	340	–	360

Entscheidung: Einstellung von 75 %

Entscheidungsbegründung: Höchste Punktesumme! Die aus dieser hohen Rücklagenbildung resultierende schlechte Aktionärsstimmung könnte in der Hauptversammlung durch zugkräftige Argumentation gemildert werden. Alle anderen Entscheidungskriterien erreichen die Optimalwerte.

10.3 Abituraufgaben Profil Wirtschaft

Abituraufgaben 2010 (Aufgabe 3, Teil 3)

3.2
- Gewinnthesaurierung in guten Jahren ermöglicht eine Dividendenkontinuität auch in schlechteren Jahren.
- Offene Selbstfinanzierung schafft Kapital für neue Investitionen (siehe TOP 7).
- höhere Kreditwürdigkeit durch Verbreiterung der Eigenkapitalbasis

3.3

Jahresüberschuss	242 Mio. EUR
./. 50 % Einstellung in andere Gewinnrücklagen	121 Mio. EUR
= Bilanzgewinn	121 Mio. EUR
./. Dividendenausschüttung 96 Mio. Aktien · 1,00 EUR	96 Mio. EUR
= Gewinnvortrag	25 Mio. EUR

Eigenkapitalpositionen nach vollständiger Gewinnverwendung:

gezeichnetes Kapital	270 Mio. EUR
Kapitalrücklage	98 Mio. EUR
gesetzliche Rücklage	22 Mio. EUR
andere Gewinnrücklagen (660 + 121)	781 Mio. EUR
Gewinnvortrag	25 Mio. EUR

3.4 Der Jahresüberschuss und die anderen Gewinnrücklagen hätten voll ausgeschüttet werden können. Kapitalrücklage und gesetzliche Rücklage dürfen zum Zweck der Gewinnausschüttung nicht aufgelöst werden (§ 150 Abs. 4 AktG). Insgesamt hätten maximal 660 Mio. EUR + 242 Mio. EUR = 902 Mio. EUR ausgeschüttet werden können. Das hätte eine Stückdividende von 9,39 EUR ergeben.

3.5 Die Zusammensetzung des Aufsichtsrates bei Kapitalgesellschaften mit mehr als 2.000 Arbeitnehmern wird durch das Mitbestimmungsgesetz geregelt: Die Hauptversammlung wählt sechs Aktionärsvertreter in den Aufsichtsrat (§ 7 Abs. 1 Nr. 1 MitbestG).

Abituraufgaben 2011 (Aufgabe 1, teilweise)

5.3.1 Erforderliche Rücklagenbildung: 10 % von 15.000.000,00 EUR = 1.500.000,00 EUR
Bisher gebildet (Kapitalrücklage und gesetzliche Rücklage):
800.000,00 EUR + 150.000,00 EUR = 950.000,00 EUR

Jahresüberschuss	3.000.000,00 EUR
– Einstellung in gesetzliche Rücklage	150.000,00 EUR
= Zwischensumme	2.850.000,00 EUR
– Einstellung in andere Gewinnrücklagen	1.425.000,00 EUR
= Zwischensumme	1.425.000,00 EUR
+ Gewinnvortrag	130.000,00 EUR
= Bilanzgewinn	1.555.000,00 EUR

Anzahl Aktien: 15.000.000,00 EUR : 5,00 EUR = 3.000.000 Aktien
Stückdividende: 1.555.000,00 EUR Bilanzgewinn : 3.000.000 Aktien = 0,518 EUR/Aktie
→ 0,51 EUR/Aktie
Dividendenzahlung: 3.000.000 Aktien · 0,51 EUR/Aktie = 1.530.000,00 EUR

5.3.2 • Grundkapital 15.000.000,00 EUR
Kapitalrücklage 800.000,00 EUR
gesetzliche Rücklage 300.000,00 EUR
andere Gewinnrücklagen 1.652.000,00 EUR
Gewinnvortrag 25.000,00 EUR
• Höhe der offenen Selbstfinanzierung:

Jahresüberschuss 2010	3.000.000,00 EUR
– Dividendenzahlung	1.530.000,00 EUR
= offene Selbstfinanzierung	1.470.000,00 EUR

Abituraufgaben 2013 (Aufgabe 2, teilweise)

7.1 gezeichnetes Kapital: 2.400.000,00 EUR
Nennwert pro Aktie: 5,00 EUR → 480.000 Aktien

Gewinnverwendung:

Jahresüberschuss	400.000,00 EUR
– Einstellung in gesetzliche Rücklage (§ 150 AktG)	20.000,00 EUR
– Einstellung in andere Gewinnrücklagen (§ 58 AktG)	190.000,00 EUR
= Bilanzgewinn	190.000,00 EUR
– Dividende	144.000,00 EUR
= Gewinnvortrag	46.000,00 EUR

Bilanzgewinn 190.000,00 EUR/480.000 Aktien = 0,3958 EUR/Aktie → 0,30 EUR/Aktie

7.2 • Umlaufvermögen 1.518.000,00 EUR (1.662.000,00 EUR – 144.000,00 EUR)
gesetzliche Rücklage 32.000,00 EUR
andere Gewinnrücklagen 190.000,00 EUR
Gewinnvortrag 46.000,00 EUR

• Höhe der offenen Selbstfinanzierung:
Jahresüberschuss – Dividendenzahlung
400.000,00 EUR – 144.000,00 EUR = 256.000,00 EUR

Abituraufgaben 2018 (Aufgabe 1, teilweise)

2.1 Ermittlung des Bilanzgewinns:

Jahresüberschuss	46 Mio. EUR
– Einstellung in die gesetzlichen Rücklagen (§ 150 Abs. 2 AktG)	– 2 Mio. EUR
	= 44 Mio. EUR
– Einstellung in andere Gewinnrücklagen (§ 58 Abs. 2 AktG)	– 22 Mio. EUR
	= 22 Mio. EUR
+ Gewinnvortrag aus Vorjahr	+ 4 Mio. EUR
= Bilanzgewinn	= 26 Mio. EUR

5 % des Jahresüberschusses = 2,3 Mio. EUR
10 % des gezeichneten Kapitals = 50 Mio. EUR
Gesetzliche Rücklage + Kapitalrücklage = 48 Mio. EUR
→ Einstellung von 2 Mio. EUR in gesetzliche Rücklagen erforderlich

Darstellung der einzelnen Eigenkapitalposten vor der Dividendenausschüttung:

Gezeichnetes Kapital	500 Mio. EUR	(unverändert)
Kapitalrücklage	20 Mio. EUR	(unverändert)
Gesetzliche Rücklagen	30 Mio. EUR	(28 Mio. EUR + 2 Mio. EUR)
Andere Gewinnrücklagen	168 Mio. EUR	(146 Mio. EUR + 22 Mio. EUR)
Bilanzgewinn	26 Mio. EUR	

2.2 Dividende pro Aktie bei Ausschüttung des festgestellten Bilanzgewinns:
Bilanzgewinn : Anzahl der Aktien = 26 Mio. EUR : 50 Mio. Aktien
→ 0,52 EUR pro Aktie

Auf volle zehn Cent gerundete Dividende: 0,50 EUR

Gesamte Ausschüttung = 0,50 EUR pro Aktie · 50 Mio. Aktien = 25 Mio. EUR

Gewinnvortrag für 2018 = 26 Mio. EUR – 25 Mio. EUR = 1 Mio. EUR

2.3 Stimmrecht bei:

- Bestellung der Aufsichtsratsmitglieder
- Entlastung des Vorstands und des Aufsichtsrats
- Bestellung des Abschlussprüfers
- Satzungsänderungen

(§ 119 AktG)

11 Finanzierung und Investition III: Beteiligungs-(Eigen-)Finanzierung

11.1 Beteiligungsfinanzierung bei der AG: Kapitalerhöhung gegen Einlagen

1./2. Vgl. Stofftelegramm.

3. a) **Bezugsrecht:** Recht der Altaktionäre, bei Kapitalerhöhungen so viele junge Aktien erwerben zu können, dass ihr Anteil am gezeichneten Kapital erhalten bleibt
   b) • Erhaltung der prozentualen Stimmrechtsanteile der Altaktionäre
   • Ausgleich von Kursverlusten

4. a) 20 : 12 = **5 : 3**
   b) $\text{Bezugsrecht} = \dfrac{200 - 150}{5 : 3 + 1} = \mathbf{18{,}75\ EUR}$
   c) 5 : 3 = 20 : 12; er hat 19 alte Aktien; er benötigt 20 alte Aktien. → Zukauf 1 Bezugsrecht

12 junge Aktien je 150,00 EUR =	1.800,00 EUR
+ Kauf 1 Bezugsrecht zu 16,75 EUR =	16,75 EUR
	1.816,75 EUR

   d)

12 junge Aktien je 150,00 EUR =	1.800,00 EUR
– Verkauf 30 Bezugsrechte · 16,75 EUR =	502,50 EUR
	1.297,50 EUR

5. a) Nennwert der Aktie (Unter-pari-Ausgabe von Aktien verboten)
   b) alter Börsenkurs (Kein Käufer wäre bereit, mehr zu zahlen!)

6. a) $\text{Bezugsrecht} = \dfrac{Ka - Kn}{a : n + 1} \rightarrow 5 = \dfrac{150 - 120}{a/n + 1} \rightarrow a : n = 5 \rightarrow \mathbf{5 : 1}$

   Ka = Kurs alte Aktien
   Kn = Kurs junge Aktien
   a : n = Bezugsverhältnis

   b) a : n = 5 : 1 → a : 250.000,00 = 5 → a = **1.250.000,00 EUR**
   c) Kurs ex Bezugsrecht = Kurs der alten Aktien – Bezugsrecht = 150 – 8 = **142,00 EUR**

7.

geplante Investitionssumme	398 Mio. EUR	Anzahl der auszugebenden Aktien:
Emissionskosten	2 Mio. EUR	400 Mio. : 80 = 5 Mio. Stück Aktien
notwendige Mittel	400 Mio. EUR	5 Mio. St. → 5,00 EUR = **25 Mio. EUR** Kap.erhöh.

8. a)

geplante Investit.summe	35 Mio. EUR	Erhöhung GK um	24 Mio. = 100 %
Emissionskosten	1 Mio. EUR		36 Mio. = 150 %
notwendige Mittel	36 Mio. EUR	150 % von 50,00 EUR = **75,00 EUR**	

   b) $\text{Bezugsrecht} = \dfrac{106 - 75}{10 : 3 + 1} = \mathbf{7{,}15\ EUR}$ (80 : 24 = 10 : 3)

9. a)

geplante Investit.summe	190 Mio. EUR	Anzahl der auszugebenden Aktien:
Emissionskosten	2 Mio. EUR	192 Mio. : 60 = 3,2 Mio. Stück Aktien
notwendige Mittel	192 Mio. EUR	3,2 Mio. · 50,00 EUR = **160 Mio. EUR** Kapitalerhöhung

b) Bezugsverhältnis = 800 : 160 = **5 : 1**

$$\text{Bezugsrecht} = \frac{102 - 60}{5:1+1} = \mathbf{7{,}00\ EUR}$$ neuer Aktienkurs = 102 − 7 = **95,00 EUR**

10. a) 9,78 Mio. = 100 %
7,45 Mio. = 76,18 %; Kapitalerhöhung möglich, da 75 % genügen

b) $$\text{Bezugsrecht} = \frac{82 - 55}{5:1+1} = \mathbf{4{,}50\ EUR}$$

c)

Ausgabekurs	55,00 EUR
+ 5 Bezugsrechte je 4,50 EUR =	22,50 EUR
	77,50 EUR

d) 5 : 1 = 10 Mio. EUR : x → x = 2 Mio. EUR Grundkapitalerhöhung
→ hiervon 110 % = 2,2 Mio. EUR Zugang flüssiger Mittel

11. a) benötigtes Kapital = 18,5 Mio. EUR + 0,7 Mio. EUR = 19,2 Mio. EUR
Erhöhung Grundkapital um 12.000.000,00 EUR = 100 %
19.200.000,00 EUR = 160 % von 50,00 EUR = **80,00 EUR**

b) $$\text{Bezugsrecht} = \frac{106 - 80}{10:3+1} = \mathbf{6{,}00\ EUR}$$

c) 10 : 3 = 40 : 12 → ohne Kauf von Bezugsrechten : 12 j. Aktien je 80,00 EUR = 960,00 EUR

Anlagebetrag	1.900,00 EUR
überschüss. Betrag	940,00 EUR

Kaufpreis 1 junge Aktie	80,00 EUR
+ Bezugsrecht für 1 j. Aktie: Für 3 j. A. benötigt er 10 Bezugsrechte. Für 1 j. A. benötigt er 10 : 3 Bezugsrechte: 10 : 3 · 7,20 EUR =	24,00 EUR
Kosten für 1 junge Aktie	104,00 EUR

940,00 EUR : 104,00 EUR = 9,... junge Aktien → Kaufpreis 9 j. Aktien = 9 · 80 = 720,00 EUR
+ Bezugsrechte : 30 · 7,20 EUR = 216,00 EUR
936,00 EUR

940,00 EUR - 936,00 EUR = **4,00 EUR Rest**

11.2 Abituraufgaben Profil Internationale Wirtschaft

Abituraufgaben 2014 (Aufgabe 1, Teil 1, teilweise)

2.4 Eine Abweichung ist möglich durch z. B.:

- Nichtausschüttung von Gewinnen (offene Rücklagen),
- Wertsteigerung bei Vermögen (stille Rücklagen).

Abituraufgaben 2017 (Aufgabe 2, teilweise)

3.1 Gesetzliche Untergrenze ist der Nennwert der Aktie (hier 5,00 EUR), da gemäß § 9 Abs. 1 AktG eine Ausgabe unter diesem Wert unzulässig ist.
Theoretische Obergrenze ist der Kurs der alten Aktie (hier 96,50 EUR), da zu einem höheren Kurs keine Nachfrage nach jungen Aktien vorhanden sein wird.

3.2.1 GK-Erhöhung = 300.000,00 EUR (BV = 5 : 1), d. h., bei einem Nennwert von 5,00 EUR/Aktie werden 60.000 junge Aktien ausgegeben.

Kapitalbedarf	5.000.000,00 EUR
+ Emissionskosten	250.000,00 EUR
= erforderlicher Emissionserlös	5.250.000,00 EUR

Bei 60.000 jungen Aktien ergibt sich somit ein Ausgabekurs von 87,50 EUR je junger Aktie (5.250.000,00 EUR/60.000 Aktien).

3.2.2 Auswirkungen auf die Bilanzpositionen:
Gez. Kapital: + 300.000,00 EUR
(5,00 EUR Nennwert · 60.000 junge Aktien)
Liquide Mittel: + 5.000.000,00 EUR
(300.000,00 EUR + 4.950.000,00 EUR – 250.000,00 EUR Emissionskosten)

3.2.3 Mittelkurs = (96,50 EUR · 300.000 + 87,50 EUR · 60.000) : 360.000
= 95,00 EUR/Aktie

11.3 Abituraufgaben Profil Wirtschaft

Abituraufgaben 2010 (Aufgabe 3, Teil 3)

4.1 flüssige Mittel: +435,2 Mio. EUR; gezeichnetes Kapital: +90,0 Mio. EUR; Kapitalrücklage: +345,2 Mio. EUR

4.2
- Durch die Nutzung der Bezugsrechte zum Kauf von jungen Aktien haben die Altaktionäre die Möglichkeit, ihre prozentuale Beteiligung an der Aktiengesellschaft zu erhalten (z. B. Sperrminorität).
- Die Ausgabe junger Aktien führt i. d. R. zur Kursverwässerung. Der den Altaktionären dadurch entstehende Vermögensverlust soll durch die Gewährung von Bezugsrechten ausgeglichen werden.

4.3
- Bezugsverhältnis (BV) = 3 : 1

Bezugsrecht	= (Ka – Kn) : (BV + 1)
1,40 EUR	= (Ka – 13,60 EUR) : (3 + 1)
5,60 EUR	= Ka – 13,60 EUR
Ka	= 19,20 EUR
Mittelkurs	= Kurs alte Aktie – Bezugsrecht
	= 19,20 EUR – 1,40 EUR
	= 17,80 EUR

- Der tatsächliche Wert des Bezugsrechtes ergibt sich aus Angebot und Nachfrage an der Börse.

4.4 Vermögenswerte vor der Kapitalerhöhung:

500 Aktien: 500 · 19,20 EUR = 9.600,00 EUR

Vermögenswerte nach der Kapitalerhöhung:

- Zukauf 200 junge Aktien:

benötigte Bezugsrechte 200 · 3	= 600
./. vorhandene Bezugsrechte	= 500
= noch zu beschaffende Bezugsrechte	= 100

100 · 1,40 EUR	=	140,00 EUR
200 · 13,60 EUR	=	2.720,00 EUR
Kaufpreis für 200 junge Aktien	=	2.860,00 EUR

700 Aktien: 700 · 17,80 EUR	=	12.460,00 EUR
./. Kaufpreis für 200 junge Aktien	=	2.860,00 EUR
		9.600,00 EUR

- Verkauf aller Bezugsrechte:

500 Bezugsrechte · 1,40 EUR	=	700,00 EUR
+ 500 Aktien · 17,80 EUR	=	8.900,00 EUR
		9.600,00 EUR

Abituraufgaben 2014 (Aufgabe 3, teilweise)

3.1 Anzahl der alten Aktien: 440.000 Stück
Anzahl der jungen Aktien: 220.000 Stück

Mindestausgabekurs der jungen Aktien:
Kapitalbedarf von 3,08 Mio. EUR : 220.000 Aktien = 14,00 EUR/Aktie

3.2 $\text{Bezugsrecht} = \frac{\text{Kurs alte Aktie} - \text{Kurs junge Aktie}}{\text{Bezugsverhältnis} + 1} = \frac{18{,}00 - 16{,}20}{3} = 0{,}60 \text{ EUR}$

Falls ein Altaktionär nicht an der Kapitalerhöhung teilnimmt, kann er durch den Verkauf seiner Bezugsrechte seinen Vermögenswert erhalten.
Falls ein Altaktionär an der Kapitalerhöhung teilnimmt, gewähren ihm seine Bezugsrechte die Möglichkeit, junge Aktien im Verhältnis seines bisherigen Anteils zu erwerben und somit seinen Stimmrechtsanteil zu erhalten.

3.3 Agnes Staiger erhielt bei der Umwandlung der GmbH in eine AG Aktien im Nennwert ihres Eigenkapitalanteils:
3 : 8 · 200.000 Aktien = 75.000 Aktien

Kapitalerhöhung im Verhältnis 2 : 1, d. h., sie muss 37.500 junge Aktien kaufen, um ihre bisherige Beteiligungsquote zu erhalten.
Kaufpreis: 37.500 Aktien · 16,20 EUR = 607.500,00 EUR

3.4 Für eine Aktie muss der neue Investor 16,20 EUR und 2 Bezugsrechte zu je 0,60 EUR aufwenden, also 17,40 EUR/Aktie.
50.000,00 EUR : 17,40 EUR = 2.873,56 Aktien → 2.873 Aktien

4.
- Fremdkapital steht nur befristet zur Verfügung und führt zu Zins- und Tilgungsverpflichtungen.
- Sofern überhaupt genügend Kreditsicherheiten vorhanden sind, würde die deutliche Erhöhung der Fremdkapitalquote den zukünftigen Kreditspielraum stark einschränken.

Abituraufgaben 2015 (Aufgabe 1, teilweise)

3.1.1 Argumente für die Beteiligungsfinanzierung:

- Sicherung der Unabhängigkeit des Unternehmens, da nicht von Fremdkapitalgebern abhängig
- Eigenkapital steht zeitlich unbegrenzt zur Verfügung, während Fremdkapital befristet ist.

Argumente gegen die Beteiligungsfinanzierung:

- Eigenkapitalgeber beanspruchen Gewinnanteile, Informations- und Mitspracherechte.
- Die Eigenkapitalquote vor der Kapitalerhöhung gegen Einlagen beträgt etwa 49 %, sodass eine zinsgünstige Fremdfinanzierung unter Berücksichtigung des Leverage-Effektes vorteilhaft sein könnte.

3.1.2 Grundkapital: 75 Mio. EUR, entspricht 15 Mio. Aktien
Vertretenes Grundkapital 90 %: 67,5 Mio. EUR, entspricht 13,5 Mio. Aktien

Sperrminorität:
25 % von 13,5 Mio. Aktien = 3,375 Mio. Aktien
Für eine Sperrminorität sind 3,375 Mio. Aktien + 1 Aktie notwendig.

Rieger besitzt 375.000 Aktien zu wenig.
Rieger besitzt: 3.375.001 Aktien – 375.000 Aktien = 3.000.001 Aktien

3.2
- Transparenz bezüglich Aktionärsstruktur, da bei Namensaktien die Aktionäre dem Unternehmen bekannt sind.
- Erleichterte Kontaktaufnahme, da die Aktionäre direkt angeschrieben und z. B. zur Hauptversammlung eingeladen werden können.

3.3
- Untergrenze: Nennwert, da die Aktienausgabe unter pari gesetzlich verboten ist (§§ 8 und 9 AktG).
  Obergrenze: keine gesetzliche Vorgabe; Börsenkurs der alten Aktie gibt theoretische Obergrenze vor.

- Nachteil zu hoher Emissionskurs:
  Die Emission kann am Kapitalmarkt nicht untergebracht und so der geplante Mittelzufluss nicht erreicht werden.
- Nachteil zu niedriger Emissionskurs:
  Der mögliche Mittelzufluss wird nicht ausgeschöpft.

3.4
- Kapitalerhöhung 12,5 Mio. EUR, entspricht 2,5 Mio. jungen Aktien
  Kapitalbedarf: Investition 15,5 Mio. EUR
  Emissionskurs = 15,5 Mio. EUR : 2,5 Mio. junge Aktien = 6,20 EUR/Aktie

Liquide Mittel:	Zunahme um	15,5 Mio. EUR
Gezeichnetes Kapital:	Zunahme um	12,5 Mio. EUR
Kapitalrücklage:	Zunahme um	3,0 Mio. EUR

4.1 <u>Ausgangssituation:</u>

Liquide Mittel:	5.000,00 EUR
Aktienvermögen:	Anzahl alter Aktien · Kurs alt = 1.800 · 9,00 EUR = 16.200,00 EUR
Gesamtvermögen:	21.200,00 EUR

Alternative 1:

Bezugsverhältnis 6 : 1, d. h., Schärer kann mit seinen 1.800 Bezugsrechten 300 junge Aktien erwerben.

Liquide Mittel: 5.000,00 EUR – (300 junge Aktien · 6,20 EUR) = **3.140,00 EUR**

Aktienvermögen: Anzahl aller Aktien · Mittelkurs

Mittelkurs = (15 Mio. alte Aktien · 9,00 EUR + 2,5 Mio. junge Aktien · 6,20 EUR) : 17,5 Mio. Aktien = 8,60 EUR

(1.800 alte Aktien + 300 junge Aktien) · 8,60 EUR = **18.060,00 EUR**

Gesamtvermögen: **21.200,00 EUR**

Ersatzlösung: *Mittelkurs 8,70 EUR, liquide Mittel 2.930,00 EUR, Aktienvermögen 18.270,00 EUR*

Alternative 2:

Liquide Mittel: 5.000,00 EUR + 1.800 Bezugsrechte · Bezugsrechtswert 0,40 EUR = **5.720,00 EUR** Bezugsrecht = Kurs alte Aktie 9,00 EUR – Mittelkurs 8,60 EUR = 0,40 EUR

Aktienvermögen: Anzahl aller Aktien · Mittelkurs

1.800 alte Aktien · 8,60 EUR = **15.480,00 EUR**

Gesamtvermögen: **21.200,00 EUR**

Ersatzlösung: *Wert des Bezugsrechts 0,30 EUR, liquide Mittel 5.540,00 EUR, Aktienvermögen 15.660,00 EUR*

4.2 Für die Entwicklung seines aktuellen Gesamtvermögens ist es unbedeutend, welche Entscheidung er trifft, da bei beiden Alternativen sein Gesamtvermögen unverändert bleibt.

Bezüglich seiner zukünftigen Renditechancen bietet Alternative 1 in der aktuellen Niedrigzinsphase die Chance, stärker von zukünftigen Kursgewinnen und Dividendenzahlungen zu profitieren.

12 Finanzierung und Investition IV: Außenfinanzierung in Form von Darlehen

12.1 Darlehensformen

1. Vgl. Stofftelegramm.

2. a) Vgl. Stofftelegramm.
   b) Tilgung des Gesamtbetrages auf einmal
   c) nicht kündbar durch den Kreditgeber vor Vertragsablauf
   d) Vorteile:
      - nur laufende Zinsbelastung (keine laufende Tilgung)
      - Während der Laufzeit ist der Gesamtbetrag verfügbar.

      Nachteile:
      - hohe Liquiditätsbelastung bei Gesamttilgung
      - höhere Zinsbelastung insgesamt

3.

Alternative 1: Fälligkeitsdarlehen					
Jahr	**Anfangsschuld**	**Zinsen**	**Tilgung**	**Zins + Tilgung**	**Restschuld**
01	120.000,00	12.000,00	–	12.000,00	120.000,00
02	120.000,00	12.000,00	–	12.000,00	120.000,00
03	120.000,00	12.000,00	–	12.000,00	120.000,00
...					
10	120.000,00	12.000,00	120.000,00	132.000,00	–
Summen	–	120.000,00	120.000,00	240.000,00	–

Alternative 2: (Kündigungsdarlehen) Unterschiede zu Alternative 1: Laufzeit unbestimmt; andere Summen

Alternative 3: Abzahlungsdarlehen (Ratendarlehen)					
Jahr	**Anfangsschuld**	**Zinsen**	**Tilgung**	**Zins + Tilgung**	**Restschuld**
01	120.000,00	12.000,00	12.000,00	24.000,00	108.000,00
02	108.000,00	10.800,00	12.000,00	22.800,00	96.000,00
03	96.000,00	9.600,00	12.000,00	21.600,00	84.000,00
04	84.000,00	8.400,00	12.000,00	20.400,00	72.000,00
05	72.000,00	7.200,00	12.000,00	19.200,00	60.000,00
06	60.000,00	6.000,00	12.000,00	18.000,00	48.000,00
07	48.000,00	4.800,00	12.000,00	16.800,00	36.000,00
08	36.000,00	3.600,00	12.000,00	15.600,00	24.000,00
09	24.000,00	2.400,00	12.000,00	14.400,00	12.000,00
10	12.000,00	1.200,00	12.000,00	13.200,00	–
Summen	–	66.000,00	120.000,00	186.000,00	–

Alternative 4: Annuitätendarlehen					
Jahr	**Anfangsschuld**	**Zinsen**	**Tilgung**	**Zins + Tilgung**	**Restschuld**
01	120.000,00	12.000,00	8.000,00	20.000,00	112.000,00
02	112.000,00	11.200,00	8.800,00	20.000,00	103.200,00
03	103.200,00	10.320,00	9.680,00	20.000,00	93.520,00
04	93.520,00	9.350,00	10.650,00	20.000,00	82.870,00
05	82.870,00	8.290,00	11.710,00	20.000,00	71.160,00
06	71.160,00	7.120,00	12.880,00	20.000,00	58.280,00
07	58.280,00	5.830,00	14.170,00	20.000,00	44.110,00
08	44.110,00	4.410,00	15.590,00	20.000,00	28.520,00
09	28.520,00	2.850,00	17.150,00	20.000,00	11.370,00
10	11.370,00	1.140,00	11.370,00	12.510,00	–
Summen	–	72.510,00	120.000,00	192.510,00	–

Kostenvergleich: Summe der Zinsen insgesamt beim

- Fälligkeitsdarlehen (Alt. 1): 120.000,00 EUR
- Kündigungsdarlehen (Unterstellung: Kündigung nach zehn Jahren): 120.000,00 EUR
- Abzahlungsdarlehen: 66.000,00 EUR
- Annuitätendarlehen: 72.510,00 EUR

12.2 Kreditsicherheiten

1. a)

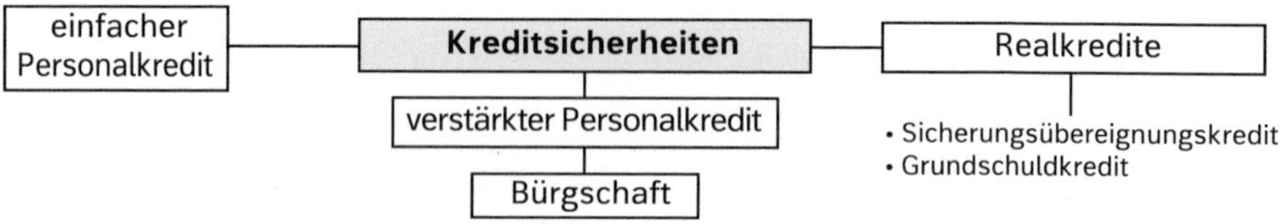

b) Personalkredite: Kreditsicherung durch eine (mehrere) Person(en)
Realkredite: Kreditsicherung durch eine Sache

2.
- **Kreditvertrag** zwischen Schuldner und Gläubiger (formfrei, i. d. R. schriftlich)
- **Bürgschaftsvertrag** zwischen Bürge und Gläubiger (Schriftform; formfrei, wenn Kaufmann im Sinne des HGB die Bürgschaft im Rahmen seines Handelsgeschäfts abgibt)

3. 1. Bürgschaft kann auch mündlich abgeschlossen werden.
2. stets selbstschuldnerische Bürgschaften

4. Gläubiger wird Eigentümer, Schuldner bleibt Besitzer (Besitzkonstitut).

5.–7. Vgl. Stofftelegramm.

12.3 Abituraufgaben Profil Internationale Wirtschaft

Abituraufgaben 2015 (Aufgabe 1, Teil 2, verändert)

2.1 1. Grundstücke und Bauten: Belastung mit einem Pfandrecht (Grundschuld)
2. Technische Anlagen und Maschinen: Sicherungsübereignung

- Grundstücke und Bauten sind wertbeständiger als technische Anlagen und Maschinen.
- Grundstücke erfahren keine Abnutzung.
- höheres Risiko für die Bank bei technischen Anlagen und Maschinen: Gefahr mehrfacher Sicherungsübereignung, Veräußerung der sicherungsübereigneten Gegenstände an einen gutgläubigen Dritten

(zwei Argumente erforderlich)

2.2
- Höhe des abzusichernden Kredits: 500.000,00 EUR
- zur Verfügung stehender Immobilienwert für Beleihung:
  1.090.000,00 EUR · 0,75 – 450.000,00 EUR = 367.500,00 EUR
- zur Verfügung stehender Beleihungswert für TA und Maschinen:
  800.000,00 EUR · 0,5 = 400.000,00 EUR
- Summe Beleihungswerte: 367.500,00 EUR + 400.000,00 EUR = 767.500,00 EUR

Die bilanzierten Vermögenswerte würden zur Absicherung des Kredits ausreichen.

3.1 Effektivzinssatz Kreditangebot A:

Die Kreditsumme liegt bei 562.500,00 EUR, damit bei einer Auszahlung von 96 % der Kapitalbedarf von 540.000,00 EUR gedeckt werden kann (540.000,00 EUR = 96 % → 100 % = 562.500,00 EUR).

jährliche Zinsen (5 % · 562.500,00 EUR)	28.125,00 EUR
Disagio (22.500,00 EUR : 5 Jahre)	4.500,00 EUR
	32.625,00 EUR

$P_{eff} = 32.625{,}00\ EUR : 540.000{,}00\ EUR \cdot 100 \approx 6{,}04\ \%$ oder

$P_{eff} = (p + [d/n]) : (\text{Auszahlungskurs in } \%) \cdot 100$
$P_{eff} = (5 + 4/5) : 96\ \% \cdot 100 \approx 6{,}04\ \%$

Effektivzinssatz Kreditangebot B:

Nominalzinssatz = Effektivzinssatz = 5 %, da Kreditsumme = Auszahlungsbetrag

3.2 **Kreditangebot A: Fälligkeitsdarlehen**

Jahr	Darlehensschuld am Jahresanfang	Tilgung	Zins	Liquiditätsbelastung
1	562.500,00 EUR		28.125,00 EUR	28.125,00 EUR
2	562.500,00 EUR		28.125,00 EUR	28.125,00 EUR
3	562.500,00 EUR		28.125,00 EUR	28.125,00 EUR
4	562.500,00 EUR		28.125,00 EUR	28.125,00 EUR
5	562.500,00 EUR	562.500,00 EUR	28.125,00 EUR	590.625,00 EUR
Σ		562.500,00 EUR	140.625,00 EUR	703.125,00 EUR

Kreditangebot B: Annuitätendarlehen

Jahr	Darlehensschuld am Jahresanfang	Tilgung	Zins	Liquiditätsbelastung
1	540.000,00 EUR	125.286,48 EUR	27.000,00 EUR	152.286,48 EUR
2	414.713,52 EUR	131.550,80 EUR	20.735,68 EUR	152.286,48 EUR
3	283.162,72 EUR	138.128,34 EUR	14.158,14 EUR	152.286,48 EUR
4	145.034,38 EUR	145.034,76 EUR	7.251,72 EUR	152.286,48 EUR
Σ		540.000,38 EUR	69.145,54 EUR	609.145,92 EUR

Da die Liquiditätsbelastung des Kreditangebots A um 93.979,08 EUR höher ist als bei Kreditangebot B (703.125,00 EUR – 609.145,92 EUR), sollte sich das Unternehmen für Kreditangebot B entscheiden.

3.3.1 Kreditangebot A:

Summe der Zinsaufwendungen	140.625,00 EUR
+ Disagio	22.500,00 EUR
= gewinnmindernde Aufwendungen	163.125,00 EUR

Gewinnsteuerminderung: 163.125,00 EUR · 0,3 = 48.938,00 EUR

Kreditangebot B:

Summe der Zinsaufwendungen 69.145,54 EUR
Gewinnsteuerminderung: 69.146,00 EUR · 0,3 = 20.743,66 EUR

Beurteilung: Die Gewinnsteuerminderung fällt bei Kreditangebot A wegen des höheren Zinsaufwandes um 28.194,34 EUR höher aus (48.938,00 EUR – 20.743,66 EUR). Trotzdem bleibt Kreditangebot B um 65.784,74 EUR (93.979,08 EUR – 28.194,34 EUR) günstiger.

3.3.2 Die Barwertsumme gibt an, welcher Betrag heute mit Zins- und Zinseszins zum Kalkulationszinssatz angelegt werden muss, um daraus alle mit dem Kredit zusammenhängenden Liquiditätsabflüsse bestreiten zu können. Daraus ergibt sich:
Je geringer die Barwertsumme der Liquiditätsbelastung eines Darlehens ist, desto vorteilhafter ist es. Hier: Barwert Angebot A < Barwert Angebot B.
Aufgrund der niedrigeren Barwertsumme wird sich die Goldei-Nudeln KG jetzt für Angebot A entscheiden.

3.3.3
- Es muss während der gesamten Laufzeit ein zu versteuernder Gewinn erwirtschaftet werden. Andernfalls ergibt sich durch die mit den Finanzierungsalternativen verbundenen Aufwendungen keine Gewinnsteuerentlastung.
- Es muss gewährleistet sein, dass während der ganzen Laufzeit liquide Mittel zu dem gewählten Kalkulationszinssatz angelegt werden können, d.h., die Festlegung des Kalkulationszinssatzes muss realistisch sein.

Abituraufgaben 2017 (Aufgabe 1, teilweise)

4.1 Angaben in Euro

Jahr	Darlehen Jahresanfang	Zinsen	Tilgung	Abschreibung	Liquiditätsbelastung	Gesamtaufwand
1	120.000,00	6.240,00	0,00	20.000,00	6.240,00	26.240,00
2	120.000,00	6.240,00	24.000,00	20.000,00	30.240,00	26.240,00
3	96.000,00	4.992,00	24.000,00	20.000,00	28.992,00	24.992,00
4	72.000,00	3.744,00	24.000,00	20.000,00	27.744,00	23.744,00
5	48.000,00	2.496,00	24.000,00	20.000,00	26.496,00	22.496,00
6	24.000,00	1.248,00	24.000,00	20.000,00	25.248,00	21.248,00
$\sum$		24.960,00	120.000,00	120.000,00	144.960,00	144.960,00

4.2 Liquiditätsbelastung
= Kreditbetrag · Annuitätenfaktor · Laufzeit
= 120.000,00 · 0,237396 · 5
= 142.437,60 EUR

Das Annuitätendarlehen hat eine um 2.522,40 EUR (144.960,00 EUR – 142.437,60 EUR) geringere Liquiditätsbelastung als das Abzahlungsdarlehen und ist damit vorteilhafter.

4.3.1
- Bei der Beurteilung der Vorteilhaftigkeit von Darlehen ist nicht nur wichtig, wie viel an Zinsen und Tilgung insgesamt zu zahlen ist, sondern auch deren Zahlungszeitpunkte.
- Die Barwertsumme gibt an, welcher Betrag heute mit Zins und Zinseszins zum Kalkulationszinssatz angelegt werden muss, um daraus alle mit dem Kredit zusammenhängenden Liquiditätsabflüsse bestreiten zu können. Daraus ergibt sich: Je geringer die Barwertsumme der Liquiditätsbelastung eines Darlehens, desto vorteilhafter ist es.

4.3.2 Angaben in Euro

	Abzahlungsdarlehen		Annuitätendarlehen	
Jahr	Liquiditätsbelastung	Barwert	Liquiditätsbelastung	Barwert
1	6.240,00	5.886,79	28.487,52	26.875,01
2	30.240,00	26.913,48	28.487,52	25.353,78
3	28.992,00	24.342,23	28.487,52	23.918,66
4	27.744,00	21.975,86	28.487,52	22.564,79
5	26.496,00	19.799,35	28.487,52	21.287,53
6	25.248,00	17.798,86	0,00	0,00
Summe	144.960,00	116.716,57	142.437,60	119.999,77

Obwohl das Abzahlungsdarlehen eine insgesamt höhere Liquiditätsbelastung und eine um ein Jahr längere Laufzeit aufweist, ist es unter der Berücksichtigung der Zahlungszeitpunkte beim Vergleich der Barwertsummen vorteilhafter. Ursache ist vor allem das tilgungsfreie erste Jahr, sodass der Abzinsungseffekt insgesamt stärker zu Buche schlägt als beim Annuitätendarlehen.

Abituraufgaben 2018 (Aufgabe 2, teilweise)

6.1 Außenfinanzierung: Bei der Außenfinanzierung fließt einem Unternehmen Kapital von außen zu. Eschebein und Söhne könnte durch Erhöhung der Beteiligungen bestehender Gesellschafter oder Aufnahme neuer Gesellschafter zusätzliches Eigenkapital beschaffen.

Innenfinanzierung: Bei der Innenfinanzierung generiert das Unternehmen das benötigte Kapital aus seiner wirtschaftlichen Tätigkeit heraus selbst. Eschebein und Söhne könnte beispielsweise einen größeren Teil ihrer erwirtschafteten Gewinne einbehalten, anstatt sie an die Gesellschafter (in vollem Umfang) auszuschütten (offene Selbstfinanzierung durch Gewinnthesaurierung).

6.2.1 Der Nominalzins ist der auf den Darlehensnennwert bezogene Zins, also der Zins, der rein für die Überlassung des nominalen Darlehensbetrags anfällt.

Der effektive Jahreszins berücksichtigt – über den nominalen Zinssatz hinaus – Bearbeitungsgebühren und sonstige preisbestimmende Faktoren, wie Zinszahlungs- und Verrechnungstermine, Disagio etc. Er spiegelt damit die tatsächlich zu zahlenden Darlehenskosten im Verhältnis zum tatsächlich erhaltenen Auszahlungsbetrag wider.

6.2.2

Annuitätendarlehen (Kreditangebot A) – alle Beträge in Euro					
Jahr	Darlehensschuld zu Jahresbeginn	Zinsen	Tilgung	Liquidiäts-belastung	Restschuld am Jahresende
1	1.626.800,00	81.340,00	377.436,85	458.776,85	1.249.363,15
2	1.249.363,15	62.468,16	396.308,69	458.776,85	853.054,46
2	853.054,46	42.652,72	416.124,13	458.776,85	436.930,33
4	436.930,33	21.846,52	436.930,33	458.776,85	0,00
Σ		208.307,40	1.626.800,00	1.835.107,40	

Abzahlungsdarlehen (Kreditangebot B) – alle Beträge in Euro					
Jahr	Darlehensschuld zu Jahresbeginn	Zinsen	Tilgung	Liquiditäts belastung	Restschuld am Jahresende
1	1.660.000,00	66.400,00	415.000,00	481.400,00	1.245.000,00
2	1.245.000,00	49.800,00	415.000,00	464.800,00	830.000,00
2	830.000,00	33.200,00	415.000,00	448.200,00	415.000,00
4	415.000,00	16.600,00	415.000,00	431.600,00	0,00
Σ		166.000,00	1.660.000,00	1.826.000,00	

Günstiger im Sinne einer insgesamt geringeren Liquiditätsbelastung ist das Abzahlungsdarlehen – deshalb sollte sich die Eschebein und Söhne GmbH, sofern dies das entscheidende Kriterium für die Wahl der Darlehensart ist, für diese Alternative entscheiden.

6.2.3
- Die Barwertsummen geben die Gegenwartswerte der zukünftigen Liquiditätsbelastungen an. Zieht man die Barwertsummen bei der Entscheidung über ein Darlehensangebot in Betracht, berücksichtigt man damit, zu welchem Zeitpunkt eine Rückzahlung getätigt werden muss. Der Vergleich von Barwertsummen kann somit als eine bessere Entscheidungsgrundlage (im Vergleich zur Berechnung ohne Berücksichtigung des Zeitfaktors) bei der Beurteilung von Darlehensangeboten angesehen werden.

- Barwertsumme der Liquiditätsbelastung

Kreditangebot A in Euro	
458.776,85 · 0,925626	424.793,41
+ 458.776,85 · 0,857339	+ 393.327,29
+ 458.776,85 · 0,793832	+ 364.191,74
+ 458,776,85 · 0,735030	+ 337.214,75
	= 1.519.527,19

Kreditangebot B in Euro	
481.400,00 · 0,925626	445.740,78
+ 464.800,00 · 0,857339	+ 398.491,17
+ 448.200,00 · 0,793832	+ 355.795,50
+ 431.600,00 · 0,735030	+ 317.238,95
	= 1.517.266,40

Hinweis: Rundungsbedingt kann es im Nachkommastellenbereich der Ergebnisse zu geringfügigen Abweichungen kommen.

Die niedrigere Barwertsumme der alternativen Liquiditätsbelastungen ist für den Kreditnehmer vorteilhaft. Die Eschebein und Söhne GmbH sollte deshalb bei Ihrer Entscheidung für Kreditangebot B bleiben.

7.
- Durch die Ausgabe junger Stammaktien an externe Kapitalgeber verlieren die bisherigen Gesellschafter (Bernhard, Hagen und Daniel) an Stimmrechtsanteilen.
- Die Kosten einer Umwandlung in eine AG (z. B. Kosten für die Handelsregistereintragung, Satzungsänderungen, Notarkosten etc.) und die Emissionskosten im Rahmen der Ausgabe der jungen Aktien müssen ebenfalls berücksichtigt werden (z. B. Gebühren, die Banken für die Emission und Platzierung von Aktien an einer Börse erheben).

12.4 Abituraufgaben Profil Wirtschaft

Abituraufgaben 2011 (Aufgabe 2, Teil 2)

2.1 • Aufwands- und Liquiditätsbelastung

Abzahlungsdarlehen (in Euro)

Jahr	Darlehens-betrag	Tilgung	Zinsen	Disagio	Aufwand	Liquiditätsbe-lastung
1	2.500.000,00	625.000,00	187.500,00	25.000,00	212.500,00	812.500,00
2	1.875.000,00	625.000,00	140.625,00	25.000,00	165.625,00	765.625,00
3	1.250.000,00	625.000,00	93.750,00	25.000,00	118.750,00	718.750,00
4	625.000,00	625.000,00	46.875,00	25.000,00	71.875,00	671.875,00
Summe		2.500.000,00	468.750,00	100.000,00	568.750,00	2.968.750,00

Annuitätendarlehen (in Euro) Faktor 0,301921 Annuität 724.610,00 EUR

Jahr	Darlehensbe-trag	Tilgung	Zinsen	Aufwand	Liquiditätsbe-lastung
1	2.400.000,00	532.610,00	192.000,00	192.000,00	724.610,00
2	1.867.390,00	575.219,00	149.391,00	149.391,00	724.610,00
3	1.292.171,00	621.236,00	103.374,00	103.374,00	724.610,00
4	670.935,00	670.935,00	53.675,00	53.675,00	724.610,00
Summe		2.400.00,00	498.440,00	498.440,00	2.898.440,00

- Voraussetzung für Gewinnausschüttungen ist ein entsprechend hoher Jahresüberschuss. Der Aufwand beim Annuitätendarlehen ist geringer als beim Abzahlungsdarlehen, sodass es im Hinblick auf das Ziel hoher Dividendenzahlungen vorzuziehen ist.

2.2 Die steuerlich abzugsfähigen Aufwendungen der Finanzierung mindern den Gewinn als Bemessungsgrundlage für die Gewinnbesteuerung. Somit wird bei einem Steuersatz von 30 % ein Liquiditätsabfluss für Steuerzahlungen in Höhe von 30 % der berechneten Aufwendungen verhindert. Die Liquiditätsbelastung sinkt.

Abituraufgaben 2013 (Aufgabe 3, teilweise)

2.1 $p_{eff} = [8 + (4 : 5)] \cdot 100 : 96 = 9{,}17\ \%$

2.2 Annuität = Darlehensbetrag · Annuitätenfaktor = 210.000 · 0,257092 = 53.989,00 EUR

Jahr	Darlehensbetrag Jahresanfang	Zinsen	Tilgung	Annuität
1. Jahr	210.000,00	18.900,00	35.089,00	53.989,00
2. Jahr	174.911,00	15.742,00	38.247,00	53.989,00
3. Jahr	136.664,00	12.300,00	41.689,00	53.989,00
4. Jahr	94.975,00	-----	-----	-----

Die Restschuld am Ende des dritten Jahres beträgt 94.975,00 EUR.

2.3
- konstante Aufwandsbelastung (Zinsen) über die gesamte Laufzeit
- im Vergleich zum Annuitätendarlehen in den ersten Jahren eine geringere Liquiditätsbelastung

Abituraufgaben 2016 (Aufgabe 2, teilweise)

2.1
- Auszahlung: 96 % = 300.000,00 EUR
- Kreditbetrag: 100 % = 312.000,00 EUR

- Grundschuld:

Wert der Grundstücke und Bauten lt. Bilanz	3.750.000,00 EUR
80 % Beleihungsgrenze	3.000.000,00 EUR

Aufgrund der bereits eingetragenen Grundschuld in Höhe von 3 Mio. EUR zugunsten der Sparkasse Südbaden ist die Beleihungsgrenze von 80 % voll ausgeschöpft. Eine weitere Beleihung des Grundstücks ist daher nicht möglich.

Sicherungsübereignung:

Wert der technischen Anlagen und Maschinen lt. Bilanz	4.620.000,00 EUR
– bereits sicherungsübereignetes Anlagevermögen	3.900.000,00 EUR
= für weitere Sicherungsübereignung zur Verfügung stehender Wert	720.000,00 EUR
50 % Beleihungsgrenze	360.000,00 EUR

Somit können der Bank ausreichend Kreditsicherheiten angeboten werden.

2.2 Die Sicherungsübereignung entsteht durch Einigung über den Eigentumsübergang sowie die Vereinbarung eines Besitzkonstituts. Die Badische Kreditbank AG wird treuhänderischer Eigentümer, der Kreditnehmer (Graf Thermotechnik AG) bleibt Besitzer und kann die Sache weiterhin nutzen.

2.3
- Annuitätendarlehen (in Euro)

Jahr	Darlehen am Jahresanfang	Zinsen	Tilgung	Abschreibung Disagio	Liquiditäts-belastung	Gesamt-aufwand
1	312.500,00	15.625,00	56.555,00	2.500,00	72.180,00	18.125,00
2	255.945,00	12.797,00	59.383,00	2.500,00	72.180,00	15.297,00
3	196.562,00	9.828,00	62.352,00	2.500,00	72.180,00	12.328,00
4	134.210,00	6.711,00	65.469,00	2.500,00	72.180,00	9.211,00
5	68.741,00	3.437,00	68.741,00	2.500,00	72.178,00	5.937,00
Summe		48.398,00	312.500,00	12.500,00	360.898,00	60.898,00

Annuitätenfaktor: 0,230975
Annuität = 312.500,00 · 0,230975 = 72.180,00 EUR

Festdarlehen (in Euro)

Jahr	Darlehen am Jahresanfang	Zinsen	Tilgung	Abschreibung Disagio	Liquiditäts-belastung	Gesamt-aufwand
1	312.500,00	15.625,00	–	2.500,00	15.625,00	18.125,00
2	312.500,00	15.625,00	–	2.500,00	15.625,00	18.125,00
3	312.500,00	15.625,00	–	2.500,00	15.625,00	18.125,00
4	312.500,00	15.625,00	–	2.500,00	15.625,00	18.125,00
5	312.500,00	15.625,00	312.500,00	2.500,00	328.125,00	18.125,00
Summe		78.125,00	312.500,00	12.500,00	390.625,00	90.625,00

- Die Liquiditätsbelastung ist beim Festdarlehen in den ersten vier Jahren deutlich geringer.

13 Finanzierung und Investition V: Überblick über Finanzierungsarten

1. a) Vgl. Stofftelegramm.

b) **Außenfinanzierung:** Finanzierungsmittel fließen dem Unternehmen von außen zu.

- Fremdfinanzierung: Aufnahme von Fremdkapital. Der Kapitalgeber erlangt die Rechtsstellung des Gläubigers (Recht auf Zins und Tilgung).
  - Darlehen: Auszahlung einer bestimmten Kreditsumme, i. d. R. befristeter Kredit, Tilgung laut Kreditvertrag
  - Kontokorrentkredit: Kredit kann bis zu bestimmter Höhe beansprucht werden, i. d. R. unbefristet, schwankender Kreditbetrag.
  - Leasing: Vermietung oder Verpachtung von Anlagegütern durch Hersteller oder Leasinggesellschaft
- Eigenfinanzierung: Einbringung von Eigenkapital durch bisherige oder neue Gesellschafter (Recht auf Gewinnanteil, evtl. Geschäftsführung und Vertretung, Beteiligung am Betriebsvermögen)

Innenfinanzierung: Finanzierungsmittel werden von innen vom Unternehmen selbst aufgebracht.

- Selbstfinanzierung: Nichtausschüttung von Gewinnen
  - offene SF: Offen ausgewiesene Gewinne werden auf Kapitalkonten (EU, OHG, KG) bzw. Rücklagekonten (GmbH, AG) gutgeschrieben.
  - stille SF: erzielte, jedoch in der Bilanz nicht ersichtliche Gewinne (Bildung stiller Rücklagen)
- Umfinanzierung: Vermögens- bzw. Kapitalumschichtungen (Änderung der Vermögens- bzw. Kapitalstruktur)
- Finanzierung aus Abschreibungen: Finanzierung von Nettoinvestitionen durch Abschreibungsrückflüsse (spezielle Art der Umfinanzierung)

2.
- **Stabilität:** Bei Finanzierungsentscheidungen sind die Sicherheit, die Krisenfestigkeit und das finanzielle Gleichgewicht zu beachten. Insbesondere ist auf eine ausreichende Ausstattung mit Eigenkapital zu achten. Langfristiges Vermögen sollte langfristig finanziert werden. Überhöhte Privatentnahmen wirken negativ auf die Stabilität.
- **Liquidität:** Die laufende Zahlungsfähigkeit muss gesichert sein. (Zahlungsunfähigkeit zwingt zur Konkursanmeldung!)
- **Rentabilität:** Bei Kapitalbeschaffungen ist das ökonomische Prinzip zu beachten. Finanzierungsarten müssen daher kostenmäßig exakt geplant sein.

3. Vgl. Stofftelegramm.

4. a) 2 %
   b) 5 %

5. 20.000,00 EUR

6. 800.000,00 EUR

7. $10 = \frac{(100.000,00 + x) \cdot 100}{300.000,00 + 800.000,00} \rightarrow x = 10.000,00$ EUR

8. $10 = \frac{850.000,00 \cdot 100}{900.000 + x} \rightarrow x = 7,6$ Mio. EUR

9. $5 = \frac{(x + 300.000,00) \cdot 100}{8.000.000,00} \rightarrow x = 100.000,00$ EUR

10. $2 = \frac{130.000,00 \cdot 100}{800.000,00 + x} \rightarrow x = 5,7$ Mio. EUR

11. a) + b)
   - **Unterfinanzierung:** zu knapp bemessene Liquidität, zu geringe Kapitalausstattung
     Nachteil: Zahlungsschwierigkeiten → Konkursgefahr!
   - **Überfinanzierung:** Teile des Kapitals liegen brach, somit nicht bedarfsgerechte Kapital- und Liquiditätsausstattung.
     Nachteil: Kosten für brachliegendes Kapital schmälern den Gewinn.

14 Der Jahresabschluss (HGB)

14.1 Der Jahresabschluss einer großen Kapitalgesellschaft (HGB)

1.–4. Vgl. Stofftelegramm.

14.2 Bewertung nach Handelsrecht

1./2. Vgl. Stofftelegramm.

3. **Teilhaberschutz:** Die Teilhaber (Eigentümer) haben ein berechtigtes Interesse an stabilen Gewinnausschüttungen. Somit müssen sie geschützt werden vor Unterbewertung des Vermögens bzw. Überbewertung der Schulden (= Gewinnverringerung).

   Gläubigerschutz: Die Gläubiger haben ein Interesse daran, dass die Tilgungen problemlos erfolgen können. Notwendig daher: Schutz vor zu hohen Gewinnausschüttungen. Bewertung nach dem Vorsichtsprinzip!

4. a) Gewinnverringerung b) Gewinnerhöhung
   c) Gewinnerhöhung d) Gewinnverringerung

5. a) **Vorsichtsprinzip:** Oberster Grundsatz der Bewertung. Bei mehreren möglichen Wertansätzen soll beim Vermögen der niedrigere (Niederstwertprinzip), bei den Schulden der höhere Wert (Höchstwertprinzip) angesetzt werden. So wird der Gewinn relativ niedrig (vorsichtig) ausgewiesen – die Gefahr zu hoher Ausschüttungen mit entsprechend hohem Liquiditätsentzug entfällt.
   b) **Imparitätsprinzip:** Nicht realisierte Gewinne dürfen nicht ausgewiesen werden (Realisationsprinzip). Nicht realisierte Verluste müssen demgegenüber ausgewiesen werden.

   Anschaffungswertprinzip: Die Anschaffungskosten eines Vermögensgegenstandes dürfen nie überschritten werden.

   Höchstwertprinzip: Gilt bei den Schulden. Von zwei möglichen Wertansätzen muss jeweils der höhere angesetzt werden.

   Gemildertes Niederstwertprinzip: Gilt beim Anlagevermögen. Bei vorübergehender Wertminderung darf der niedrigere Wert angesetzt werden (Wahlrecht).

   Strenges Niederstwertprinzip: Gilt beim Umlaufvermögen. Beim Anlagevermögen nur, wenn die Wertminderung voraussichtlich dauerhaft ist. Der niedrigere Wert muss angesetzt werden (Pflicht).

6. a) gemildertes Niederstwertprinzip b) strenges Niederstwertprinzip c) Höchstwertprinzip

7. a) **Stille Rücklagen:** vorhandene, aber in der Bilanz nicht ausgewiesene Teile des Eigenkapitals, Entstehung durch Unterbewertung des Vermögens bzw. Überbewertung der Schulden, wodurch Teile des Gewinns nicht ausgewiesen werden = verdeckte (stille) Selbstfinanzierung
   b) Grundstücke, Gebäude: Wegen des Anschaffungswertprinzips sind die Anschaffungskosten stets die Obergrenze. Die Grundstückswerte steigen oft erheblich darüber hinaus.

Maschinen: Degressive Abschreibung bewirkt in den ersten Jahren erhebliche Unterbewertungen; abgeschriebene Maschinen werden oft noch genutzt.
Rückstellungen: oft zu hohe Schätzung

c)
- Vermögen zu niedrig, Schulden zu hoch ausgewiesen: fehlende Aussagekraft der Bilanz (Verschleierung der wirklichen Lage des Unternehmens möglich)
- Den Eigentümern werden Gewinne vorenthalten.
- hohe Gewinne bei Auflösung der stillen Rücklagen (Verschleierung der Erfolgslage)
- Vorteil: Die Bildung stiller Rücklagen entspricht dem Vorsichtsprinzip; Finanzierung ohne Finanzierungskosten; kein HV-Beschluss nötig; Steuerverschiebung ...

8. a)
- Abschreibungen berücksichtigen die Wertminderungen bei Anlagegütern. Das Anlagevermögen wird somit richtig ausgewiesen. Gleichzeitig wird der Wertverlust durch eine Aufwandsbuchung berücksichtigt.
- Abschreibungen werden in die Verkaufspreise einkalkuliert und fließen somit in Form von liquiden Mitteln in das Unternehmen zurück. Mit diesen Abschreibungsrückflüssen können nun die Neuanschaffungen finanziert werden.
  Vgl. Finanzierungen aus Abschreibung.

b) Abschreibungen sind Aufwendungen und verringern somit den Gewinn.

c) **Lineare Abschreibung:** Abschreibung vom Anschaffungswert – gleichbleibende Abschreibungsbeträge
Degressive Abschreibung: Abschreibung vom Buchwert – fallende Abschreibungsbeträge – führt nicht zum Nullwert, daher Übergang zur linearen Methode notwendig.

d) degressive Methode, hoher Wertverlust im ersten Jahr am besten berücksichtigt

e)

	Lineare Abschreibung	Degressive Abschreibung
a) erste Nutzungsjahre	Abschreibung niedriger, daher höherer Gewinn	Abschreibung höher, daher niedrigerer Gewinn
b) spätere Nutzungsjahre	Abschreibung höher, daher niedrigerer Gewinn	Abschreibung niedriger, daher höherer Gewinn

9. Lineare Methode. Begründung: Abschreibungsbeträge im Vergleich zur degressiven Abschreibung in ersten Nutzungsjahren geringer, somit Gewinne und Vermögensausweis höher. Kreditwürdigkeit wirkt höher.

10. a) 311.000,00 EUR
b) 40.000,00 EUR (Bei voraussichtlich dauernder Wertminderung muss der niedrigere Wert angesetzt werden beim Anlagevermögen; Vornahme einer außerplanmäßigen Abschreibung in Höhe von 271.000,00 EUR.)
c) 311.000,00 EUR (Anschaffungswertprinzip: keine Überschreitung der Anschaffungskosten!)

11.
- Anschaffungskosten maximal 1.000,00 EUR bzw. 410,00 EUR (vgl. 12.)
- bewegliches, abnutzbares Anlagegut
- selbstständig bewertbar und nutzbar

12. **GWG bis 250,00 EUR Anschaffungskosten:** Sofortaufwand bei Kauf (Verbrauchsfiktion)

GWG mit Anschaffungskosten zwischen 250,01 EUR und 800,00 EUR: Sofortabschreibung im Anschaffungsjahr möglich (Alternative: Aktivierung und planmäßige Abschreibung)

GWG mit Anschaffungskosten zwischen 250,01 EUR und 1.000,00 EUR: Aktivierung bei Kauf auf Sammelkonto GWG; pauschale lineare Abschreibung in fünf Jahren

13. Aktivierung = Soll-Buchung auf einem Aktivkonto

14. Anschaffungspreis + Anschaffungsnebenkosten − Anschaffungskostenminderungen = Aktivierungsbetrag (Anschaffungskosten)

15. Anschaffungsnebenkosten:
    - Teil der Anschaffungskosten, daher aktivierungspflichtig
    - alle Ausgaben und Aufwendungen, die im Rahmen der Anschaffung zusätzlich zum Kaufpreis einmalig auftreten
    - Beispiele: Transport-, Montage-, Zulassungs-, Notariatskosten, Grunderwerbsteuer, Zölle

16. Anschaffungskostenminderungen: Rabatte, Skonti, Boni

17. nicht aktivierungsfähig: a, b, d, h, j

    Begründung für a, b, d, h: keine einmalig auftretenden Kosten, daher nicht aktivierungsfähig; Begründung für j: nicht aktivierungsfähig, da durchlaufender Posten

18. Beide Begriffe betreffen spätere Aufwendungen für Anlagen:

    werterhaltende Aufwendungen (Erhaltungsaufwand): nicht aktivierungspflichtig, also Aufwand. Es handelt sich um Reparaturen, die den Wert z. B. eines Gebäudes erhalten sollen. Beispiele: Neuanstrich, neuer Hausverputz, neue Reifen, Reparatur eines Motorschadens ...

    werterhöhende Aufwendungen (Herstellungsaufwand): Aktivierungspflicht + Abschreibung; Aufwendungen, die den Wert des Anlagegutes erhöhen
    Beispiele: Umbau, Anbau, Einbau (Heizungsanlage, Fahrstuhl ...), Generalüberholung bei Maschinen, Austauschmotor

19.
    - selbst erstellte Anlagen (aktivierte Eigenleistungen)
    - fertige und unfertige Erzeugnisse

20. **Obergrenze Handelsbilanz:**

MEK	20.000,00 EUR
MGK 50 %	10.000,00 EUR
FEK	10.000,00 EUR
FGK 80 %	8.000,00 EUR
SEKF	2.000,00 EUR
VwGK nh	1.000,00 EUR
	51.000,00 EUR

21. 60 Paar · 62,00 EUR = 3.720,00 EUR

    Begründung: Laut Anschaffungswertprinzip dürfen die Anschaffungs- oder Herstellungskosten niemals überschritten werden.

22. a) 25,00 EUR (Begründung: siehe 21)
    b) 24,00 EUR (Begründung: strenges Niederstwertprinzip beim Umlaufvermögen)

23. a) Es handelt sich um Umlaufvermögen (kurzfristige Anlage), somit gilt das strenge Niederstwertprinzip: 400,00 EUR.
    b) Anlagevermögen (langfristig) und Finanzanlage, somit gilt das gemilderte Niederstwertprinzip: Wahlrecht zwischen 400,00 EUR und 450,00 EUR
    (Ausnahme: voraussichtlich dauernde Wertminderung → dann 400,00 EUR)

24. Anwendung des Devisenkassamittelkurses am 31.12. (Restlaufzeit < 1 Jahr):
1,50 CHF = 1,00 EUR → 200.000,00 CHF = **133.333,32 EUR**

25. Höchstwertprinzip gilt bei Währungsverbindlichkeiten mit einer Restlaufzeit > 1 Jahr:
1,25 USD = 1,00 EUR → 120.000,00 USD = **96.000,00 EUR.**

26. Nicht realisierte Gewinne dürfen nicht, nicht realisierte Verluste müssen ausgewiesen werden = Imparitätsprinzip.

    Skonto darf hier nicht ausgewiesen werden, da es sonst zum Ausweis eines noch nicht realisierten Gewinns kommt.

    richtiger Wertansatz: 416.500,00 EUR (Höchstwertprinzip)

14.5 Abituraufgaben Profil Internationale Wirtschaft

Abituraufgaben 2015 (Aufgabe 3, Teil 1, teilweise)

1.1.1 Anschaffungskosten des Grundstücks:

2.000 m² zu 150,00 EUR/m²	= 300.000,00 EUR
Grundbucheintrag	= 800,00 EUR
Notariatskosten 2.500 : 1,19	= 2.100,84 EUR
Grunderwerbsteuer	= 15.000,00 EUR
Anschaffungskosten	= 317.900,84 EUR

Mit diesem Wert ist das Grundstück zu aktivieren (§ 253 Abs. 1 HGB).

1.1.2
- Nach § 253 Abs. 3 S. 3 HGB ist die dauerhafte Wertminderung durch eine außerplanmäßige Abschreibungen in Höhe des Wertverlustes von 117.900,84 EUR zu berücksichtigen.
- Bei den außerplanmäßigen Abschreibungen handelt es sich um Aufwendungen, die zu einer Verringerung des in der GuV ausgewiesenen Jahresüberschusses führen. Um diesen Betrag verringert sich auch der Wertansatz des Grundstücks in der Bilanz.

1.2
- Die Aktien der Feys AG dienen der Goha AG laut Angaben nur kurzfristig. Deshalb werden sie als Wertpapiere des Umlaufvermögens gehalten.
- Die Aktien müssen am Bilanzstichtag 31.12.2014 nach dem strengen Niederstwertprinzip mit 29.000,00 EUR angesetzt werden (§ 253 Abs. 4 HGB).

1.3.1
- Die Vorschriften nach IAS/IFRS dienen dem Anleger- bzw. Investorenschutz; dem Ausweis des tatsächlichen Wertes eines Unternehmens wird Rechnung getragen; Vermögen und Verbindlichkeiten werden zum gegenwärtigen Marktwert dargestellt (fair view).
- Sofern sich die Goha AG am Kapitalmarkt orientieren und für Investoren interessant sein will, ist eine Rechnungslegung nach IAS/IFRS von Vorteil, da letztere als Information für Anlageentscheidungen besser geeignet sind.
- Ein weiterer Grund ist die internationale Vergleichbarkeit der Abschlüsse.

(zwei Nennungen erforderlich)

Abituraufgaben 2018 (Aufgabe 1, teilweise)

Anmerkung: Die Angabe der Paragrafen entspricht dem Stand der Gesetzgebung im November 2017. Abweichungen sind je nach eingeführter Gesetzessammlung möglich.

1.1
- Höchstwertprinzip für Schulden: Bei der Bewertung von Verbindlichkeiten ist von zwei oder mehr infrage kommenden Werten der jeweils höhere anzusetzen (§ 253 Abs. 1 S. 2 HGB).
- Realisationsprinzip (Verbot des Ausweises nicht realisierter Gewinne): Gewinne dürfen grundsätzlich nur ausgewiesen werden, wenn sie bis zum Bilanzstichtag tatsächlich verwirklicht sind (§ 252 Abs. 1 S. 4 HGB).

1.2.1 Aktivierungswahlrecht von immateriellen Vermögensgegenständen des Anlagevermögens gemäß § 248 Abs. 2 HGB: Der Robotics AG ist es freigestellt, die Entwicklungskosten für die Software als Aktivposten in die Bilanz aufzunehmen. Um einen möglichst hohen Gewinn auszuweisen, sollte die Aktivierung mit einem Wert von 5 Mio. EUR erfolgen, Pos. A.I.1 „Selbst geschaffene gewerbliche Schutzrechte und ähnliche Rechte und Werte“, § 266 Abs. 2 HGB zusammen mit einer Ertragsbuchung in Form einer aktivierten Eigenleistung.

1.2.2 Bei vorübergehender Wertminderung von Wertpapieren des AV (Finanzanlagen) gibt es gemäß § 253 Abs. 3 S. 6 HGB ein Wahlrecht zwischen dem Ansatz des niedrigeren Werts (durch außerplanmäßige Abschreibung) oder der Beibehaltung des höheren Wertes. Mit dem Ziel des möglichst hohen Gewinnausweises sollte der höhere Anschaffungswert von 49.000,00 EUR (24,50 EUR · 2.000 Stück) angesetzt bzw. beibehalten werden.

1.2.3

Pflicht zur Bilanzierung:	
Verbrauch von Rohstoffen = MEK	900.000,00 EUR
Fertigungslöhne = FEK	1.185.000,00 EUR
Beiträge zur ges. Sozialversicherung = FEK	164.000,00 EUR
Energiekosten in der Produktion = FGK	380.000,00 EUR
Planm. fertigungsbez. bilanzielle Abschreibung = FGK	400.000,00 EUR
Wertuntergrenze	3.029.000,00 EUR
Bilanzierungswahlrecht:	
Aufwendungen für freiwillige Betriebsrenten	90.000,00 EUR
Gehälter = Kosten der allgemeinen Verwaltung	240.000,00 EUR
Aufwendungen für freiwillige soziale Leistungen	20.000,00 EUR
Betriebskindergarten = Aufw. für soziale Einrichtungen	28.000,00 EUR
Wertobergrenze	3.407.000,00 EUR
Bilanzierungsverbot:	
Forschungskosten	85.000,00 EUR

Um einen möglichst hohen Gewinn auszuweisen, sollte die Wertobergrenze von 3.407.000,00 EUR angesetzt werden (§ 253 Abs. 1 i. V. m. § 255 Abs. 2 HGB).

1.2.4 Anzusetzender Wert für das Darlehen: 9.600.000,00 EUR, da für Verbindlichkeiten das Höchstwertprinzip gilt (§ 253 Abs. 1 S. 2 HGB)

Mit dem Ziel eines hohen Gewinnausweises wird das Disagio als Rechnungsabgrenzungsposten aktiviert und anteilig abgeschrieben (§ 250 Abs. 3 HGB).

Abschreibung Disagio: 240.000,00 EUR : 5 Jahre = 48.000,00 EUR pro Jahr
Wertansatz Disagio: 192.000,00 EUR

2.1 Ermittlung des Bilanzgewinns:

Jahresüberschuss	46 Mio. EUR
– Einstellung in die gesetzlichen Rücklagen (§ 150 Abs. 2 AktG)	– 2 Mio. EUR
	= 44 Mio. EUR
– Einstellung in andere Gewinnrücklagen (§ 58 Abs. 2 AktG)	– 22 Mio. EUR
	= 22 Mio. EUR
+ Gewinnvortrag aus Vorjahr	+ 4 Mio. EUR
= Bilanzgewinn	= 26 Mio. EUR

5 % des Jahresüberschusses = 2,3 Mio. EUR
10 % des gezeichneten Kapitals = 50 Mio. EUR
Gesetzliche Rücklage + Kapitalrücklage = 48 Mio. EUR
→ Einstellung von 2 Mio. EUR in gesetzliche Rücklagen erforderlich

Darstellung der einzelnen Eigenkapitalposten vor der Dividendenausschüttung:

Gezeichnetes Kapital	500 Mio. EUR	(unverändert)
Kapitalrücklage	20 Mio. EUR	(unverändert)
Gesetzliche Rücklagen	30 Mio. EUR	(28 Mio. EUR + 2 Mio. EUR)
Andere Gewinnrücklagen	168 Mio. EUR	(146 Mio. EUR + 22 Mio. EUR)
Bilanzgewinn	26 Mio. EUR	

2.2 Dividende pro Aktie bei Ausschüttung des festgestellten Bilanzgewinns:
Bilanzgewinn : Anzahl der Aktien = 26 Mio. EUR : 50 Mio. Aktien
→ 0,52 EUR pro Aktie

Auf volle zehn Cent gerundete Dividende: 0,50 EUR

Gesamte Ausschüttung = 0,50 EUR pro Aktie · 50 Mio. Aktien = 25 Mio. EUR

Gewinnvortrag für 2018 = 26 Mio. EUR – 25 Mio. EUR = 1 Mio. EUR

2.3 Stimmrecht bei:

- Bestellung der Aufsichtsratsmitglieder
- Entlastung des Vorstands und des Aufsichtsrats
- Bestellung des Abschlussprüfers
- Satzungsänderungen

(§ 119 AktG)

14.6 Abituraufgaben Profil Wirtschaft

Abituraufgaben 2010 (Aufgabe 3, Teil 3)

3.1
- Bilanz: Gegenüberstellung von Vermögen und Kapital zum Bilanzstichtag
- GuV: Gegenüberstellung aller Aufwendungen und Erträge der Rechnungsperiode zur Ermittlung des Jahresergebnisses
- Anhang: Erläuterung der einzelnen Positionen der Bilanz und der GuV-Rechnung; Darstellung der angewandten Bilanzierungs- und Bewertungsmethoden

Abituraufgaben 2012 (Aufgabe 3, teilweise)

5.1

Ansatz für 10 Maschinen	**Wertuntergrenze**	**Wertobergrenze**
Materialeinzelkosten	400.000,00 EUR	400.000,00 EUR
Materialgemeinkosten	100.000,00 EUR	100.000,00 EUR
Fertigungseinzelkosten	1.000.000,00 EUR	1.000.000,00 EUR
Fertigungsgemeinkosten	1.500.000,00 EUR	1.500.000,00 EUR
	3.000.000,00 EUR	3.000.000,00 EUR
Verwaltungsgemeinkosten nicht herstellungsbezogen	–	300.000,00 EUR
Vertriebsgemeinkosten	–	–
Bilanzansatz 31.12.2011	3.000.000,00 EUR	3.300.000,00 EUR

Der Unterschiedsbetrag beträgt 300.000,00 EUR.

5.2 Änderung der GuV-Positionen:

2	Bestandserhöhungen Erzeugnisse:	von 3,5 Mio. EUR auf 3,8 Mio. EUR
15	Jahresüberschuss:	von 3,1 Mio. EUR auf 3,4 Mio. EUR

Abituraufgaben 2014 (Aufgabe 2, teilweise)

1. Die Staufer AG gilt als große, nicht kapitalmarktorientierte Kapitalgesellschaft.
Die Bilanzsumme ist in zwei aufeinanderfolgenden Geschäftsjahren höher als 19,25 Mio. EUR. Die Umsatzerlöse sind in zwei aufeinanderfolgenden Geschäftsjahren höher als 38,5 Mio. EUR (§ 267 HGB).
Da nur kleine Kapitalgesellschaften keinen Lagebericht erstellen müssen, ist die Staufer AG zur Erstellung eines Lageberichts verpflichtet (§ 264 Abs. 1, Satz 4 HGB).

2.1
- Begründung und Bestimmung des Wertansatzes:
  - Die Aktivierung des selbst erstellten immateriellen Vermögensgegenstands des Anlagevermögens (Software) wird vorgenommen, da ein möglichst hoher Gewinnausweis erfolgen soll (§ 248 Abs. 2 HGB).
  - Zugangsbewertung (01.12.2013)
    Entwicklungskosten: 250.000,00 EUR : 5 · 3 = 150.000,00 EUR
    (nur Entwicklungskosten aktivierungsfähig, vgl. § 253 Abs. 1, § 255 Abs. 2a HGB)

- Folgebewertung (31.12.2013):
  Die Herstellungskosten in Höhe von 150.000,00 EUR müssen um $\frac{1}{12}$ der Jahresabschreibung verringert werden.

  150.000,00 : 5 · $\frac{1}{12}$ = **2.500,00 EUR**
- Bilanzansatz am 31.12.2013:
  150.000,00 – 2.500 = **147.500,00 EUR**

• Auswirkung auf die GuV für 2013:

  - Lfd. Buchungen während des Jahres: verschiedene Aufwandspositionen entsprechend den Forschungs- und Entwicklungskosten mit insgesamt 250.000,00 EUR.
  - Vorbereitende Abschlussbuchung: Aktivierung der Eigenleistungen als Ertragsposition in Höhe der Entwicklungskosten von 150.000,00 EUR. Die Entwicklungskosten sind somit ergebnisneutral.
  - Vorbereitende Abschlussbuchung: Abschreibung auf immaterielle Vermögensgegenstände in Höhe von 2.500,00 EUR
  - Der Jahresüberschuss wird durch die Ausübung des Aktivierungswahlrechts um 147.500,00 EUR höher ausgewiesen.

2.2

FM	180.000,00 EUR
MGK	10.800,00 EUR
FL	60.000,00 EUR
FGK	48.000,00 EUR
VwGK	59.760,00 EUR
Herstellungskosten (Wertobergrenze)	358.560,00 EUR

2.3 Da beim Umlaufvermögen das strenge Niederstwertprinzip gilt (§ 253 Abs. 4 HGB), ist in der Bilanz zwingend der niedrigere Marktpreis anzusetzen.

Bilanzansatz „Fertige Erzeugnisse" am 31.12.2013: 280.000,00 EUR

2.4 Ermittlung der Anschaffungskosten nach § 255 Abs. 1 HGB:

	HOLO-Master 3000	121.000,00 EUR
–	Rabatt	7.000,00 EUR
=	Zwischensumme	114.000,00 EUR
+	Montage	3.800,00 EUR
+	Frachtkosten	800,00 EUR
+	Anschluss an Starkstromnetz	1.400,00 EUR
=	Anschaffungskosten	120.000,00 EUR

Berechnung der Abschreibung:

120.000,00 : 8 · $\frac{11}{12}$ = 13.750,00 EUR

Bilanzansatz 31.12.2013: 120.000,00 – 13.750,00 = 106.250,00 EUR

2.5.1 Wegen der Zielsetzung „hoher Jahresüberschuss" muss das Disagio als aktiver Rechnungsabgrenzungsposten aktiviert und über die Darlehenslaufzeit abgeschrieben werden (§ 250 Abs. 3 HGB).

Das Fälligkeitsdarlehen muss zum Erfüllungsbetrag bilanziert werden (§ 253 Abs. 1 HGB).

Bilanzposition	Zunahme um
Guthaben bei Kreditinstituten	950.000,00 EUR
aktiver Rechnungsabgrenzungsposten	50.000,00 EUR
Verbindlichkeiten geg. Kreditinstituten	1.000.000,00 EUR

2.5.2

Bilanzposition	31.12.2013
aktiver Rechnungsabgrenzungsposten	42.500,00 EUR
Verbindlichkeiten geg. Kreditinstituten	1.000.000,00 EUR

50.000 : 5 · 9 : 12 = 7.500,00 EUR (Abschreibung Disagio für 2013)
50.000 – 7.500 = 42.500,00 EUR (ARAP 31.12.2013)

Abituraufgaben 2016 (Aufgabe 3, teilweise)

1.1.1

	Kaufpreis	5.000.000,00 EUR
+	Grunderwerbsteuer	250.000,00 EUR
+	Notariatskosten	7.500,00 EUR
+	Grundbucheintragung	2.100,00 EUR
+	Erschließungskosten	24.000,00 EUR
=	Anschaffungskosten	5.283.600,00 EUR

1.1.2

	Grundsteuer	1.500,00 EUR
+	Grundstückspflege	1.980,00 EUR
+	Eintragung Grundschuld	1.200,00 EUR
+	Darlehenszinsen	25.000,00 EUR
=	Gesamtaufwand	29.680,00 EUR

Laufende, wiederkehrende Kosten und Finanzierungsaufwendungen gehören nicht zu den Anschaffungsnebenkosten, da sie nicht erforderlich sind, um den Vermögensgegenstand zu erwerben und ihn in einen betriebsbereiten Zustand zu versetzen. Daher stellen die getätigten Ausgaben in Höhe von 29.680,00 EUR Aufwendungen dar. Diese reduzieren den Jahresüberschuss 2015.

1.2.1

	Kaufpreis 440.000,00 USD : 1,10 USD/EUR	400.000,00 EUR
+	Anschaffungsnebenkosten	20.000,00 EUR
=	Anschaffungskosten	420.000,00 EUR
–	planmäßige Abschreibung (vier Monate)	14.000,00 EUR
=	fortgeführte Anschaffungskosten 31.12.2015	406.000,00 EUR
	Verkehrswert	360.000,00 EUR

Für die Bewertung des Sachanlagevermögens gilt das strenge Niederstwertprinzip. Da es sich um eine voraussichtlich dauerhafte Wertminderung handelt, ist die Anlage in der Bilanz zum 31.12.2015 mit dem niedrigeren Wert in Höhe von 360.000,00 EUR anzusetzen (§ 253 Abs. 3 HGB).

1.2.2 Wert der Verbindlichkeit im Juli 2015:
440.000,00 USD : 1,10 USD/EUR = 400.000,00 EUR

Wert der Verbindlichkeit zum Bilanzstichtag am 31.12.2015:
440.000,00 USD : 1,25 USD/EUR = 352.000,00 EUR

Da die Restlaufzeit größer als ein Jahr ist, gilt das Höchstwertprinzip. Es muss der höhere Wert (Erfüllungsbetrag), also 400.000,00 EUR angesetzt werden (§ 253 Abs. 1, § 256 a HGB).

15 Auswertung des Jahresabschlusses

15.1 Grundlagen

1. a) + b)

Kennzahl	Berechnung	Beurteilung
Grad der finanziellen Unabhängigkeit (Eigenkap.quote)	$= \frac{113.900 \cdot 100}{355.320} = 32{,}06\ \%$	übliche Eigenkapitalausstattung deutscher Aktiengesellschaften
Fremdkapitalquote	$= \frac{241.420 \cdot 100}{355.320} = 67{,}94\ \%$	übliche Fremdkapitalquote deutscher Aktiengesellschaften
Verschuldungsgrad (Verschuldungskoeffizient)	$= \frac{241.420}{113.900} = 2{,}12$	üblicher Verschuldungsgrad deutscher Aktiengesellschaften
Deckungsgrad I	$= \frac{113.900 \cdot 100}{310.400} = 36{,}7\ \%$	Sehr bedenkliche Zahlen! Deckungsgrad II muss mind. 100 % sein, besser mehr, um auch den eisernen Bestand zu decken. Finanzierungsproblemwe!
Deckungsgrad II	$= \frac{(113.900 + 104.330) \cdot 100}{310.400} = 70{,}3\ \%$	
Liquidität 2. Grades	$= \frac{(17.800 + 11.170) \cdot 100}{137.090} = 21{,}1\ \%$	Die prekäre Situation der AG bestätigt sich. Die Unternehmung dürfte in Kürze zahlungsunfähig sein. Geforderter Mindestwert: 100 % Insolvenzgefahr! Vgl. Gesamturteil.

Gesamtbeurteilung hinsichtlich obiger Bilanzkennzahlen:

Trotz normaler Eigenkapitalausstattung steuert die AG aufgrund der äußerst schlechten Liquiditätskennzahl möglicherweise der Insolvenz entgegen.

c1) + c2)

Eigenkapitalrentabilität $= \frac{16.000 \cdot 100}{113.900} = 14{,}0\ \%$

Ges.kapitalrentabil. $= \frac{(16.000 + 6.600) \cdot 100}{355.320} = 6{,}4\ \%$

Umsatzrentabilität $= \frac{16.000 \cdot 100}{420.000} = 3{,}8\ \%$

Cashflow = 16.000 + 30.000 + 2.000 = 48.000 TEUR

Die **EK-Rentabilität** liegt über dem marktüblichen Zinssatz (z. B. 8 %). Das Unternehmerrisiko wird (angemessen) verzinst.
Die **Gesamtkapitalrentabilität** liegt unter dem Marktzinssatz. Finanzierung von Investitionen mit Fremdkapital würde die Eigenkapitalrentabilität nicht erhöhen. Kennzahl somit nicht optimal.
Die **Umsatzrentabilität** hängt von der branchenüblichen Kennzahl ab. Üblicher Satz.
Der **Cashflow** beträgt das Dreifache des JÜ; positiv zu bewerten.

Gesamtbeurteilung der Erfolgslage:

- Abgesehen von der Gesamtkapitalrentabilität deuten die Kennzahlen auf eine gute Ertragslage hin.
- Der relativ hohe Cashflow deutet auf positive Ertragskraft, Selbstfinanzierungskraft und Expansionsfähigkeit hin. Vgl. jedoch Gesamtbetrachtung!

Gesamtbetrachtung:

- Die AG befindet sich in einer äußerst **ungünstigen Liquiditätslage**. Es besteht die Gefahr, dass in Kürze Zahlungsunfähigkeit eintritt, die zur Insolvenzanmeldung zwingen würde. Auch der relativ hohe Cashflow (u. a. Abschreibungsrückflüsse in Höhe von 30.000 TEUR) bewirkt keine „durchbrechende" Verbesserung der Liquiditätslage.
- Intensive **Umfinanzierungsmaßnahmen** (die möglicherweise schon im Gange sind) sind kurzfristig zu treffen, z. B.: Kapitalerhöhung gegen Einlagen in Höhe von mindestens 80 bis 100 Mio. EUR, um die Deckungs- und Liquiditätsgrade auf ein erträgliches Maß zu verbessern.
- Die **Kreditwürdigkeit** der Unternehmung ist außerordentlich schlecht.
- Das obige Beispiel stellt den Fall dar, dass eine an sich erfolgsmäßig gut arbeitende Unternehmung durch Liquiditätsprobleme in eine **Unternehmenskrise** geraten kann.

2. **Fristenparallelität:** Die Fristigkeiten des Kapitals sollen den Fristigkeiten des Vermögens entsprechen. (Langfristiges Vermögen soll langfristig finanziert sein: Das Anlagevermögen und der eiserne Bestand des Umlaufvermögens müssen mit Eigenkapital und langfristigem Fremdkapital finanziert sein.)
   Begründung: Die Tilgung der Finanzierungsmittel sollte aus dem Rückfluss des Vermögens (Abschreibungsrückflüsse beim Anlagevermögen) möglich sein.

3. a) **Optimaler Verschuldungsgrad:**
   - Traditionelle Formulierung: FK: EK = 1 : 1 (= überholt; typisches Verhältnis: 0,3 : 1)
   - Moderne Formulierung: Eine Fremdkapitalaufnahme für Investitionszwecke ist so lange sinnvoll, wie der Fremdkapitalzins niedriger als die Gesamtkapitalrentabilität ist (= Leverage-Effekt).

   b) Der optimale Verschuldungsgrad hängt von vielen Faktoren ab: Branche, Betriebsgröße, Risikograd der Investitionen ...

4. Je höher der Eigenkapitalanteil, umso krisensicherer ist die Unternehmung (hohe Haftsumme, Unabhängigkeit von Gläubigern, hohe Kreditwürdigkeit, geringe Zins- und Tilgungsbelastung, Sicherheit in Krisenzeiten).

5. - Es liegt Überliquidität vor.
   - Überliquidität führt zu Zinsverlusten; mit den überschüssigen Mitteln könnten z. B. Fremdkapitalien abgebaut werden → Reduzierung von Fremdkapitalzinsen.

6. Vgl. Stofftelegramm.

7. a) Mögliche Ursachen:
   - Kapitalerhöhung wurde durchgeführt (EK steigt).
   - Umwandlung von Fremdkapital in Eigenkapital (Umfinanzierung)
   - hohe Fremdkapitaltilgung aus Selbstfinanzierungsmitteln

   b)
   - relativ hohe Verschuldung im ersten Jahr (90 %) – Verbesserung im zweiten Jahr
   - 70 % Verschuldung ist in deutschen Unternehmen üblich.
   - Probleme hohen Fremdkapitals: Abhängigkeit von Banken; Tilgung + Zinsen!

8. Deckungsgrade = Formeln der horizontalen Bilanzstruktur

9. Unternehmen A:
   - Deckungsgrade problematisch (Anlagevermögen ist gerade noch langfristig finanziert, sodass eine Tilgung aus Abschreibungsrückflüssen knapp möglich ist.)
   - Der eiserne Bestand des Umlaufvermögens ist nicht langfristig finanziert; dies könnte zu Problemen führen.

   Unternehmen B:
   - Günstige Deckungsgrade; das Anlagevermögen und der eiserne Bestand sind langfristig finanziert.
   - finanziell stabile Unternehmung

10. Vgl. Stofftelegramm.

11. • Finanzierung: Die Beurteilung der Finanzierung wäre unter Einbeziehung der stillen Rücklagen günstiger (Eigenkapital steigt).

   • $\text{Eigenkapitalrentabilität} = \dfrac{\text{Gewinn} \cdot 100}{\text{Eigenkapital}}$

   → Die Beurteilung der EK-Rentabilität wäre unter Einbeziehung der stillen Rücklagen ungünstiger, weil die Eigenkapitalgröße steigt.

12. a) EBIT = Jahresüberschuss + Steueraufwand – Steuererträge + a. o. Aufwand – a. o. Erträge + Zinsaufwand – Zinserträge
   b) Gewinne verschiedener Geschäftsjahre oder Unternehmensbereiche sind besser vergleichbar, weil schwankende Steuersätze, Zinsaufwendungen und -erträge oder sonstige außerordentliche Faktoren keine Auswirkung haben.

15.2 Abituraufgaben Profil Internationale Wirtschaft

Abituraufgaben 2016 (Aufgabe 2, Teil 2)

Hinweis zur Aufgabe 2: Dieser Lösungsvorschlag entspricht dem gesetzlichen Stand bis 22.07.2015. Das danach in Kraft getretene BilRUG ist noch nicht berücksichtigt.

2.1

	Jahresüberschuss laut GuV	5.900.000,00 EUR
+	außerordentlicher Aufwand	1.000.000,00 EUR
–	außerordentlicher Ertrag	500.000,00 EUR
+	Ertragssteuern	4.800.000,00 EUR
+	Zinsaufwendungen	5.600.000,00 EUR
–	Zinserträge	-
=	**EBIT** (Earnings before Interest and Taxes)	**16.800.000,00 EUR**

2.2 Eigenkapitalquote = Eigenkapital : Gesamtkapital
= 33.000.000,00 EUR : 158.200.000,00 EUR
= **20,9 %**

Anlagendeckungsgrad II = (Eigenkapital + lfr. FK) : Anlagevermögen
= (33.000.000,00 EUR + 93.000.000,00 EUR) : 110.000.000,00 EUR
= **114,5 %**

2.3
- Die Eigenkapitalquote ist deutlich schlechter als der Branchendurchschnitt.
- Die Anlagendeckung ist besser als der Branchendurchschnitt.
  (Die Goldene Bilanzregel im weiteren Sinne – mind. 100 % – wird eingehalten.)

Die im Verhältnis zum Branchendurchschnitt deutlich niedrigere Eigenkapitalquote verringert die Kreditwürdigkeit der GeRo AG. Auch wenn das Unternehmen einen vergleichsweise hohen Anlagendeckungsgrad II hat, ist doch ein großer Anteil (ca. 75 %) des langfristig gebundenen Kapitals Fremdkapital. Das Unternehmen hat deshalb hohe Zins- und Tilgungsbelastungen, die ebenfalls die Kreditwürdigkeit verringern können.

2.4 Anlagendeckungsgrad II neu = 123 %
Anlagendeckungsgrad II neu = (EK alt + Kapitalerhöhung + lfr. FK + Darlehenssumme) : Anlagevermögen
1,23 = (33.000.000,00 EUR + 6.300.000,00 EUR + 93.000.000,00 EUR + x) : 110.000.000,00 EUR
135.300.000,00 EUR = 132.300.000,00 EUR + x
x = **3.000.000,00 EUR**

2.5.1 Eigenkapitalrentabilität
= Jahresüberschuss : Eigenkapital
= 5.900.000,00 EUR : 33.000.000,00 EUR
= **17,9 %**

Gesamtkapitalrentabilität
= (JÜ + Fremdkapitalzinsen) : Gesamtkapital
= (5.900.000,00 EUR + 5.600.000 EUR) : 158.200.000,00 EUR
= **7,3 %**

2.5.2 Eigenkapitalrentabilität 2016 = JÜ (Gewinn) : Eigenkapital
= (Gewinn + erwarteter Zusatzgewinn) : (EK alt + Kapitalerhöhung)
= (5.900.000,00 EUR + 1.200.000,00 EUR) : (33.000.000,00 EUR + 6.300.000,00 EUR)
= **18,1 %**

Falls der erwartete Zusatzgewinn realisiert wird, steigt die EK-Rentabilität.

Grund: Das Verhältnis zwischen gestiegenem Gewinn (plus 20,34 %) und gestiegener EK-Basis durch Kapitalerhöhung (plus 19,1 %) ist für die Eigenkapitalrentabilität günstiger als vor Darlehensaufnahme und Kapitalerhöhung.

2.6
- Es handelt sich um vergangenheitsbezogene Informationen, die oft auch erst mit einiger zeitlicher Verzögerung zur Verfügung stehen.
- Qualitative Aspekte, wie z.B. Innovationsfähigkeit, Kundentreue etc., werden nicht berücksichtigt.
- Bewertungsspielräume beeinflussen die Aussagekraft der Kennzahlen.

(zwei Erläuterungen erforderlich)

Abituraufgaben 2018 (Aufgabe 1, teilweise)

3.1 Umsatzrentabilität = JÜ : Umsatzerlöse = 46 Mio. EUR : 1.116 Mio. EUR = 4,12 %
Die Umsatzrentabilität gibt den Anteil des Gewinns am Umsatz an, d.h., mit jedem Euro Umsatz wurden 4,12 Cent Gewinn erwirtschaftet.

Eigenkapitalrentabilität = JÜ : EK = 46 Mio. EUR : 744 Mio. EUR = 6,18 %
Die Eigenkapitalrentabilität spiegelt die Verzinsung des eingesetzten Eigenkapitals wider, d. h., jeder in 2017 eingesetzte Euro Eigenkapital wurde mit 6,18 % verzinst.

3.2 Ermittlung des EBIT (Earnings before interest and taxes):

Jahresüberschuss/Jahresfehlbetrag laut GuV
\+ außerordentlicher Aufwand
– außerordentliche Erträge
\+ Zinsaufwendungen
– Zinserträge
\+ Ertragssteuern
= EBIT

Durch das Herausrechnen national variierender Steuerbelastungen und außerordentlicher Effekte sowie durch die Bereinigung des Ergebnisses um Zinseffekte lassen sich Unternehmen einerseits unabhängig von ihrem Unternehmenssitz (Steuergesetzgebung) und anderseits unabhängig von ihrer Finanzierungsstruktur miteinander vergleichen.

Internationale Kapitalanleger können daher mithilfe des EBIT entscheiden, ob die Ertragskraft des Unternehmens vor Ertragssteuern und vor Finanzierungskosten ausreicht, um ihre Renditevorstellungen zu erfüllen.

3.3 Der Lagebericht ist ein zusätzliches, den Jahresabschluss ergänzendes Rechnungslegungsinstrument. Er dient der Erläuterung und der Ergänzung des Jahresabschlusses, um Informationen über den Geschäftsverlauf hinsichtlich Vermögens-, Finanz- und Ertragslage zu geben, auch im Hinblick auf den Vergleich mit dem Gesamtmarkt.
Unabhängig von der Unternehmensgröße ist die Robotics AG zur Aufstellung eines Lageberichts verpflichtet, da ihre Aktien zum Handel an einer Wertpapierbörse zugelassen sind (§ 264 Abs. 1 HGB, i. V. m. § 267 Abs. 3 HGB i. V. m. § 264d HGB, § 5 PublG).

15.3 Abituraufgaben Profil Wirtschaft

Abituraufgaben 2012 (Aufgabe 3, teilweise)

1. Die Kaiser AG muss sowohl einen Anhang als auch einen Lagebericht erstellen.

   Anhang (§ 264 Abs. 1 Satz 1 HGB):
   Alle Kapitalgesellschaften müssen den Jahresabschluss um einen Anhang erweitern.

   Lagebericht (§ 264 Abs. 1 Satz 3 HGB):
   Mittelgroße und große Kapitalgesellschaften müssen einen Lagebericht erstellen. Die Kaiser AG ist gemäß § 267 Abs. 3 HGB eine große Kapitalgesellschaft. Sowohl die Anzahl der Mitarbeiter (> 250) als auch die Bilanzsummen (> 19.250.000,00 EUR) erfüllen in beiden Jahren die Kriterien einer großen Kapitalgesellschaft.

2. Anhang (§ 284 HGB):
   Der Anhang liefert weitere Informationen zu einzelnen Posten der Bilanz und GuV-Rechnung (z. B. Bewertungsmethoden).

Lagebericht (§ 289 Abs. 1 HGB)
Ziel ist es, ein Bild von den tatsächlichen Verhältnissen des Unternehmens zu vermitteln. Dazu sollen der Geschäftsverlauf, das Geschäftsergebnis und die Lage der Kapitalgesellschaft dargestellt werden. Im Gegensatz zum Anhang enthält der Lagebericht auch zukunftsorientierte Angaben.

3.1 (Berechnung des Eigenkapitals: 44,7 – 1,5 [Dividendensumme] = 43,2 Mio. EUR)

- Berechnung
  - Eigenkapitalquote $= \frac{\text{EK} \cdot 100}{\text{GesKap}} = \frac{43{,}2 \cdot 100}{237{,}5} = 18{,}2\ \%$
  - Deckungsgrad I $= \frac{\text{Eigenkapital} \cdot 100}{\text{Anlagevermögen}} = \frac{43{,}2 \cdot 100}{109{,}8} = 39{,}3\ \%$
  - Deckungsgrad II $= \frac{(\text{EK} + \text{langfr. FK}) \cdot 100}{\text{AV}} = \frac{(43{,}2 + 100) \cdot 100}{109{,}8} = 130{,}4\ \%$
  - Liquiditätsgrad $= \frac{(\text{Kasse, Bank} + \text{Wertpapiere} + \text{Forderungen}) \cdot 100}{\text{kurzfristiges Fremdkapital}}$

    $= \frac{(15{,}4 + 7{,}9 + 49{,}3) \cdot 100}{(92{,}8 + 1{,}5)} = 77{,}0\ \%$

- Beurteilung
  - Eigenkapitalquote:
    Die Eigenkapitalquote ist mit 18,2 % nicht zufriedenstellend. Die Unternehmung ist sehr stark auf die Finanzierung mit Fremdkapital angewiesen.
  - Deckungsgrad I:
    Beim Deckungsgrad I gilt der Richtwert von 100 %. Dieser wird hier bei Weitem nicht erreicht. Dies bestätigt die schlechte Ausstattung des Unternehmens mit Eigenkapital.
  - Deckungsgrad II:
    Beim Deckungsgrad II wird der Richtwert von 100 % übertroffen. Die Goldene Bilanzregel ist erfüllt, d. h., das Anlagevermögen wird durch langfristiges Kapital finanziert.
  - Liquiditätsgrad II:
    Beim Liquiditätsgrad II wird der Richtwert von 100 % (one-to-one-ratio) nicht erfüllt. Das Unternehmen kann auf der Basis der einzugsbedingten Liquidität seine kurzfristigen Verbindlichkeiten nicht erfüllen. Dies lässt auf eine angespannte Liquiditätslage schließen.

3.2 Eine Erhöhung des Verschuldungsgrades führt zu einer Erhöhung der Eigenkapitalrentabilität, wenn der Fremdkapitalzinssatz niedriger als die Gesamtkapitalrendite ist.
Bei einer Verschlechterung der Gesamtkapitalrentabilität oder einer Erhöhung des Fremdkapitalzinssatzes ergibt sich das Risiko eines negativen Leverage-Effektes. Dies führt zu einer Verringerung der Eigenkapitalrentabilität.
Angesichts des bereits jetzt hohen Verschuldungsgrades und des damit verbundenen Risikos wird der Kreditgeber den Zinssatz erhöhen und/oder keine weiteren Kredite mehr zur Verfügung stellen.

3.3 Die Finanzierung aus den Pensionsrückstellungsgegenwerten stellt eine langfristige Fremdfinanzierung dar, bei der keine Zinszahlungen anfallen. Die mit der Rückstellungsbildung verbundenen Aufwendungen sind noch nicht auszahlungswirksam. Der ausgewiesene Gewinn wird geringer und die Rückstellungsbildung wirkt als Ausschüttungssperre. Durch die geringeren Gewinnsteuern werden zusätzliche liquide Mittel im Unternehmen belassen. Allerdings führen die gegebenen Pensionszusagen in der Zukunft zu Auszahlungen, die dann die Liquidität der Unternehmung beeinflussen.

4.1 Das „Ergebnis der gewöhnlichen Geschäftstätigkeit" beträgt lediglich 0,7 Mio. EUR. Auffällig ist die GuV-Position 11 „außerordentliche Erträge" in Höhe von 5,7 Mio. EUR. Sie enthält einmalige Vorgänge, die verglichen mit dem Jahresüberschuss in dieser Periode sehr hoch sind. Dies ist nicht in jeder Periode wiederholbar. Bereinigt um diese Größe wäre der Jahresüberschuss negativ.

4.2.1

		in Mio. Euro
	Jahresüberschuss	3,1
+	a. o. Aufwendungen	0,7
–	a. o. Erträge	5,7
+	Ertragssteuern	2,1
+	Zinsaufwendungen	1,6
–	Zinserträge	0,4
=	EBIT	1,4

4.2.2 Durch das Herausrechnen

- der Steuern kann die Ertragskraft von Unternehmen verglichen werden, für die unterschiedliche Gewinnsteuersätze gelten (Unternehmensform, Land);
- von Zinsen können Unternehmen mit unterschiedlicher Kapitalausstattung und unterschiedlichen Fremdkapitalzinssätzen verglichen werden;
- von außerordentlichen Erträgen und Aufwendungen bleiben einmalige und zufällige Vorgänge unberücksichtigt.

Abituraufgaben 2014 (Aufgabe 2, teilweise)

3.1

- $\text{LG II} = \frac{(\text{liq. Mittel} + \text{kurzfr. Ford.}) \cdot 100}{\text{kurzfr. Verb.}} = \frac{(5.446.000 + 3.200.000) \cdot 100}{7.860.000} = 110\ \%$
- $\text{AD II} = \frac{(\text{Eigenkapital} + \text{langfr. FK}) \cdot 100}{\text{Anlagevermögen}} = \frac{(5.700.000 + 15.300.000) \cdot 100}{14.000.000} = 150\ \%$
- $\text{EKR} = \frac{\text{Jahresüberschuss} \cdot 100}{\text{Eigenkapital}} = \frac{399.000 \cdot 100}{5.700.000} = 7\ \%$
- $\text{GKR} = \frac{(\text{JÜ} + \text{FKZ}) \cdot 100}{\text{Gesamtkapital}} = \frac{(399.000 + 2.198.400) \cdot 100}{28.860.000} = 9\ \%$

3.2 Die ermittelten Bilanzkennzahlen übertreffen die geforderten Soll-Werte von jeweils 100 %.

Der Liquiditätsgrad II der Südtex AG zeigt, dass sie mit ihrem monetären Umlaufvermögen den kurzfristigen Verbindlichkeiten nachkommen kann.

Die Anlagendeckung II zeigt eine fristenkongruente Finanzierung des Anlagevermögens, was auf eine stabile Unternehmung hinweist.
Die Goldene Bilanzregel ist erfüllt.

3.3
- Die Ergebnisse aus der Analyse der Bilanzkennzahlen aus Aufgabe 3.2 lassen einen Spielraum für eine weitere Verschuldung der Südtex AG erkennen.

- Die Analyse der Rentabilitätskennzahlen zeigt jedoch eine negative Wirkung des Leverage-Effekts bei der Südtex AG: Die Gesamtkapitalrentabilität liegt um 2 Prozentpunkte über der Eigenkapitalrentabilität. Dies ist darauf zurückzuführen, dass der durchschnittliche Fremdkapitalzinssatz über der Gesamtkapitalrentabilität liegt. Folglich würde eine weitere Aufnahme von Fremdkapital zu den bisherigen Bedingungen zu einer weiteren Verschlechterung der Eigenkapitalrentabilität führen. Deshalb ist von einer weiteren Verschuldung der Südtex AG abzuraten (Begründung auch mit rechnerischer Ermittlung des durchschnittlichen Fremdkapitalzinssatzes, ca. 9,49 %, möglich).

Abituraufgaben 2016 (Aufgabe 3, teilweise)

2.1 $\text{Eigenkapitalquote} = \frac{312.000{,}00 \cdot 100}{650.000{,}00} = 48\ \%$

$\text{Anlagendeckungsgrad II} = \frac{(312.000{,}00 + 202.500{,}00) \cdot 100}{490.000{,}00} = 105\ \%$

Die Eigenkapitalquote ist gut und liegt deutlich über dem Branchendurchschnitt.
Das Unternehmen kann als stabil und krisensicher bezeichnet werden.

Das Anlagevermögen ist vollständig durch langfristiges Kapital gedeckt. Die Goldene Bilanzregel mit dem Richtwert von 100 % wird sogar leicht übertroffen.

2.2 x = maximale zusätzliche Fremdfinanzierung in Mio. Euro
$(x + 650) \cdot 0{,}4 = 312$
$x = 130$ Mio. EUR

Wenn die Eigenkapitalquote nach der Darlehensfinanzierung nicht unter 40 % zurückgehen soll, darf die Darlehenshöhe maximal 130 Mio. EUR betragen.

2.3 Auswirkung auf die Eigenkapitalrentabilität:
Da ein höherer Zinssatz zu höheren Zinsaufwendungen führt, sinkt der Jahresüberschuss und damit verringert sich die Eigenkapitalrentabilität.

Auswirkung auf die Gesamtkapitalrentabilität:
Ein höherer Darlehenszinssatz hat keine Auswirkungen auf die Gesamtkapitalrentabilität, da die Summe aus Fremdkapitalzinsen und Jahresüberschuss unverändert bleibt.

2.4
- $\text{Umsatzrentabilität} = \frac{32.000.000 \cdot 100}{400.000.000} = 8\ \%$
- Die ESS Maschinenbau AG hat geringere Fertigungskosten und erzielt daher bei ähnlichen Verkaufspreisen einen höheren Gewinn als die Wettbewerber. Die ESS Maschinenbau AG kann aufgrund ihrer Unternehmensgröße Vorteile nutzen, wie z.B. günstigere Einkaufsbedingungen beim Fertigungsmaterial.

16 Strategic planning and management accounting

16.3 System of business objectives

1. Management functions are the coordination and control of decisive corporate tasks in a way to make sure the business objectives can be achieved.

2. Human capital means the quantity and quality of the staff and human resource management that contribute significantly to the success of a company.
Only if the number and the skills of employees match the company's requirements and also only if the employees are motivated, the corporate tasks can be dealt with appropriately.

3. A vision is something to be pursued, a mission something to be accomplished. The vision focuses on the future and wants to make the world a better place. The mission names basic principles and values of a company and focuses on the company's present state.
Examples:

Vision	Mission
"At IKEA our vision is to create a better everyday life for the many people." *Source: Inter IKEA Systems B. V.: Our vision and business idea. In: www.ikea.com/ms/en_JP/about_ikea/the_ikea_way/our_business_idea/index.html [22.04.2020].*	"Our mission is to enable people and businesses throughout the world to realize their full potential [...]" *Source: Microsoft Corporation: Business Description – General. In: www.microsoft.com/investor/reports/ar13/financial-review/business-description/index.html [22.04.2020].*

4. Strategic objectives are long-term objectives and are based on vision and mission, whereas operational objectives are rather short-term and are based on the strategic objectives. Both have a defined outcome, but operational objectives are measurable.
Examples:

Strategic	Operational
• Expand sales to existing customers • Strengthen financial resources	• Capture an additional 20% of market share within the current business year • Increase revenues by 20% by 2018

5. First objective: being innovation and design leaders
Second objective: delivering outstanding financial results
Conflict: Innovations are based on well-organized and cost-intensive research and development, meaning that it is difficult to deliver outstanding financial results as a lot of money has to be spent in this area.

6.
   - Shareholders (equity owners): high share, high dividend
   - Customers: low prices, good quality, good customer service
   - Suppliers: long-time partnership, payment (in full, in time)
   - Employees: fair pay, good working conditions

7. Long-term profit maximization

8. Shareholder value concept only focuses on profit, social and environmental issues are neglected. But: long-term profit maximization can only be achieved if employees are motivated and the company is accepted by its environment.

9. Conflict in objectives can arise, e.g. if a company wants to pay higher wages they have higher unit costs which leads to higher prices and thus a probable sales loss and lower profit.

10. CG = national and international rules and processes that ensure a responsible, fair and transparent management for all of a company's stakeholders

11. Target group: listed companies

    Reasons:

    - To ensure good and responsible corporate behavior
    - To enhance the transparency and comprehensibility in order to strengthen the confidence of stakeholders

12. CSR means that a company is managed ethically in order to take on responsibility towards society as a whole.

13. The UNGC wants to end extreme poverty, fight inequality and injustice and protect our planet by focusing on human rights, labour standards, environment and climate and anti-corruption. Companies can sign on and thus show their ethical behavior.

16.4 Controlling – meaning and selected controlling instruments

1. Analyse internal and external influences on the business

2. - Internal: strengths and weaknesses
   - External: opportunities and threats

3. - Strengths: a) and e)
   - Weakness: b)
   - Threat: d)

4. a) Cost leadership, differentiation, focus
   b) Conflicts between the strategies, e.g. cost minimisation conflicts with the additional cost of value-added differentiation

5. a) Focus
   b) Differentiation
   c) Cost leadership

6. a) General idea: performance measurement to support alignment of business activities to the vision and strategy of the company
   b) Financial
   c) Learning and growth
   d) 5 1 and 2
   e) 5 1 and 2
   f) Cause-effect relationships due to interactions between the four perspectives. For example, learning and growth lead to better business processes that result in higher customer loyalty and thus a higher return on capital employed.

16.5 Abituraufgaben Profil Internationale Wirtschaft

Abituraufgaben 2014 (Aufgabe 3, Teil 2, verändert)

2.1 The statement shows the problem of a management style that is focused on the financial aspect (shareholders' perspective). To be successful in the long term a company has to take into consideration the interests of different stakeholders. These interests and values have to be implemented and lived at all company levels in a way that is perceived by all stakeholders.

2.2
Community/government → tax revenue, social benefits
Employees → well-paid jobs, secure jobs
Shareholders → increase of value of the invested capital, co-determination
Customers/trading partners → adequate quality, service

2.3.1 Appendix 2

	Customer Perspective	Financial Perspective	Business Process Perspective	Learning and Growth Perspective
Objectives	increase in customer satisfaction	increase in average profit per store	increase in per head consumption; decrease average length of stay	decrease in fluctuation rate
Targets	complaint rate	average sales	per head consumption	employee satisfaction
Measures	lowering complaint rate by 70%	sales increase per store by 20%	increase in per head consumption by 30%	fluctuation rate of less than 5%
Initiatives	customer survey	improve advertising activities	training of staff; promotion weeks	introduction of fringe benefits, offering career opportunities

2.3.2

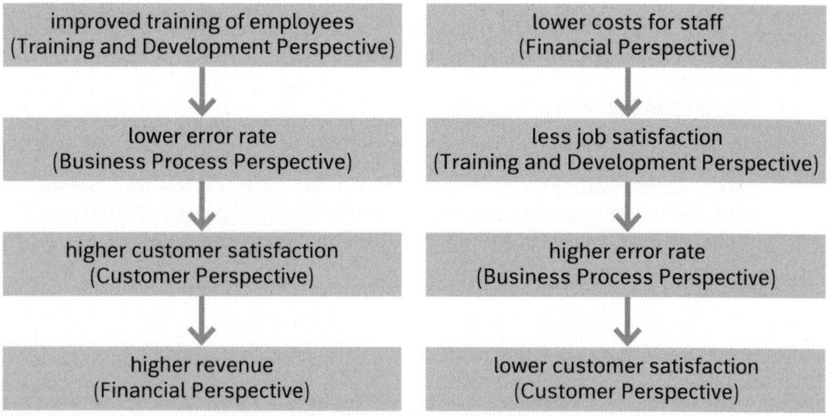

(one cause-effect relationship required)

Abituraufgaben 2015 (Aufgabe 3, Teil 2, teilweise)

2.1 Focus:
Goha may continue to focus on targeting its niche segment, offering high-profile products to customers who can afford them:
→ Pointing out their uniqueness and competency might attract more customers.

Differentiation:
Goha could try to expand by leaving its market niche and targeting new market segments.
→ This might attract new customers.

Cost leadership:
Goha could try to cut costs and offer lower-priced products in order to broaden the customer base.
→ Providing comparable buyer value at a lower cost than competitors may boost sales.

Recommended strategy:
Focus on the niche alone probably does not provide sufficient potential to boost sales while an overall cost leadership strategy would run counter to their image. Therefore, Goha may want to pursue a differentiation strategy. This could involve establishing a new product line or even brand that targets new market segments by offering products at more affordable prices.

Abituraufgaben 2016 (Aufgabe 3, Teil 2)

2.1 Financial data is past-performance-oriented, so it hardly allows for planning future business success.

- The financial perspective neglects the perspectives of customers, processes or innovation.
- Financial factors do not necessarily guide employees to work for common objectives.

(two aspects required)

2.2 A vision is a briefly, explicitly and inspiringly formulated state in the future that a company desires to achieve. Before strategic objectives are set, the vision clarifies in which direction the company wants to develop. Thus, the vision enables a coherent design of the Balanced Scorecard.

2.3

Non-financial Balanced Scorecard Perspective	Customer Perspective	(Internal) Business Process Perspective	Innovation and Learning Perspective
Strategic objective	to increase customer satisfaction	to increase efficiency	to increase sales
Parameter (key figure) including target value	delivery time in days, cut delivery time by one third within one year	downtime in minutes per day, reduce downtime of machines by 30% within six months	ratio of sales contracts in relation to customer calls per sales person, 100% of sales staff use high-pressure selling methods by the end of the year
Measure/ Initiative	outsource delivery to a logistics company	train technical staff in machine maintenance	provide sales trainings for sales personnel with an outside expert

2.4 Advantages:

- Allows for including qualitative factors
- Combines strategic and operative objectives
- Visualises cause-effect relationships
- Fosters communication of strategies and objectives to employees

Disadvantages:

- Costs are high for controlling staff and/or external consultants.
- Employees might not support the strategic objectives.
- Some objectives might contradict each other.
- Finding the right objectives, parameters and measures is not guaranteed.

(two aspects each required)

2.5
- The stakeholder value concept states that many stakeholder groups of a company should be involved in its decision-making process. By contrast, for the shareholder value concept the main purpose of a company is to maximise its shareholders' capital, so their interests should be at the centre of the decision-making process.
- The Balanced Scorecard uses different perspectives to monitor the progress of a company, not just financial factors such as the shareholder value. It therefore has the potential to include the stakeholders' interests, so it is a good match for the stakeholder value concept.

Abituraufgaben 2017 (Aufgabe 3, Teil 2)

4.1 Vision:

- Creates a desired view of the business's future development
- Puts business objectives in motivational and inspiring words

Mission statement:

- Provides a written summary of the company's basic principles and values
- Is aimed at the company's stakeholders
- Provides an orientation for all business activities

4.2

Stakeholder group	Benefits they bring to the company	Expected rewards
shareholders	equity	return on investment, increased value of invested capital
employees	labour, skills	income, employment, appreciation
customers	sales revenue	quality, service, good value-for-money ratio

4.3

- Social objective ("people"): decrease employee fluctuation rate by 2% in April 2017
  Economic benefit: Fewer staff have to be recruited and trained. → cost ↓
- Ecological objective ("planet"): reduction of carbon emissions in production by 10% in the second quarter of this year
  Economic benefit: cost reduction thanks to decreasing consumption of fossil fuels

4.4 Complementary objectives:
The pursuit of one objective promotes the fulfillment of another objective.
Objective 1 is to increase market share by 5% within one year.
Objective 2 is to raise turnover by 8% within the same period.
→ A high market share also leads to a high turnover or profit.

Competitive objectives:
The fulfillment of one objective impedes the accomplishment of another objective.
Objective 1 is to avoid job cuts in Germany over the coming two years.
Objective 2 is an annual profit rise of 2%.
→ Production in Germany implies high labour cost for employees which affects profit negatively.

Neutrality of objectives:
The fulfillment of one objective does not affect the fulfillment of another objective.
Objective 1 is to reduce carbon emissions by 20% within the next five years.
Objective 2 is to improve the employees' satisfaction index from 102 to 110 over the next three years.
→ Producing environmentally friendly does not affect the working atmosphere.

5.

		INTERNAL ANALYSIS	
		Strengths: • High cash flow • Strong research and development department • Motivated staff • Financial independence	Weaknesses: • High personnel costs • Low capacity utilisation → low economies of scale
EXTERNAL ANALYSIS	Opportunities: • Increased customer base among hobby pilots in Germany and worldwide		W-O strategy: • Raise capacity utilisation → lower unit costs thanks to economies of scale • Cooperate with a foreign company (joint venture) to enter new markets
	Threats: • New competitors from abroad • Decreasing number of glider pilots worldwide • Low demand for spare parts • Growing second-hand market for gliders • Declining industry and profit margins	S-T strategy: • Target hobby pilots through special marketing campaigns, such as at air shows • Diversify into new technologies to become less dependent on glider sector • Acquire a producer with the necessary know-how	

One aspect for S, W, O, T and one strategy each required.

Abituraufgaben 2018 (Aufgabe 3, Teil 1, verändert)

1.
- A corporate vision defines a desired state of the business's future development and puts business objectives in motivational and inspiring words.
- "Our vision is to improve our customers' outdoor experience by providing long-lasting and sustainable outdoor wear of premium quality, fashionable design and outstanding service. We want to be a partner they can always rely on."

2.1 The Balanced Scorecard (BSC) is a management tool which aims to provide a comprehensive view of the company from monetary and non-monetary perspectives. It transforms strategic goals into concrete measures and develops suitable parameters to monitor whether the goals have been achieved or must be modified.

2.2

	Financial perspective	Customer perspective
Strategic objectives	Gain a significant market share in the German market	Build up strong customer loyalty
Parameters inciuding target values and time frame	20% of total sales in the German market for outdoor equipment by the end of the next year	Boost repurchase rate to 60% by 2020
Initiatives	Use German sports celebrities as ambassadors for the Silver Eagle brand	Set up competent customer service that includes swift repair service and recycling bonus scheme for new purchases

2.3 (Depending on choice of objectives)

Strategic objectives from 2.2:

- Gain a significant market share in the German market
- Build up strong customer loyalty

The relation between these strategic objectives is complementary as building up strong customer loyalty will help raise market share.

2.4
- Implementing a Balanced Scorecard is costly as large amounts of data have to be monitored.
- Competing objectives might lead to massive conflict within the company, leading to inefficiencies.

By implementing the Balanced Scorecard the management is able to consider the aims of the shareholders (financial perspective), but also the interests of other stakeholder groups, such as customers (customer perspective). It therefore enables managers to balance the concerns of both interest groups and improve the company's overall performance.

16.6 Abituraufgaben Profil Wirtschaft

Abituraufgaben 2009 (Aufgabe 1, Teil 1)

1.1 **Ökonomische Ziele** dominieren das Leitbild der DRUMA AG:
Halten/Erweiterung der weltweiten Marktanteile, hohe Kundenzufriedenheit, hoher Qualitätsstandard der Produkte, Prozessoptimierung, Kostenreduktion. Diese wirken sich auf das Oberziel eines maximalen bzw. angemessenen Gewinns aus.

Das **ökologische Ziel** „schonender Einsatz von Ressourcen" nimmt auf Belange des Umweltschutzes Rücksicht.

Das **soziale Ziel** „Sicherung von Arbeitsplätzen" stärkt die Stellung der Mitarbeiter im Unternehmen.

1.2 Möglicher **Zielkonflikt:** z. B. Kostenreduktion und Erhöhung des Marktanteils. Eine Erhöhung des weltweiten Marktanteils könnte verstärkte Werbemaßnahmen, Errichtung von Absatzstützpunkten in Übersee usw. erfordern; beide Maßnahmen wirken kostenerhöhend.

Mögliche **Zielharmonie:** z. B. hohe Qualitätsstandards und hohe Kundenzufriedenheit. Gleichbleibend hohe Qualität verhindert Häufung von Kundenreklamationen.

1.3 Beim **Shareholder-Value-Konzept** stehen bei der Formulierung der Unternehmensziele die Interessen der Kapitaleigner (z. B. Kurssteigerung, hohe Rendite) im Vordergrund.

Beim **Stakeholder-Konzept** werden neben den Interessen der Kapitaleigner auch die Interessen anderer Anspruchsgruppen (Kunden, Öffentlichkeit, Mitarbeiter, Lieferanten, Gewerkschaften usw.) berücksichtigt.

17 Behaviour of market participants in competitive markets

17.1 Demand and supply

1. **Individual demand:** demand of **one** household

   Total (market) demand: demand of **all** households (aggregation of all individual households)

2. **Determinants of demand:** price of the good, income, price of other goods (substitutes or complementary goods), expectations, number of consumers

3. Assumption: quantity of demand is only determined by the price of the good. All other factors remain constant.

4. The law of demand states that, all other factors being equal, as the price of a good or service increases, demand for this good or service will decrease and vice versa.

5. 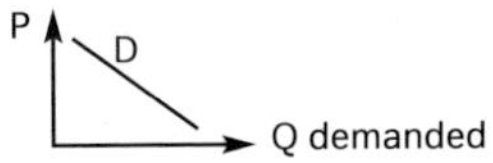

6. a) Through market research

   b) No, the numbers are based on estimates which result from more or less exact market analyses or market observations.

7. If at least one of the determinants that were constant changes (e.g. the income)

8.
   - Number of consumers rises.
   - More income
   - Growing needs
   - Consumers expect higher prices.
   - Lower prices for complementary goods
   - Higher prices for substitutes

9.
   - Decrease in number of consumers
   - Lower income
   - Decreasing needs
   - Consumers expect lower prices.
   - Increasing prices for complementary goods
   - Lower prices for substitutes

10. Complements: goods that are used in conjunction with other goods, e.g. lamp and light bulb, pipe and matches

    Substitutes: goods that are interchangeable, e.g. coal and wood, margarine and butter

11. a) Increase in quantity demanded   b) Decrease in quantity demanded

12. Demand for cars will decrease, so there will also be a lower demand for the complementary goods tyres.

13. Demand for good A will a) decrease, b) rise.

14. Demand for good A will a) increase, b) go down.

15. a) Demand will decrease, as households will save more money to avoid risks in future.

b)

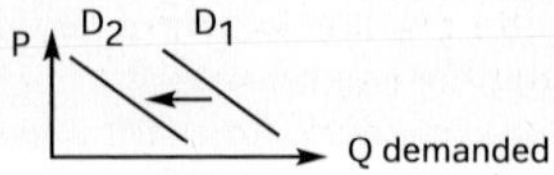

16. a) Demand will increase now to avoid future extra cost.

b)

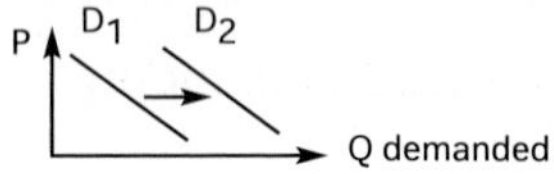

17. There will be no change in demand as insulin is a vital good for the consumer. Demand is completely inelastic.

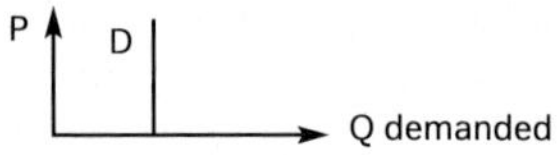

18. Abnormal demand: consumers relate higher prices to higher quality. There will be a higher demand when it's more expensive.

    Or: Snob-effect: people buy expensive goods because others cannot afford them in order to stand out.

19.
- Private households: consumption
- Enterprises: investment
- Foreign sector: export
- Government: government spending

20. a) + b) Total demand determines the business cycle. Increasing demand for consumer goods or increasing demand from the foreign sector (exports) lead to higher employment, rising investments and thus to a higher GDP (→ economic recovery, growth).

21. **Elastic demand:** The percentage change in the quantity demanded is greater than the percentage change in price.

    Inelastic demand: The percentage change in the quantity demanded is less than the percentage change in price.

22. a, b) 1. Elastic 2. Inelastic 3. Inelastic A high percentage change in price leads to a small percentage change in quantity demanded.

    c) Quantity demanded decreases, revenue decreases.

    d) $PED = \dfrac{\Delta Q \cdot P}{\Delta P \cdot Q} = \dfrac{-60 \cdot 70}{+20 \cdot 140} = \mathbf{-1.5}$

23. a) $PED = \dfrac{-4 \cdot 8}{-2 \cdot 60} = \mathbf{+0.267}$**;** inelastic, as < 1, abnormal (positive)

    b) $PED = \dfrac{-2 \cdot 2}{+2 \cdot 8} = \mathbf{-0.25}$ inelastic, as < 1

    c) $PED = \dfrac{-30 \cdot 12}{+2 \cdot 60} = \mathbf{-3}$**;** elastic, as >1

24. With abnormal demand (snob-effect), see 18.

25. Q · P = TR bzw. Q = TR : P; → 10 – 9 – 8 – 7 – 6

    $PED = \dfrac{\Delta Q \cdot P}{\Delta P \cdot Q} = \dfrac{-1 \cdot 8}{+2 \cdot 7} = \mathbf{-0.57}$**;** inelastic, as < 1

26. a) Elastic demand; a price increase would lead to a decrease in TR, a price cut would lead to an increase in revenue.

    b) Inelastic demand; a price increase would lead to an increase in TR, a price cut would lead to a decrease in revenue.

27. **Perfectly elastic demand:** the demand curve is parallel to the x-axis which means that any quantity can be sold at the given price.
Perfectly inelastic demand: the demand curve is parallel to the Y-axis which means there is no percentage change in quantity if the price changes.

28. $XPED = \frac{\Delta Q_B \cdot P_A}{\Delta P_A \cdot Q_B} = \frac{-2 \cdot 12}{-3 \cdot 10} = +\mathbf{0.8}$**;** positive → substitutes

29. a) $XPED = \frac{\Delta Q_B \cdot P_A}{\Delta P_A \cdot Q_B} = \frac{-500 \cdot 210}{15 \cdot 3.500} = \mathbf{-2}$ b) negative → complements

30. Fill in "Quantity demanded of good B"

$XPED = \frac{\Delta Q_B \cdot P_A}{\Delta P_A \cdot Q_B} = \frac{4 \cdot 4}{3 \cdot 2} = +\mathbf{2.66}$**;** positive → substitutes

31. a) negative XPED → complements
b) $XPED = \frac{\Delta Q_A \cdot P_B}{\Delta P_B \cdot Q_A} = -0.625 = \frac{\Delta Q_A \cdot 100}{20 \cdot 800} \rightarrow \Delta Q_A = -100$

demand at point in time 2: 800 – 100 = **700 units**

32. **Individual supply:** supply of a good of **one** supplier (at different prices)

Market supply: supply of a good by **all** suppliers on the market (aggregation of all individual supply curves)

33. **Determinants of supply:** price, cost, capacity, number of suppliers, competitors, expectations

34. Assumption: the quantity supplied only depends on the price. All other factors remain constant.

35. By how much does the quantity supplied change if there is a change in price? Cause: price change, effect: change in quantity supplied.

36. a) The **law of supply** states that, all else equal, an increase in price results in an increase in quantity supplied and vice versa.
b) 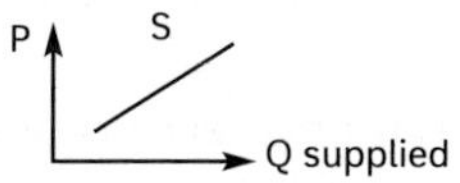

37. There is a shift of the supply curve if at least one of the other factors (apart from the price) changes.

38. • Number of suppliers increases. • Extension of capacities
• Lower cost • Optimistic expectations

39. • Number of suppliers decreases. • Less capacity
• Higher cost • Pessimistic expectations

40. a) Shift of the supply curve to the left, as any quantity will have to be offered at a higher price.
b) 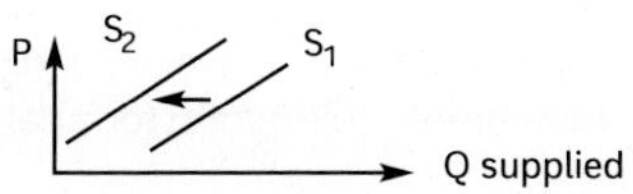

41. Rationalising means expansion of capacity and lower cost. There will be more quantity supplied, which means a shift of the curve to the right.

42. **Consumer sovereignty:** In a market-oriented economy the consumer decides which products will be produced. If there is demand for a product there will also be a supplier that wants to respond to the need.

43. 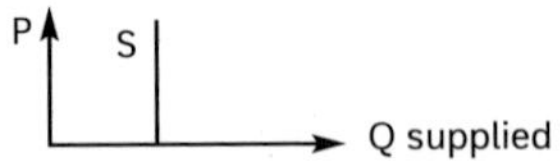

44. A supplier has to clear its stock of perishables (verderbliche Ware) within a very short period of time.

17.2 Different kinds of markets/perfectly competitive vs. imperfectly competitive markets

1. a) **Market** = where demand and supply convene (zusammentreffen)
   b) Enable an exchange of goods based on demand and supply

2. a) **Perfect competition:** many consumers, many suppliers
   b) **Oligopoly:** few suppliers
   c) **Monopoly:** one supplier, many consumers

3. There is an increase in the number of big companies whereas the number of small firms is reduced. → concentration of market power in the hands of a few suppliers

4. a) Patent b) Oil industry c) Construction industry

5.
   - Free entry and exit
   - Homogeneous goods
   - No personal preferences
   - No time preferences (equal delivery times)
   - Complete knowledge about product, quantity, price, market and market conditions

6. If at least one of the conditions for a perfectly competitive market does not apply.

7. A certain good is offered at a unitary price. Reason: If any supplier offers this good at a higher price it will lose all its customers. If it offers it at a lower price it will not be able to satisfy the market demand (limited capacities).

8. a) **Homogeneous:** goods that cannot be distinguished from competing products from different suppliers
   b) **Transparent market:** Every participant in the market has a clear view on the market and knows everything about price, conditions, delivery times, ...
   c) **Preferences:** the feeling of liking something or someone more than another thing or person

9. Imperfectly competitive markets are too complex to be helpful. Many primary and commodity markets (e. g. coffee or tea) exhibit many of the characteristics in perfectly competitive markets. The theoretical efficiency of perfectly competitive markets provides a useful benchmark (Maßstab) for analyses.

10. The stock exchange

11. a) Perfectly competitive, all the assumptions are fulfilled.
    b) Imperfect, as there is no complete knowledge
    c) Imperfect, as the conditions for perfectly competitive markets are not fulfilled
    d) Imperfect, as apples are definitely not homogeneous
    e) Perfectly competitive, all conditions are nearly fulfilled.

12. Not fulfilled:

    a) no homogeneous goods
    b) no time differences
    c) no personal preferences

13. No differences with regard to place and time, homogeneous goods, knowledge of price, and other conditions

18 Price determination in different kinds of markets

18.1 Equilibrium price formation in perfectly competitive markets

1. See Stofftelegramm.

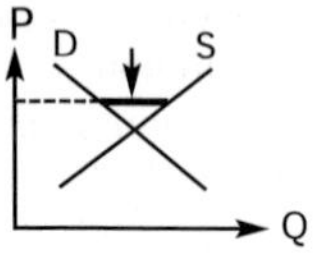

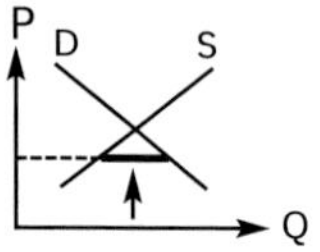

2. a) **Excess supply:** Quantity supplied is higher than quantity demanded. → stockpiling → strong competition between suppliers → Prices tend to decrease as suppliers want to get rid of their goods.
   b) **Excess demand:** Quantity demanded is higher than quantity supplied. → strong competition between consumers → Prices tend to increase.

3. a) **Buyer's market:** Excess supply. Prices tend to drop.
   b) **Seller's market:** Excess demand. Prices tend to increase.

4. 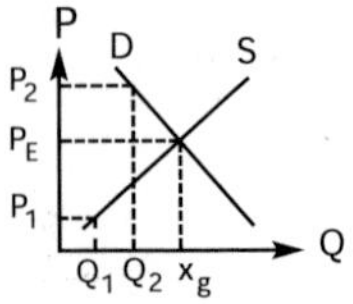

   Sales at P_1: Q_1

   Sales at P_2: Q_2

   Sales at PE: Q_E (= sales max)

5. a) EUR 16.00 — reason: demand = supply
   b) P = EUR 10.00: excess demand, seller's market, disequilibrium, supply gap
      P = EUR 16.00: equilibrium price, market equilibrium, sales max
      P = EUR 20.00: excess supply, buyer's market, disequilibrium, demand gap
   c) 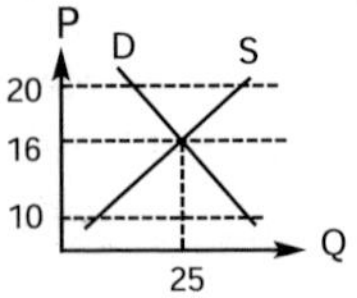

   d) TR = P · Q = 16.00 · 25 = **EUR 400.00**
   e) P = EUR 10.00: TR = 10.00 · 16 = **EUR 160.00**
      P = EUR 12.00: TR = 12.00 · 19 = **EUR 228.00**
      P = EUR 20.00: TR = 20.00 · 15 = **EUR 300.00**
      P = EUR 22.00: TR = 22.00 · 10 = **EUR 220.00**

6. 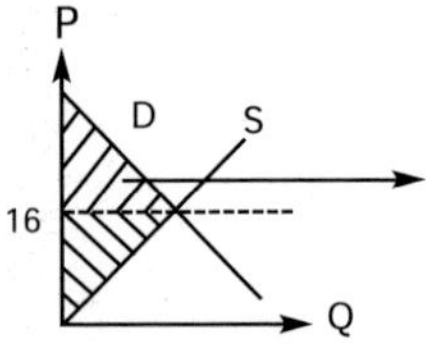

   Consumer surplus: CS is the difference between the price the consumer was willing and able to pay and the actual market price.
   Producer surplus: PS is the difference between the price at which the supplier was willing and able to offer and the actual market price.

7. Demand and supply differ at any price other than the equilibrium price.
   Prices above equilibrium level: Excess supply, prices tend to drop (see above).
   Prices below equilibrium level: Excess demand, prices tend to rise (see above).
   Equilibrium: demand = supply, no change in price, sales max

8. No!
   Suppliers who offer their goods at equilibrium price or lower and consumers who pay at least the equilibrium price will be satisfied. The others will not be able to sell or buy.

9. • Every supplier in a perfectly competitive market will supply at equilibrium price. They are price-takers, they cannot influence the price.
   • Higher prices will not be accepted by consumers, as they have complete knowledge of the market.
   • Lower prices would lead to a situation where it cannot satisfy market demand as it has limited capacities.
   • As there is a fixed price (= market price) he will supply the quantity when MC = P as he will then make maximum profit.

10. The equilibrium price guarantees sales maximum. There is no stock and demand is satisfied.

11. a) Excess supply b) Excess demand c) Equilibrium price

12. a) Price increase b) Price increase c) Price cut d) Price cut

13. 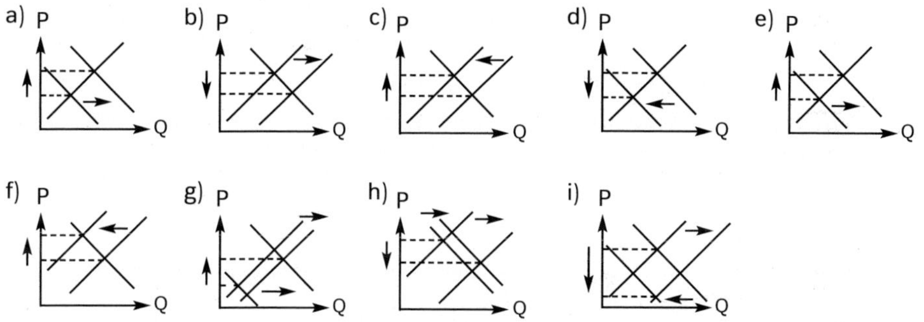

14. There is a shift to the right of both the demand and the supply curve.

Alternative 1: Change in demand equals change in supply. → no change in equilibrium price

Alternative 2: change in demand > change in supply → higher equilibrium price

Alternative 3: change in supply > change in demand → lower equilibrium price

Alternative 1 **Alternative 2** **Alternative 3**

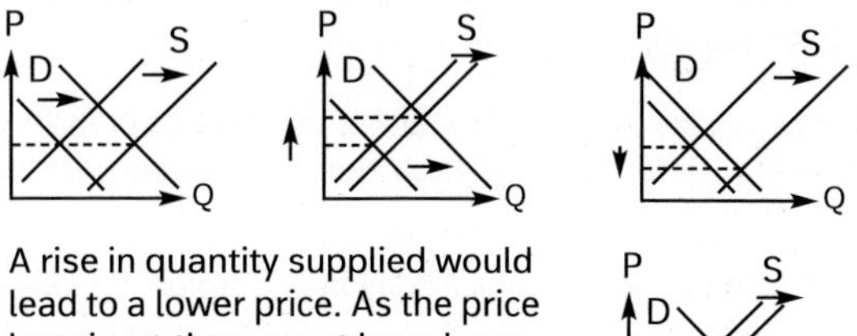

15. A rise in quantity supplied would lead to a lower price. As the price has risen, there must have been a significant increase in demand.

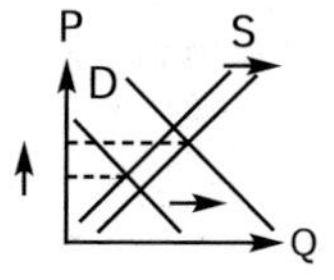

16. Shift of the demand curve to the left, as disposable incomes are lower. Equilibrium price and quantity will be lower.

17. See Stofftelegramm.

18. a) Substitute goods
b) Lower demand for wooden frame windows will lead to a lower price. Higher demand for plastic frame windows will lead to a higher price. Due to the change in prices fewer consumers will change to plastic frame windows. It is also possible that the price for plastic frame windows will come to a standstill, as there will be more suppliers on the market due to the high price.

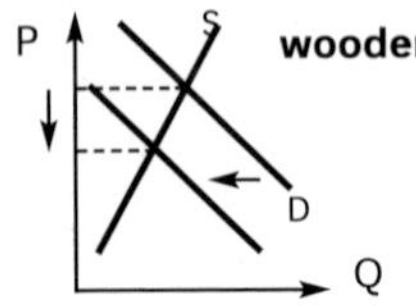

wooden frame windows

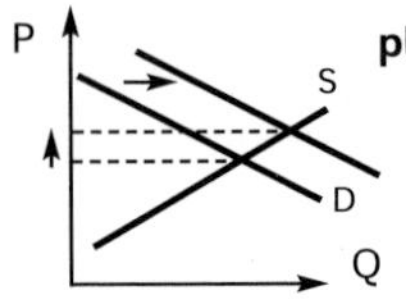

plastic frame windows

c) **Rationing function:** In the end the price will equate demand and supply.

Signalling function: The price increase for plastic frame windows signals that the windows have become scarcer, the price cut for wooden frame windows signals that they have become less scarce.

Distributive function: The price increase for plastic frame windows will attract more suppliers and suppliers of wooden frame windows will now change to producing plastic frame windows. → Production will be distributed towards the good that has a higher demand.

Educational role: Suppliers of wooden frame windows are forced to cut cost in order to be able to offer at a lower price. Or they will change to producing plastic frame windows as demand is higher and prices will rise.

19. A firm is a so-called price taker as it is not able to influence the market price. Thus it will offer the quantity where it can achieve maximum profit at a given price.

20.

Stock exchange	Automobile market
• Perfect competition	• Oligopoly
• Most closely to a perfectly competitive market	• Imperfect market (not homogeneous goods, ...)
• Strict rules	• Almost no rules to follow
• Centralised market	• Decentralised market

21. a) As there is a perfectly competitive market there is complete transparency of the market situation. Any sale or purchase at a different price than the equilibrium price would contradict the assumption of rational behaviour.

b) F 1 gains a higher producer surplus than F 2. C 1 gains a consumer surplus, C 2 does not.

18.2 Welfare effects of government intervention

1. See Stofftelegramm.

2. a) 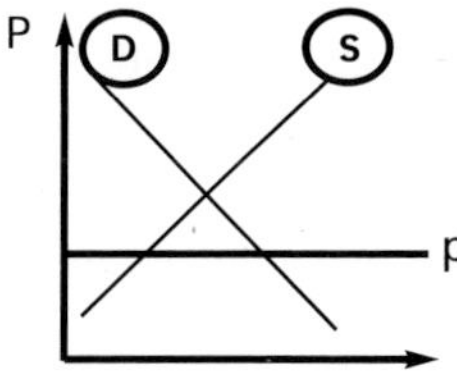

b) Protection of consumers. The equilibrium price is considered too high.

c) Excess demand. Many consumers will not be able to afford the good.

Potential problems:

- Black market: Goods are offered at a higher price than the ceiling price.
- Rationing: systematic distribution of the available goods
- In order to close the gap:
  - enforced expansion of supply (production requirements)
  - increased government spending
  - subsidies for suppliers to make them produce more

3. a) 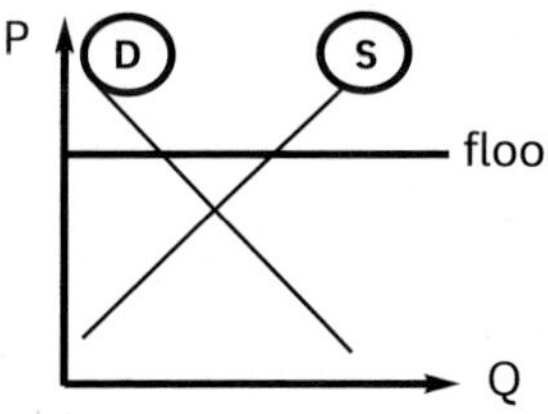

b) Protection of suppliers. The equilibrium price is considered too low, it might not cover cost.

c) Excess supply, suppliers cannot sell their goods. Possible governmental measures:

- Production restrictions
- Buying up of excess supply + stockpiling + destruction; or misuse and/or sales abroad; potential problems: high cost for stockpiling and destruction

4. a) Floor price b) Price ceiling

5. Reduction of demand: fewer government contracts, cut in subsidies for consumers, tax increase for consumers

Expansion of supply: cut in customs duties, subsidies for investments, tax cuts for suppliers.

6. a) In line b) In line c) Contrary d) In line e) Contrary
f) In line g) In line h) Contrary i) Contrary

7. In line: housing subsidies

Contrary: ceiling price for rent that is below the market price

8. a)
- Social conflicts
- Cyclical crises

b) Merger control, ban on mergers

c1) Measures in line with the price mechanism, price is influenced indirectly by influencing demand and/or supply.

Examples: subsidies, customs duties, taxation policy, government spending

Example with the expected effect: If the government cuts government spending, a lower price will be the effect.

c2) 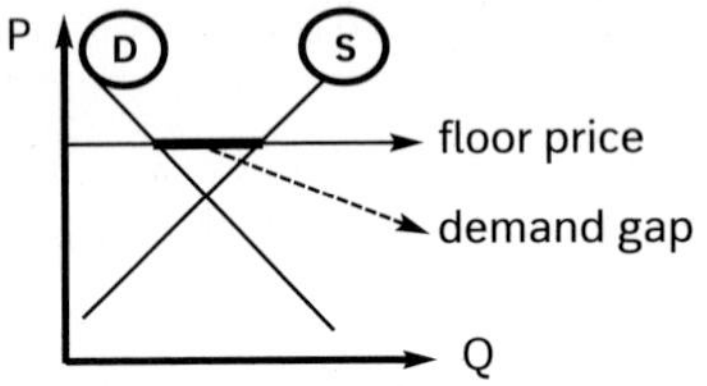

Demand does not equal supply. Excess supply.

c3) "Managing" the existing excess supply (see above) and/or reduction of supply through production restrictions or bonuses paid for closure of companies

9. a) Excess demand, black markets, quality loss

b) In a market economy prices are meant to equal demand and supply. Freezing prices is a measure contrary to the price mechanism. On the other hand, setting ceiling prices in conjunction with rationing could be measures for protecting consumers at times of very high inflation rates.

10. a)

Market A:	TR without intervention:	EUR 2.00 · 4m t = EUR 8m
	TR after intervention:	EUR 3.00 · 3m t = EUR 9m
Market B:	TR without intervention:	EUR 2.00 · 8m t = EUR 16m
	TR after intervention:	EUR 3.00 · 4m t = EUR 12m

There is an increase in total revenue on market A, whereas a reduction in total revenue on market B. Price elasticity of demand is lower on market A.

b) Buying up excess supply (2m tons on market A, 5m tons on market B), stock piling and destruction of these products

Subsidies for farmers or consumers

c) If production is restricted there are no expenses for the government.
When the government is **buying up** excess supply:

Product A:	production	5m t · EUR 3.00	=	EUR 15m
	demand	3m t · EUR 3.00	=	EUR 9m
	expenses for the national budget:			EUR 6m
Product B:	production	9m t · EUR 3.00	=	EUR 27m
	demand	4m t · EUR 3.00	=	EUR 12m
	expenses for the national budget:			EUR 15m

When the government grants **subsidies:**

income of suppliers (product A) at floor price	EUR 15.00m
due to change in demand: 5m · EUR 1.00	EUR 5.00m
→ government's subsidies	EUR 10.00m
income of suppliers (product B) at floor price	EUR 27.00m
due to change in demand: 9m · EUR 1.75	EUR 15.75m
→ government's subsidies	EUR 11.25m

All in all, product A burdens the national budget less than product B. If the government buys up excess supply there is a high risk of ever more increasing supply in the long run.

11. a) Decreasing consumer surplus and producer surplus lead to welfare loss, increasing ones lead to welfare gain.
b) shift of the supply curve to the left: welfare loss (CS and PS decrease)
shift of the supply curve to the right: welfare gain (CS and PS increase)
c)

Consumer surplus:	welfare gain	EUR 100.00
Producer surplus:	welfare loss	EUR 50.00
Welfare loss on balance		EUR 50.00

d)

Consumer surplus:	welfare loss	EUR 250.00
Producer surplus:	welfare gain	EUR 400.00
Governmental expenditure:	welfare loss	EUR 350.00
Welfare loss on balance		EUR 200.00

18.3 Monopoly

1. Monopoly: one supplier, many buyers
2. • Invention (patent) • Mergers
3. • Reduction of competition, higher profit
   • Securing procurement and sales
   • Improving competitive position in regard to competitors from abroad
   • Facilitating financing of large projects or research and development
   • Reducing costs through mass production
4. Demand and cost
5. A monopolist will realise the price-quantity combination where profit is at a maximum.
6. See Stofftelegramm.
7. • Reduction of cost (e.g. by rationalising) and/or
   • Influencing demand through marketing measures (advertising); shift of the demand curve to the right, price and total revenue increase, constant cost, rise in profit
   • Monopoly in an imperfect market: price discrimination

8. a)

Price in euros	Sales (units)	Total revenue	Total fixed cost	Total variable cost	Total cost	Profit/ Loss	MC = AVC	MR	ATC
3,500	0	0	20,000	0	20,000	−20,000			
3,250	5	16,250	20,000	5,000	25,000	−8,750	1,000	3,250	5,000
3,000	10	30,000	20,000	10,000	30,000	0	1,000	2,750	3,000
2,750	15	41,250	20,000	15,000	35,000	6,250	1,000	2,250	2,333
2,500	20	50,000	20,000	20,000	40,000	10,000	1,000	1,750	2,000
2,250	**25**	**56,250**	**20,000**	**25,000**	**45,000**	**11,250**	**1,000**	**1,250**	**1,800**
2,000	30	60,000	20,000	30,000	50,000	10,000	1,000	750	1,667
1,750	35	61,250	20,000	35,000	55,000	6,250	1,000	250	1,571
1,500	40	60,000	20,000	40,000	60,000	0	1,000	−250	1,500
1,250	45	56,250	20,000	45,000	65,000	−8,750	1,000	−750	1,444
1,000	50	50,000	20,000	50,000	70,000	−20,000	1,000	−1,250	1,400

profit maximisation at P = EUR 2,250.00 and 25 units

b) Price = EUR 1,750.00 and 35 units
c), d) Sketches see Stofftelegramm.

9.
- Public monopolies that aim at optimum satisfaction of needs; only costs have to be covered.
- Public criticism of excessive monopoly prices
- To avoid competitors entering the market
- To avoid competitors entering the market with substitutes

10. See 9.

11. **Arguments against monopolies**
1. Elimination of competition
2. Supply shortage
3. Excessive prices
4. Potential misuse of power (influence on politicians)

Arguments for monopolies
1. Economies of scale due to mass production could lead to lower prices.
2. Promotion of technological progress due to easier funding of research and development
3. Improved competitive position in regard to competitors from abroad

12. **Rationing function:** no, monopolist's price is not an equilibrium price.

Signalling function: a change in price does not necessarily signal scarcity of a good as a monopolist can set its price autonomously.

Distributive function: no, but very high monopoly prices could attract competition.

Educational role: Not necessarily. Due to the lack of competition a monopolist is not forced to produce at low cost. Still, because he risks new competition, he will avoid charging excessive prices, which means he will also watch costs.

13. a) If one or more conditions of a perfectly competitive market are not fulfilled
b) A monopolist can charge different prices (price discrimination), e.g. different prices in different regions. This means he can reduce/remove consumer surplus to gain maximum profit.

18.4 Polypol – unvollkommener Markt

1. Alle fünf Bedingungen des vollkommenen Marktes sind nur selten erfüllt, sodass der vollkommene Markt in der Realität kaum vorkommt (Ausnahme Börse).

   Ein unvollkommener Markt liegt vor, wenn eine oder mehrere Bedingungen des vollkommenen Marktes nicht erfüllt sind. Unvollkommener Markt ist daher realitätsnah.

   - vollkommener Markt: Einheitspreis
   - unvollkommener Markt: Preisunterschiede

2. - Aufgrund räumlicher, zeitlicher, sachlicher, persönlicher Unterschiede oder fehlender Markttransparenz hat der einzelne Anbieter die Möglichkeit, innerhalb bestimmter Grenzen **Preispolitik** zu betreiben (monopolistischer Spielraum), ohne dass Kunden oder Konkurrenten gleich reagieren.
   - Durch absatzpolitische Maßnahmen wie Werbung, Qualitäts- und Verpackungsverbesserung usw. versucht der Polypolist, seine Preisspielräume zu vergrößern.

3. Der unvollkommene Markt entspricht der Realität, sodass unbegrenzt Beispiele genannt werden können: Videokameras, Lampen ... desselben Typs zu unterschiedlichen Preisen in verschiedenen Geschäften.

4. Er will möglichst viele Präferenzen (zeitlich, räumlich, sachlich, persönlich) für sich gewinnen, um sich von anderen Anbietern abzuheben und gegebenenfalls höhere Preise zu erzielen.

5. In beiden Marktformen kann begrenzt Preispolitik betrieben werden.

18.5 Abituraufgaben Profil Internationale Wirtschaft

Abituraufgaben 2014 (Aufgabe 5, teilweise, verändert)

1. Price of the product, production cost, factor endowment, technology available for a company, government legislation, expectations of future events, prices of other goods

2. The potato market is not a perfectly competitive market, because

   - potatoes are no homogenous product as they differ in type and quality,
   - there are preferences among customers,
   - there is no full market transparency about which type is offered at which price.

3. Favourable weather conditions (as well as extended acreage and increasing yields) lead to a shift of the total supply curve to the right, i. e. an increase in total supply at any given price.
   → Excess supply at the current equilibrium price
   → Price has to drop in order to make more people buy potatoes (law of demand) and to bring supply and demand back to equilibrium.
   → Equilibrium price drops, equilibrium quantity increases.

Plot:

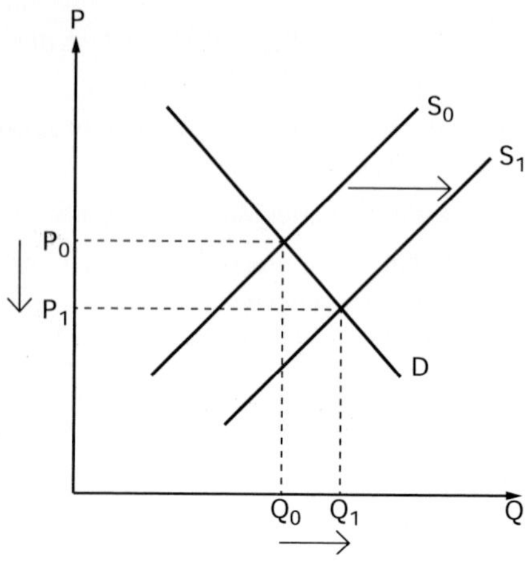

4.1
- Prerequisite for growing sales with falling prices: PED > 1, i.e. an elastic demand
- Expected growth in quantity demanded: 8%

$$\frac{\text{\%-change in quantity}}{\text{\%-change in price}} > 1$$

The price has to drop by less than 8% to ensure an increase in sales.

4.2 USD 9.41 = 100%
USD 1.02 = 100% : USD 9.41 · USD 1.02
= 10.84%

PED = | 7% : −10.84% | = | −0.65 | = 0.65

Demand is inelastic, i. e. the percentage change in price is bigger than the percentage change in quantity, hence sales won't increase but instead decline due to the fall in price.

Potatoes are staples like bread, milk or butter, which means that their consumption is relatively stable and does not react strongly to price changes.

4.3

Consequence for potato farmers	Effect on the potato market
• As marginal revenue drops, the MR curve cuts the MC curve at a lower point. The quantity the potato farmer supplies decreases. A potato farmer's total revenues decrease as well. • If MR drops below the price at the shut-down point, the potato farmer drops out of the market.	• Total market supply will decrease. • Equilibrium price and equilibrium quantity fall.

5.1

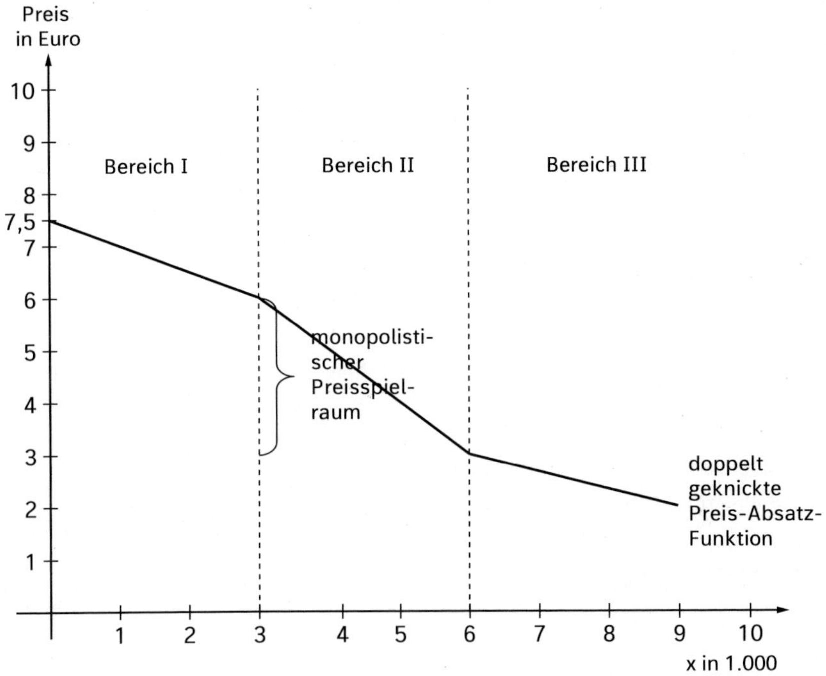

Bereich I:	Preisobergrenze, bei weiterer Preiserhöhung wandern verhältnismäßig viele Konsumenten zur Konkurrenz ab.
Bereich II:	monopolistischer Preisspielraum zwischen 6,00 EUR und 3,00 EUR
Bereich III:	Preisuntergrenze, bei weiterer Preissenkung werden viele Konsumenten von der Konkurrenz ab- und dem Fastfood-Restaurant zuwandern.

5.2 Es handelt sich um ein unvollkommenes Polypol:

- Es gibt viele Anbieter und Nachfrager.
- Es handelt sich um nicht homogene Güter, da sich Burger-Menüs in ihrer Zusammensetzung, ihrem Geschmack und ihrer Qualität unterscheiden.
- Es herrscht keine vollkommene Markttransparenz.
- Es gibt Präferenzen bei den Nachfragern.

→ Folge: unterschiedliche Preise für Burger-Menüs

5.3 Erlösfunktion für Bereich 2:

$E(x) = x\,(-x + 9) = -x^2 + 9x$

Kostenfunktion $K\,(x) = 5.000 + 2x$

$E'(x) = -2\,x + 9$

$K'(x) = 2$

Gewinnmaximierung:
$E'(x) = K'(x)$
$-2x + 9 = 2$ → $x = 3{,}5$ entspricht 3.500 Burger-Menüs.
→ $p = 5{,}50$ EUR

Die gewinnmaximale Menge sind 3.500 Burger-Menüs, der gewinnmaximale Preis liegt bei 5,50 EUR pro Burger-Menü.

Gewinn $= p \cdot x - K$
$= 5{,}50 \text{ EUR} \cdot 3.500 - 2 \cdot 3.500 - 5.000$
$= 7.250{,}00$ EUR

Der maximale Gewinn beträgt 7.250,00 EUR.

5.4 Das Fastfood-Restaurant muss versuchen, bestehende räumliche, sachliche und persönliche Präferenzen auszubauen und die Markttransparenz einzuschränken, indem es z. B.

- den Qualitätsunterschied zur Konkurrenz vergrößert,
- Produktvariationen einführt, um Produkte neu zu gestalten,
- Werbekampagnen startet.

Abituraufgaben 2015 (Aufgabe 5, Teil 1)

1.1

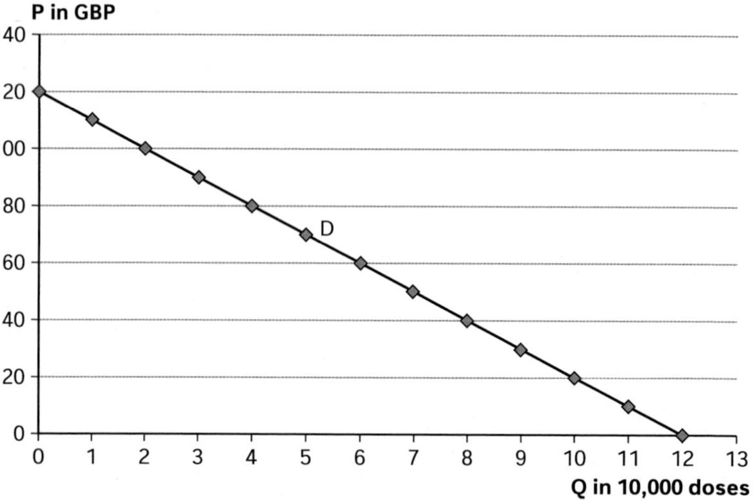

1.2 $Q = 120{,}000 - 1{,}000 \cdot P$
$P = 120 - 0.001 \cdot Q$
$TR = 120 \cdot Q - 0.001 \cdot Q^2$
$MR = 120 - 0.002 \cdot Q$

$C = 450{,}000 + 40 \cdot Q$
$MC = 40$

$MC = MR$:
$120 - 0.002 \cdot Q = 40$
$Q_{Monopoly} = 40{,}000$
$P_{Monopoly} = 80.00$

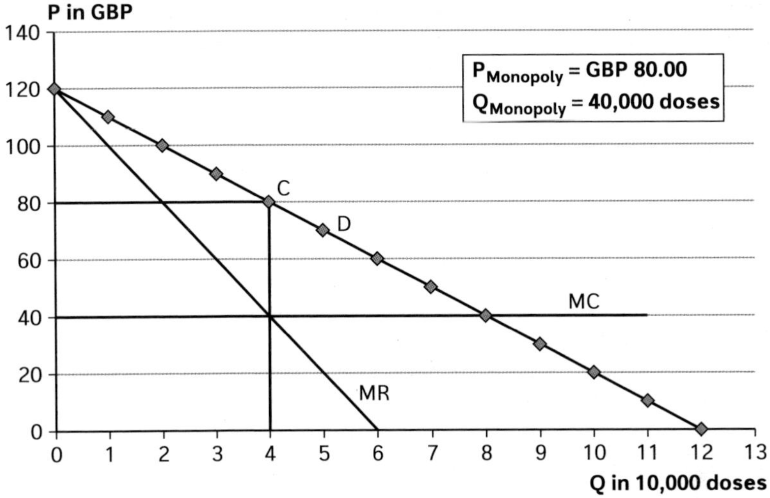

Consumer surplus: (120 – 80) · 40,000 : 2 = GBP 800,000.00

1.3.1

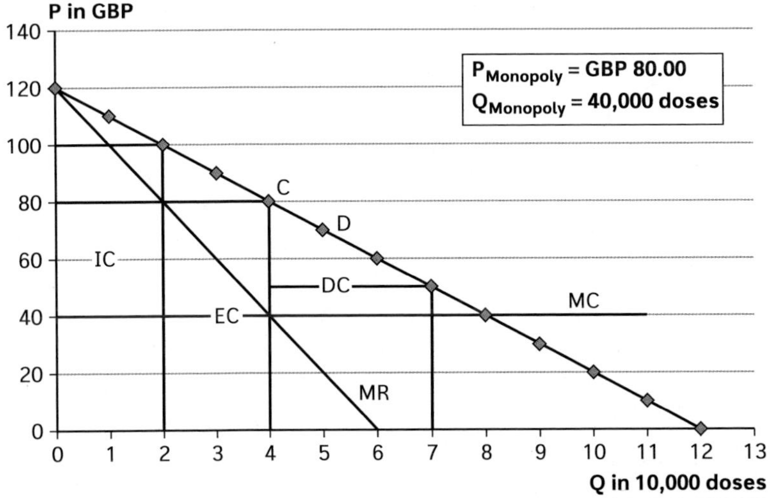

IC = Industrialized countries
EC = Emerging countries
DC = Developing countries

$Pr = TR - TC = P \cdot Q - C_v - C_f$

Profit before price discrimination:
GBP 3,200,000.00 – GBP 1,600,000.00 – GBP 450,000.00 = GBP 1,150,000.00

Profit after price discrimination:
20,000 · GBP 100.00 + 20,000 · GBP 80.00 + 30,000 · GBP 50.00 – 70,000 · GBP 40.00 – GBP 450,000.00 = GBP 1,850,000.00

Change in profit: increase of GBP 700,000.00 (+ GBP 700,000.00)

1.3.2
- Consumer surplus = difference between the actual monopoly price and the higher price which some of the customers would be willing to pay for the good
- Here Healthy absorbs a part of the consumer surplus from the "industrialised" customers in order to increase profit (more TR, same TC, more profit).

1.3.3 As long as P > variable cost per unit (AVC) Healthy will increase profit as the fixed costs are already covered by sales to industrialised and emerging countries.
P > GBP 40.00

1.3.4
- Personal price discrimination: regarding the age of customers (children and elderly people pay less)
- Price discrimination by time: lower prices to be charged in seasons when demand is low (e.g. spring and summer in Central Europe)
- Price discrimination by good: generics as "no-name product" cheaper than original FLUGONE

(two aspects required)

Abituraufgaben 2016 (Aufgabe 4, Teil 1)

1.1

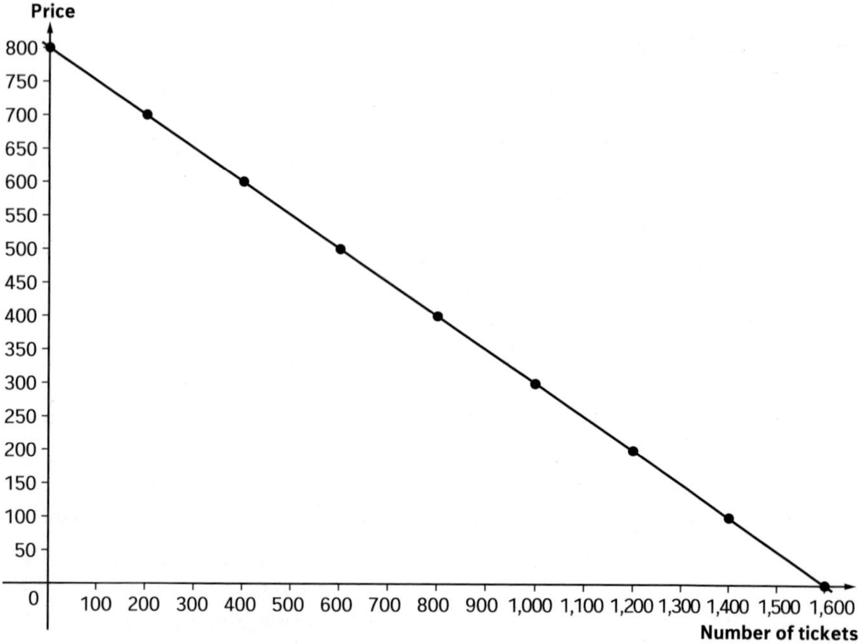

USD 800.00 is the prohibitive price in this case, meaning that there will only be demand for tickets at a lower price.

1.2.1 $\text{PED} = \frac{\text{percentage change in quantity demanded}}{\text{percentage change in price}}$

$$-1.2 = \frac{-30\%}{x}$$

$$x = +25\%$$

USD 200.00 · 25% = +USD 50.00

The government would have to impose a 25% tax, which would translate into a USD 50.00 increase on the Boston-Miami ticket.

1.2.2 Q_D (USD 200.00) = 1,200
Q_D (USD 250.00) = 1,600 – 2 · USD 250.00 = 1,100
→ percentage change in quantity = –100 : 1,200 = –8.33%
→ PED = –8.33% : 25% = | –0.33 |

In this case, a 25% price hike to USD 250.00 only leads to an 8.33% fall in the number of tickets demanded, from 1,200 to 1,100, i. e. the measure will not achieve its goal as price elasticity at this point is a mere 0.33, i. e. demand is inelastic.

<u>Alternative on the basis of a 75% tax rate:</u>
Q_D (USD 200.00) = 1,200
Q_D (USD 350.00) = 1,600 – 2 · USD 350.00 = 900
→ percentage change in quantity = –300 : 1,200 = –25%
→ PED = –25% : 75% = | –0.33 |

In this case, a 75% price hike to USD 350.00 only leads to a 25% fall in the number of tickets demanded, from 1,200 to 900, i. e. the measure will not achieve its goal as price elasticity at this point is a mere 0.33, i. e. demand is inelastic.

1.3.1 Previous airline revenue (before introduction of tax):
1,200 · USD 200.00 = USD 240,000.00

Demand function: $Q_D = 1{,}600 - 2p$

$p = 1.25\ p_a$ with p_a = price generating non-tax airline revenue

→ $Q_D = 1{,}600 - 2 \cdot 1.25\ p_a$

Non-tax airline revenue (R_a) = $p_a \cdot Q_D$ = USD 240,000.00!
Q_D = USD 240,000.00 : p_a

USD 240,000.00 : $p_a = 1{,}600 - 2.5\ p_a$
USD 240,000.00 = $1{,}600\ p_a - 2.5\ p_a^2$
$p_a^2 - 640\ p_a + 96{,}000 = 0$
$p_{a,1}$ = USD 400.00 → p_1 = USD 400.00 · 1.25 = USD 500.00
$p_{a,2}$ = USD 240.00 → p_2 = USD 240.00 · 1.25 = USD 300.00

The airline would have to charge either USD 500.00 (including tax) each and sell 600 tickets or USD 300.00 (including tax) each and sell 1,000 tickets to achieve the same non-tax revenue.

<u>Alternative on the basis of a 20% tax rate:</u>

Previous airline revenue (before introduction of tax):
1,200 · USD 200.00 = USD 240,000.00
Demand function: QD = 1,600 – 2p
$p = 1.2_{pa}$ with p_a = price generating non-tax airline revenue
→ $QD = 1{,}600 - 2 \cdot 1.2\,p_a$
Non-tax airline revenue (R_a) = $p_a \cdot QD$ = USD 240,000.00!
→ QD = USD 240,000.00 : p_a
USD 240,000.00 : $p_a = 1{,}600 - 2.4\,p_a$
USD 240,000.00 = $1{,}600\,p_a - 2.4\,p_a^2$
$p_a^2 - 666.67\,p_a + 100{,}000 = 0$
$p_{a,}^{1}$ = USD 438.77 → p_1 = USD 438.77 · 1.2 = USD 526.52
$p_{a,}^{2}$ = USD 227.91 → p_2 = USD 227.91 · 1.2 = USD 273.49

The airline would have to charge either USD 526.52 (including tax) each and sell 547 (546.96) tickets or USD 273.49 (including tax) each and sell 1,054 (1,053.02) tickets to achieve the same revenue.

(Rundungsbedingte Abweichungen im einstelligen Cent-Bereich sind möglich.)

1.3.2 Maximum revenue is achieved where marginal revenue is zero (MR = 0).
This is the case halfway down the demand curve, at 800 tickets for USD 400.00 each.
→ 800 · USD 400.00 = USD 320,000.00
Non-tax airline revenue (100%) + tax revenue (25%) = ticket price (125%)
Tax = 25% : 125% = 1/5 of total ticket price
Of the USD 320,000.00 in total revenue one fifth is tax revenue, i. e. USD 64,000.00.

<u>Alternative on the basis of a 20% tax rate:</u>

Non-tax airline revenue (100%) + tax revenue (20%) = ticket price (120%)
Tax = 20% : 120% = 1/6 of total ticket price

Of the USD 320,000.00 in total revenue one sixth is tax revenue, i. e. USD 53,333.33.

1.4 For cross-price elasticity to be negative, it would have to be a complementary good, such as a holiday home. As the air fare rises, demand for holiday homes declines.

Abituraufgaben 2016 (Aufgabe 5, Teil 1)

1.1 Initially the rise in total cost is disproportionately low due to fixed-cost degression, but once a certain output level has been reached total cost goes up disproportionately fast. This is due to a disproportionate rise in variable unit cost, such as having to pay for overtime work.

1.2.1 & 1.2.4

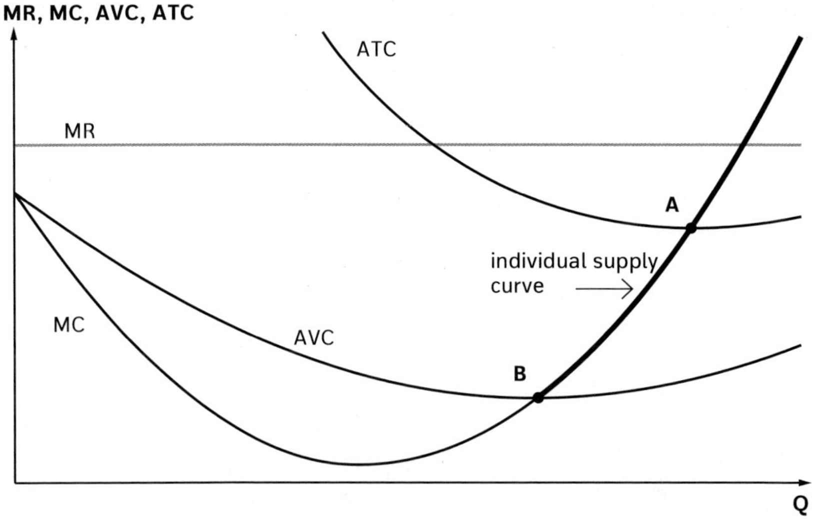

1.2.2 A is the efficient scale (where ATC = MC), i.e. the combination of output and price that will barely allow the business to cover its costs in the long run. Any price below the one in point A will not cover fixed cost in its entirety.

B is the shutdown point (where AVC = MC), i.e. the combination of output and price that will barely allow the business to cover its short-term cost. Any price below the one in point B will no longer cover variable cost and should result in production being shut down.

1.2.3 MC < MR for any output level below the profit-maximising quantity, meaning that the production of an additional unit will lead to an additional revenue that is higher than the additional cost. Therefore, it makes economic sense to increase production as profit will go up.
MC > MR for any output level above the profit-maximising quantity, meaning that the production of an additional unit will lead to an additional revenue that is smaller than the additional cost. Therefore, it does not make sense to increase production as profit will go down.

1.2.4 Sketch of individual supply curve included in 1.2.1
Explanation:
A company maximises its profit when MC = MR. This can only be achieved along the MC curve. As MR has to cover at least AVC in order not to incur a loss with every unit produced, the individual supply curve's starting point is where MC intersects AVC, i.e. the shutdown point. As the market price increases MC and MR intersect at rising output levels, i.e. the higher the market price, the higher the individual quantity supplied.

1.3 BeauTies have a monopoly in the supply of football ties, i.e. they can set either the price or the quantity to maximise profit. Although the underlying profit-maximising rule of MR = MC is the same in perfectly competitive markets and in monopolies, there is a fundamental difference.
In perfect competition, the supplier is a price taker, i.e. price = MR. Where MR = MC, profit is maximised.

In a monopoly, however, the intersection of the MR and MC curves points to the profit-maximising output, but it is the demand function that determines the corresponding profit-maximising price (Cournot Point). This price is higher than it would be in a perfectly competitive market.

Abituraufgaben 2017 (Aufgabe 4, Teil 2)

2.1
- Homogenous goods → Heating oil is a standardised good complying with certain norms which make the units traded interchangeable.
- Full market transparency → With the help of a broker's comprehensive overview, each market participant can be sure that all orders will be considered.
- No preferences → Neither buyers nor sellers have any kind of preference, whether it be personal or with regard to time and space.

2.2

Price in euros (per 1,000 l)	Sales orders (in 1,000 l)	Purchase orders (in 1,000 l)	Quantity traded (in 1,000 l)
510	100	425	100
520	150	325	150
530	275	275	275
540	350	75	75

Equilibrium price: EUR530.00 per 1,000 l
Equilibrium quantity: 275,000 l

All other price-quantity combinations lead to a lower sales volume compared to the market-clearing equilibrium.

2.3
- A consumer surplus is earned by buyer E who is the only one prepared to pay a price above the equilibrium price.
- Consumer surplus:
  E → (EUR540.00 – EUR530.00) · 75 = EUR750.00
  Alternative answer (equilibrium price of EUR535.00):
  E → (EUR540.00 – EUR535.00) · 75 = EUR375.00

2.4

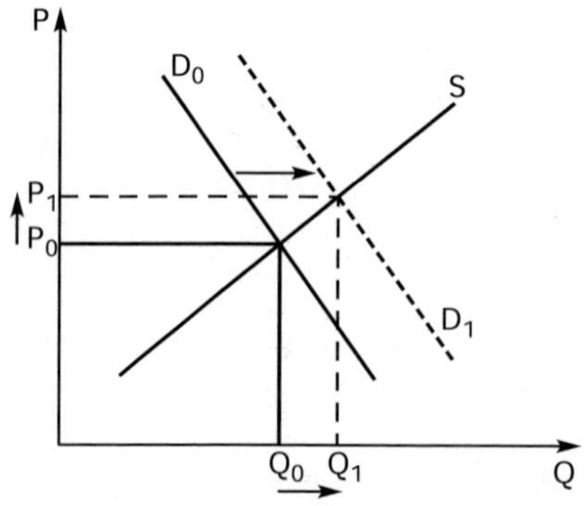

Adjustment process:

Due to the shift of the demand curve to the right, there will be excess demand at the initial equilibrium price. This leads to movements along the supply and the new demand curve. While the buyers offer higher prices, and the quantity demanded goes down, the sellers increase their quantity supplied due to the higher prices (or new suppliers enter the market due to higher prices). The movements along the curves stop when the new equilibrium is reached since there is no excess demand any longer. Both the new equilibrium price and the equilibrium quantity will be higher compared to the initial equilibrium.

2.5 Firewood and heating oil are substitutes. Both can be used for heating purposes and their XPED is positive.

$$XPED = \frac{\text{\% change in quantity of firewood demanded}}{\text{\% change in price for heating oil}} = \frac{\Delta Q\%}{+10\%} = +3$$

→ $\Delta Q = +30\%$

Abituraufgaben 2018 (Aufgabe 4, teilweise)

1.1 Aufgrund der Vielzahl an Anbietern und Nachfragern handelt es sich um ein Polypol. Dieses ist jedoch unvollkommen aus folgenden Gründen:

- Keine homogenen Güter: unterschiedliche Gerichte bei den Anbietern
- Präferenzen: örtliche, zeitliche und persönliche Präferenzen der Kunden
- Eingeschränkte Markttransparenz: Nachfrager kennen nicht alle Angebote

1.2 x = 90 – 6p
p = 15 –1/6 x
E = 15 x – 1/6 x2
E' = 15 – 1/3 x
K' = 2
E' = K'
à x = 39
à p = 8,50 EUR
à G_{max} = 39 · 8,50 EUR – 160,00 EUR – 2,00 EUR · 39 = 93,50 EUR pro Tag

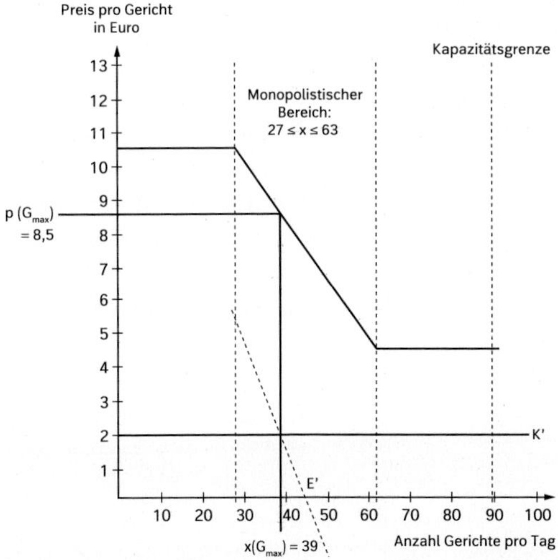

1.3 Gewinn pro Tag: 20,00 EUR

$G = p \cdot x - K_f - K_v$

$20 = (15 - 1/6x) \cdot x - 160 - 2 \cdot x$

$0 = -1/6x^2 + 13x - 180$

$0 = x^2 - 78x + 1.080$

p/q-Formel: $x_{1,2} = 39 +/- \sqrt{\left(\frac{78}{2}\right)^2 - 1.080}$

$x_1 = 60$

$x_2 = 18$ → p = 12,00 EUR → vollständige Abwanderung aller Kunden zur Konkurrenz

→ x = 60 einsetzen in Nachfragefunktion

$60 = 90 - 6p$

→ p = 5,00 EUR

1.4
- Mögliche Maßnahmen:
  Bessere Präsentation der Gerichte, Schulung von Servicepersonal
- Diese Maßnahmen schaffen oder verstärken die Präferenzen der Laufkundschaft. Somit vergrößert sich Baders monopolistischer Preisspielraum.

2.1

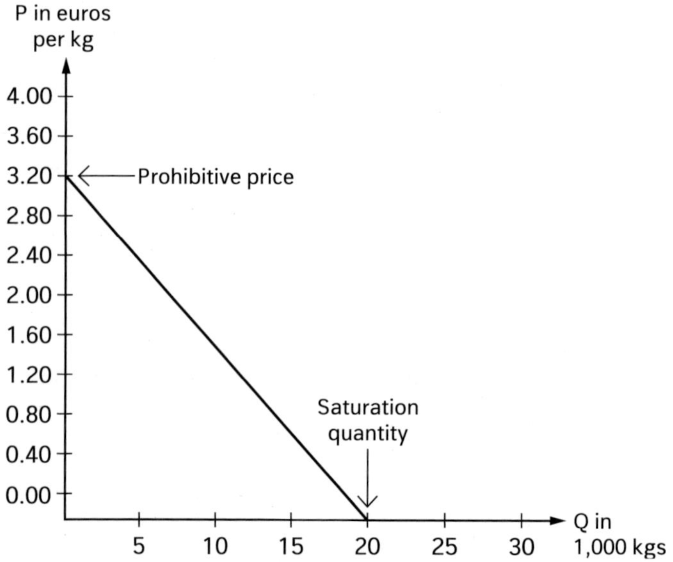

- The prohibitive price is the price level at which no buyer is willing to buy even one single unit of a certain product, i.e. a slight price decrease will lead to demand being greater than zero.
- The saturation quantity is the quantity demanded of a certain good when its price is zero (= when buyers get this good for free).

2.2 $Q^D = 20 - 6.25p$
$p = \text{EUR } 1.50 \rightarrow Q^D = 10{,}625$ kgs
$p = \text{EUR } 1.20 \rightarrow Q^D = 12{,}500$ kgs

Price Elasticity of Demand (PED):
→ change in Q^D: (+) 1,875 kg ≙ (+) 17.65%
→ PED = | (+) 17.65%/(–) 20% | = 0.88

As PED is smaller than 1 (relatively inelastic demand) the buyers' reaction is smaller (as a percentage) than the underlying price change (as a percentage). The reason might be the traditional potato salad for which a waxy potato variety is needed to ensure its original flavour. Just like a price rise won't keep consumers from purchasing these potatoes, a drop in their price won't make them eat a whole lot more potato salad.

2.3 Price increase waxy potatoes: +0.40 : 1.60 = 25%
Increase in quantity floury potatoes: +0.525 : 10.5 = 5%

XPED = 5% : 25% = +0.2

XPED is positive → the two types of potatoes are substitutes.

3.1

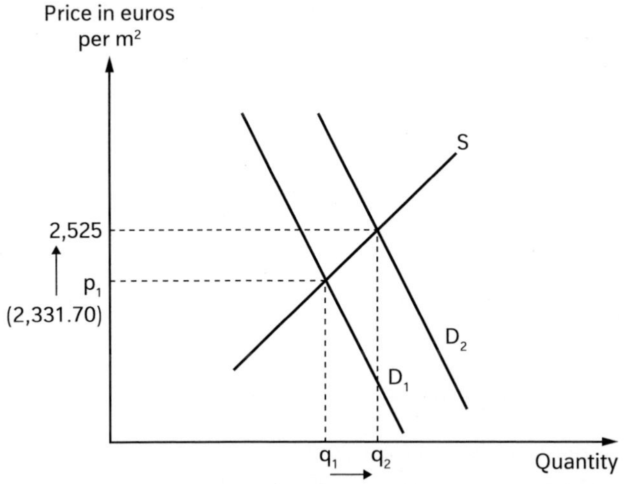

Due to a larger number of people, rising incomes and low interest rates, the quantity demanded of those houses has risen at any price. This has led to a shift of the demand curve to the right.

As the supply curve does not change, buyers start outbidding each other. As a consequence of the increased willingness to pay higher prices, suppliers react by increasing the quantity supplied along the supply curve.

Thus, the equilibrium price rises from p_1 to p_2 and the quantity sold increases from q_1 to q_2.

3.2

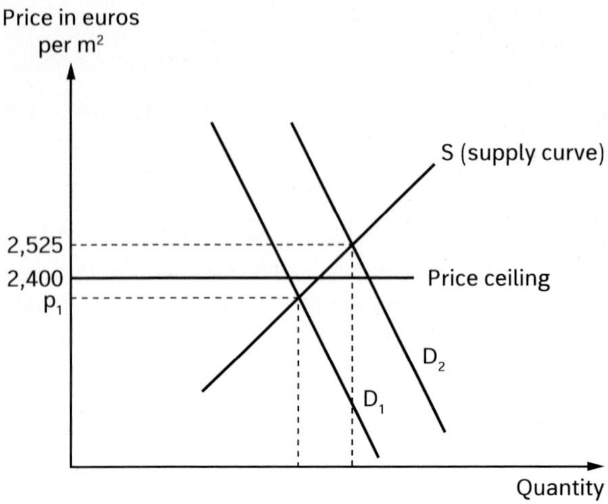

The price ceiling of EUR 2,400.00 per m² results in a lack of supply (= excess demand) of average one-family homes in Stuttgart. Many homeowners are not willing to sell their houses at the comparatively low price; on the other hand, many families are now willing to demand houses at this price. If the government decides not to take further action, families might try to illegally exceed the price ceiling – this higher price will lead to an increase in the quantity supplied on the black market.

3.3
- Make grants or cheap loans available for families with more than two children
- Subsidise construction companies that build affordable, family-friendly homes

18.6 Abituraufgaben Profil Wirtschaft

Abituraufgaben 2009 (Aufgabe 4)

1.1 Weizen wird an Warenbörsen gehandelt. Diese Marktform kommt dem Modell des Polypols auf dem vollkommenen Markt ziemlich nahe.

Homogene Güter:	Weizen einer bestimmten Sorte und Güteklasse ist ein weitgehend homogenes Gut → Prämisse näherungsweise erfüllt.
Markttransparenz:	Wegen des Börsenhandels besteht zu jedem Zeitpunkt für alle Marktteilnehmer vollständige Information über die relevanten Marktdaten.

1.2

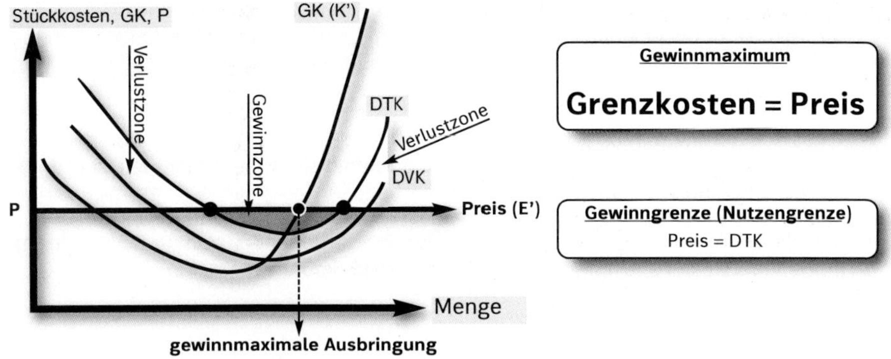

1.3 • Siehe Gewinnzone in Skizze zu 1.2.
- Siehe gewinnmaximale Menge in Skizze zu 1.2. Die gewinnmaximale Menge wird bestimmt durch den Schnittpunkt von K' (Grenzkosten) und E' (Grenzerlös).

Betriebswirtschaftliche Begründung:
Links vom Schnittpunkt K'(GK) = E'(P) innerhalb der Gewinnzone lässt sich durch Produktion und Verkauf einer zusätzlichen Gütereinheit der Gesamtgewinn noch steigern, da die zusätzlich entstehenden Kosten K' niedriger sind als der zusätzliche Erlös E'.

Rechts vom Schnittpunkt K' = E' nimmt durch Produktion und Verkauf einer zusätzlichen Gütereinheit der Gesamtgewinn ab, da die zusätzlich entstehenden Kosten K' höher sind als der zusätzliche Erlös E'.

1.4

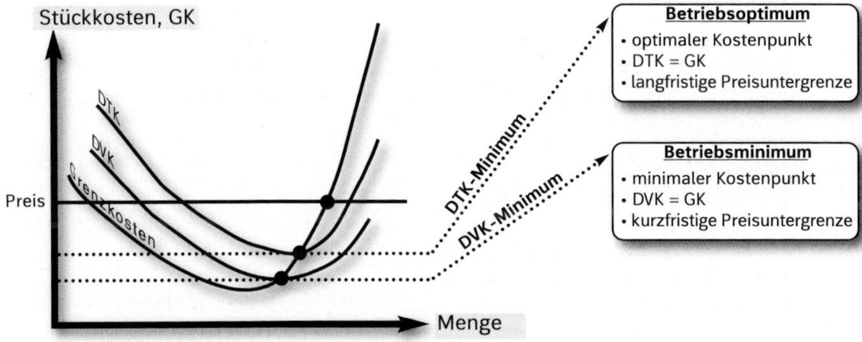

Da die Gewinnmaximierungsbedingung K' = E' nur auf der Grenzkostenkurve erfüllt sein kann, ist die individuelle Angebotskurve mit dem aufsteigenden Ast der Grenzkostenkurve identisch.

Bei kurzfristiger Betrachtung beginnt sie in Punkt 1 (kurzfristige Preisuntergrenze). → Bei diesem Preis werden nur die variablen Kosten gedeckt, was kurzfristig vertretbar sein kann.

Bei langfristiger Betrachtung beginnt sie in Punkt 2 (langfristige Preisuntergrenze). → Bei diesem und jedem höheren Preis werden die gesamten Kosten gedeckt.

Die individuelle Angebotskurve gibt an, wie viele Mengeneinheiten eines Gutes ein Unternehmen bei unterschiedlichen Preisen anbieten würde. Die geplante Angebotsmenge entspricht jeweils der gewinnmaximalen Menge.

1.5
- Günstige Witterungsverhältnisse führen zu einer Produktionserhöhung.
- Kostensenkung durch technischen Fortschritt (z. B. Einsatz leistungsfähigerer Mähdrescher). Aufgrund der gesunkenen Kosten können mehr Unternehmen zum bisherigen Preis anbieten.

2.1 Bei typischem Nachfrageverhalten führt eine Preiserhöhung zu einem Sinken der nachgefragten Menge bei Milchprodukten (Bewegung auf der Kurve).

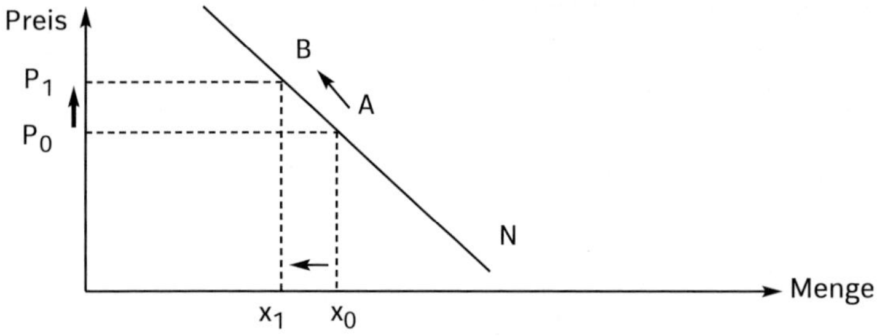

2.2
- Weitere Bestimmungsfaktoren: Einkommenshöhe, Bedürfnisstruktur, Anzahl Nachfrager
- z. B. Einkommenserhöhung → Zunahme der Nachfrage nach Milchprodukten (z. B. Käse) → Rechtsverschiebung der Nachfragekurve

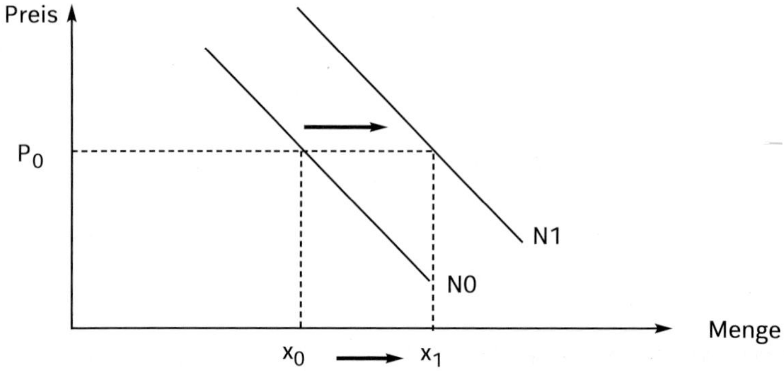

3.1 Die direkte Preiselastizität der Nachfrage gibt an, um wie viel Prozent sich die nachgefragte Menge nach einem Gut ändert, wenn sich der Preis des Gutes um 1 % ändert.

Bei einer eher unelastischen Nachfrage ($El_{dir} < 1$) würde die prozentuale Änderung der Nachfragemenge kleiner als die prozentuale Preisänderung ausfallen. Der Staat müsste dann die Tabaksteuer kräftig erhöhen, um die angestrebte Wirkung zu erreichen.

3.2
- $El_{dir} = \frac{\text{prozentuale Mengenänderung}}{\text{prozentuale Preisänderung}} = \frac{15\ \%}{10\ \%} = 1{,}5$
- $0{,}8 = \frac{15\ \%}{p\ \%} \rightarrow p\ \% = 18{,}75\ \%$

Die Preise hätten um 18,75 % steigen müssen.

3.3 • $El_{ind} = \frac{\text{prozentuale Mengenänderung loser Tabak}}{\text{prozentuale Preisänderung Zigaretten}}$

• $El_{ind} = \frac{18\ \%}{10\ \%} = 1{,}8$

3.4 Negative Kreuzpreiselastizität: Komplementärgüter, z. B. loser Tabak – Tabakspfeifen bzw. Zigarettenpapier.

Steigen die Preise für Tabakspfeifen, nimmt die Nachfrage nach losem Tabak ab.

Abituraufgaben 2010 (Aufgabe 5, teilweise)

6. • Preiserhöhung bei anderen Energieträgern, z. B. Heizöl
   • Umweltgesichtspunkte: Holz ist ein CO_2-neutraler Brennstoff

   In beiden Fällen ergibt sich eine Rechtsverschiebung der Nachfragekurve.

7. $EI_{ind} = \frac{25\ \%}{20\ \%} = +1{,}25$

   Eine Preiserhöhung bei Heizöl um 1 % führt zu einer Erhöhung der nachgefragten Menge bei Brennholz um 1,25 %. Da es sich um Substitutionsgüter handelt, ist die EI_{ind} positiv.

8.1 • Marktkonforme Maßnahme, da die Preisfunktionen nicht außer Kraft gesetzt werden.

• Skizze:

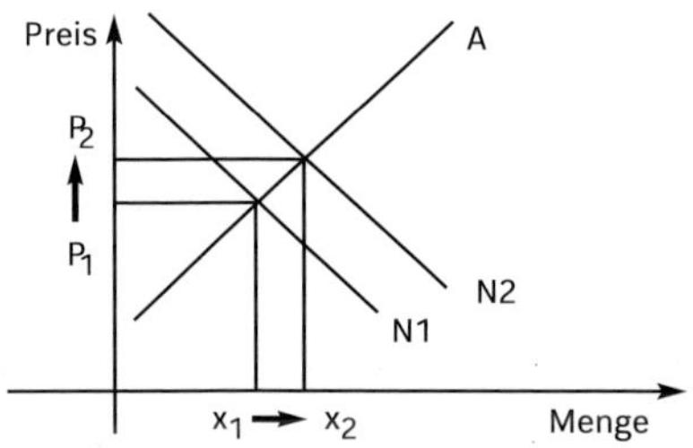

• Folgen für die Nachfrager:

  - Rechtsverschiebung der Nachfragekurve wegen Zunahme der Nachfrage
  - Gleichgewichtspreis und Gleichgewichtsmenge steigen.
  - Die Preissteigerung ist geringer als der Zuschuss, sodass die Zielgruppe tatsächlich begünstigt wird.

  Folge für die Anbieter:

  Auch die Anbieter sind begünstigt, da sie eine höhere Menge zu einem höheren Preis absetzen können.

  Folge für die Stadt:

  Die Stadtkasse wird durch diese Transferzahlung belastet.

8.2 • Skizze:

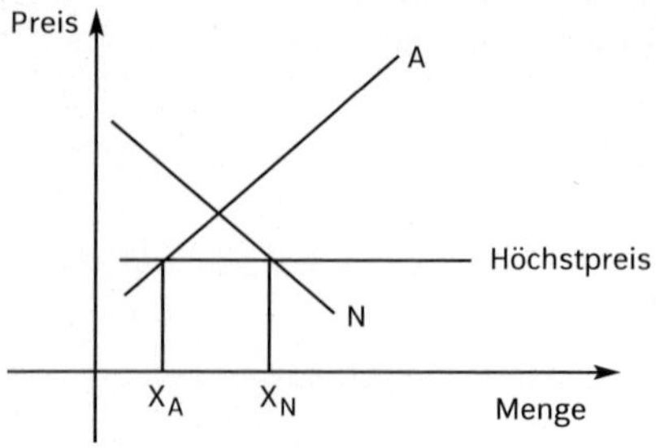

- Es entsteht ein Nachfrageüberhang.
  - Folgen für die Nachfrager:
    Nicht alle Nachfrager erhalten die von ihnen bei diesem Preis gewünschte Menge. Allerdings können einige Nachfrager die gewünschte Menge zu einem niedrigeren Preis, als sie zu zahlen bereit gewesen wären, kaufen.
  - Folgen für die Anbieter:
    Angebotene Menge ist geringer, weil sich die Produktion für einige Anbieter bei diesem Preis nicht mehr lohnt (Preis liegt unterhalb der Preisuntergrenze).
  - Folgen für die Stadt:
    Die Stadt muss die angebotene Menge rationieren und Bezugsscheine ausstellen, was zusätzlichen Verwaltungsaufwand bedeutet. Einführung von Kontrollen zur Verhinderung von Schwarzmärkten.

Abituraufgaben 2011 (Aufgabe 4)

1.1 • Aktionsparameter

- Der Polypolist auf dem vollkommenen Markt kann sich nur mit seiner Produktionsmenge an den gegebenen Marktpreis anpassen (Mengenanpasser).
- Der Monopolist kann entweder den Preis oder die Menge festlegen (autonomer Preis- oder Mengenfixierer).

• Reaktionsparameter

- Der Polypolist muss den gegebenen Marktpreis und die Produktionskosten berücksichtigen.
- Der Monopolist muss die Reaktion der Nachfrager (direkte Preiselastizität der Nachfrage) und die Produktionskosten berücksichtigen.

1.2 $p = -0{,}05x + 12$
$E = p \cdot x = -0{,}05\,x^2 + 12x$
$E' = -0{,}1x + 12$
$E' = 0 \rightarrow x = 120$ Waschgänge $\rightarrow p = 6{,}00$ EUR

$G = 6 \cdot 120 - (300 + 120 \cdot 1)$
$G = 300{,}00$ EUR

(auch grafische Lösung möglich)

E = Erlös (Umsatz)
E´ = Grenzerlös (Grenzumsatz)
G = Gewinn

1.3 E´ = K´

$-0{,}1x + 12 = 1$

$x = 110$ Waschgänge → $p = 6{,}50$ EUR

$G = 6{,}50 \cdot 110 - (300 + 110 \cdot 1)$

$G = 305{,}00$ EUR

(auch grafische Lösung möglich)

1.4 Die erlösmaximale Menge ist um 10 höher als die gewinnmaximale. Für Waschvorgänge, die über die gewinnmaximale Menge von 110 hinausgehen, liegen die Grenzkosten über den Grenzerlösen. Daher sinkt mit weiterer Mengenausdehnung der Gesamtgewinn.

1.5.1 Gewinn mit Preisdifferenzierung:

$x = -20p + 240$

für $p = 6{,}50$ EUR → $x = 110$ Waschgänge

für $p = 8{,}00$ EUR → $x = 80$ Waschgänge

$E = 8{,}00 \cdot 80 + 6{,}50 \cdot 30 = 835{,}00$ EUR

$G = 835 - (300 + 110 \cdot 1) = 425{,}00$ EUR

1.5.2 Skizze: auch ohne Achsenskalierung möglich

Konsumentenrente ohne Preisdifferenzierung: $\triangle ACp_1$

Konsumentenrente mit Preisdifferenzierung: $\triangle ABp_2 + \triangle BCD$

abgeschöpfte Konsumentenrente = zusätzlicher Gewinn: $\square\, p_2BDp_1$

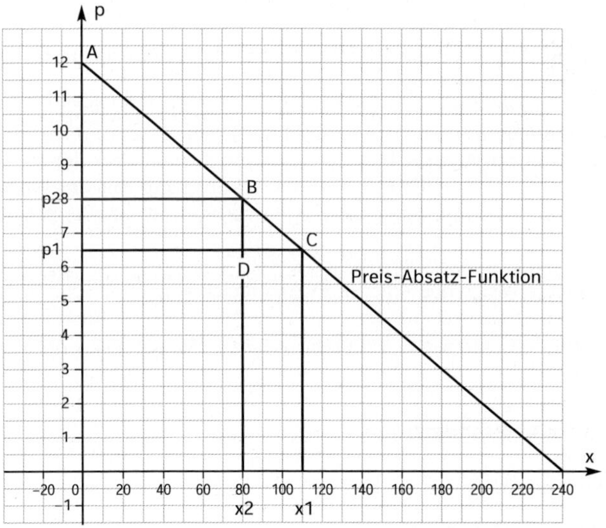

1.5.3 z. B. zeitliche Preisdifferenzierung:

bis 16:00 Uhr geringere Preise als danach; samstags höhere Preise als unter der Woche; Nachttarife etc.

2.1 + 2.2

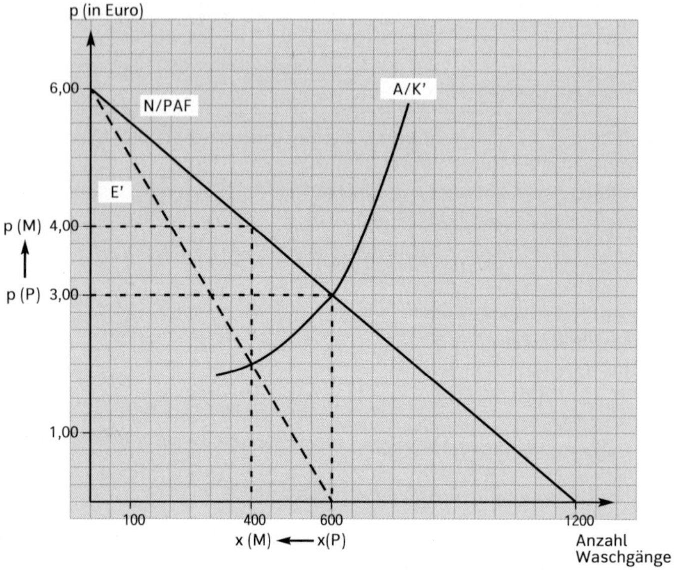

2.1 Unter den Bedingungen des Polypols auf dem vollkommenen Markt beträgt der Gleichgewichtspreis 3,00 EUR und die Gleichgewichtsmenge 600 Waschgänge.

2.2
- Beim Kollektivmonopol beträgt der gewinnmaximale Preis 4,00 EUR und die gewinnmaximale Menge 400 Waschgänge.
- Ein Markt mit vollkommener Konkurrenz ist für den Verbraucher vorteilhafter, weil unter sonst gleichen Bedingungen beim Monopol der Preis höher und die Marktversorgung schlechter ist. Durch Ausnutzung der Marktmacht realisiert der Monopolist sein Gewinnmaximum durch künstliche Angebotsverknappung mit der Folge eines höheren Preises. Deshalb sind Monopole als wettbewerbs- und verbraucherfeindlich zu beurteilen.

2.3 Die Nachfragekurve verschiebt sich nach rechts. Es ergibt sich ein neuer Schnittpunkt der dadurch veränderten Grenzerlöskurve mit der unveränderten Grenzkostenkurve. Die Gewinnmaximierungsbedingung $E' = K'$ ist bei einer höheren Menge und einem höheren Preis erfüllt.

Abituraufgaben 2012 (Aufgabe 4, verändert)

1. Ursachen für die Preisentwicklung, z. B.:

- Preisentwicklung Februar 2006 wegen Vogelgrippe,
  zunächst: Preisspitze wegen Angebotsverknappung,
  danach: Preisverfall wegen Nachfragerückgangs
- vorübergehender Abbau der Legehennenplätze (Angebotsverknappung) ab Mitte 2009, weil Hühnerfarmen umrüsten mussten. Folge: Preiserhöhung
- regelmäßige Preisspitzen wegen Nachfragesteigerung vor Ostern und Weihnachten

2.1 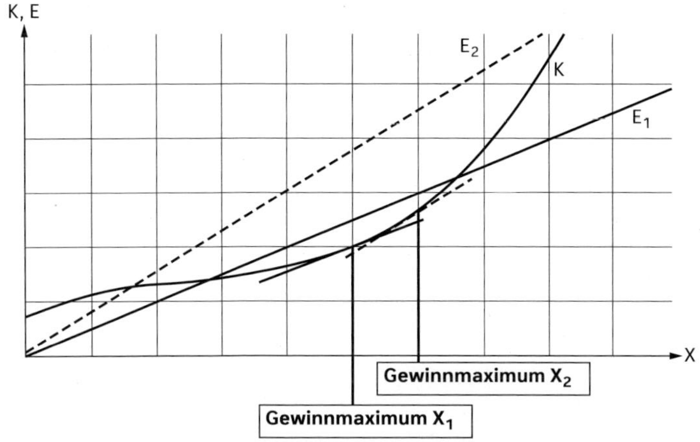

Bei einer Preiserhöhung verläuft die Erlöskurve steiler. Die gewinnmaximale Menge steigt.

2.2 Die angebotene Menge entspricht immer der gewinnmaximalen Menge. Bei steigendem Preis erhöht sich die gewinnmaximale Menge (siehe 2.1). Folglich steigt die angebotene Menge bei steigendem Preis.

2.3 Die gewinnmaximale Menge ändert sich nicht, da sich die Erhöhung der fixen Kosten nicht auf die Steigung der Gesamtkostenkurve und deshalb auch nicht auf den Verlauf der Grenzkostenkurve auswirkt. Die Gewinnmaximierungsbedingung Grenzerlös = Grenzkosten ist somit nach wie vor bei derselben Menge erfüllt wie vor der Kostenerhöhung.
Allerdings verschiebt sich die Stückkostenkurve nach oben. Das bedeutet, dass die im Betriebsoptimum beginnende langfristige Angebotskurve ihren Ausgangspunkt bei einer höheren langfristigen Preisuntergrenze und einer höheren Menge hat. Langfristig bietet Aierle daher erst ab einem höheren Preis an.
Das kurzfristige Angebotsverhalten ändert sich nicht, da das Betriebsminimum unverändert bleibt.

3. $$\text{Kreuzpreiselastizität} = \frac{\text{prozentuale Nachfrageänderung nach Sojaschrot}}{\text{prozentuale Preisänderung für Fischmehl}}$$

= 42 % : 30 % = +1,4 > 0 → Substitutionsgüter, d. h., bei der Hühnerfütterung kann Fischmehl durch Sojaschrot ersetzt werden.

Mögliche Folge (Beispiele):

- Rodung des tropischen Regenwaldes für Soja-Anbau
- Rückgang der Nachfrage nach Fischmehl wirkt der Überfischung entgegen

4.1
-

–	Konsumentenrente: (10 Mio. · 0,1) : 2	= 0,5 Mio. EUR
+	Produzentenrente: (10 Mio. · 0,1) : 2	= 0,5 Mio. EUR
=	Gesamtwohlfahrt	= 1,0 Mio. EUR

- Gesamtwohlfahrt ist der insgesamt von Anbietern und Nachfragern erzielte Vorteil, der sich dadurch ergibt, dass
  - Nachfrager bereit gewesen wären, einen höheren Preis als den Marktpreis zu zahlen (Konsumentenrente),
  - Anbieter bereit gewesen wären, zu einem niedrigeren Preis als dem Marktpreis zu verkaufen (Produzentenrente).

4.2 Grafik 1

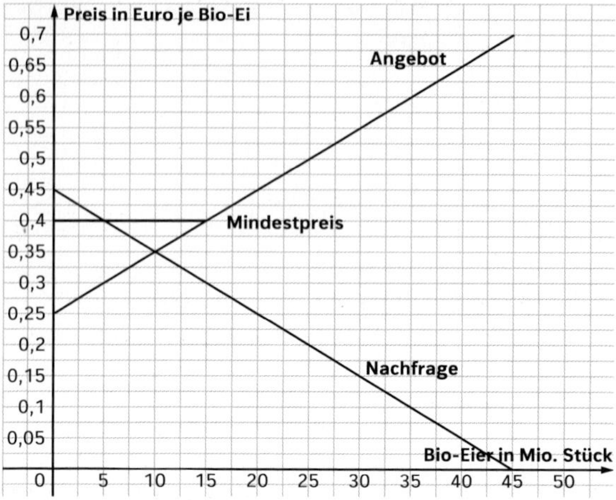

+	KR nach Mindestpreis	5 Mio. · (0,45 – 0,40) : 2	= 125.000,00 EUR
+	PR nach Mindestpreis	15 Mio. · (0,40 – 0,25) : 2	= 1.125.000,00 EUR
–	Aufkauf des Angebotsüberschusses	(15 Mio. – 5 Mio.) · 0,4	= 4.000.000,00 EUR
	Gesamtwohlfahrt nach Mindestpreis-Einführung		–2.750.000,00 EUR
–	KR und PR vor Mindestpreis (Aufgabe 4.1)	0,5 Mio. + 0,5 Mio.	1.000.000,00 EUR
	Wohlfahrtsminderung nach Mindestpreis-Einführung		–3.750.000,00 EUR

4.3 Grafik 2

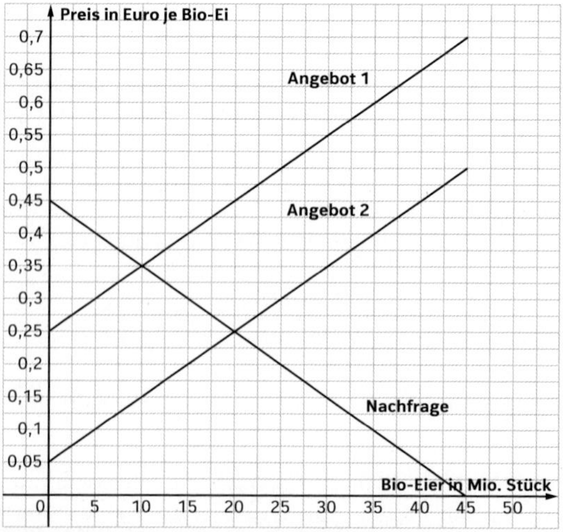

+ KR nach Subvention	20 Mio. · (0,45 – 0,25) : 2	= 2.000.000,00 EUR
+ PR nach Subvention	20 Mio. · (0,25 – 0,05) : 2	= 2.000.000,00 EUR
– Staatsausgaben für Subventionen	20 Mio. · 0,2	= 4.000.000,00 EUR
Gesamtwohlfahrt nach Subvention		0
– KR und PR vor Subvention (Aufgabe 4.1)	0,5 Mio. + 0,5 Mio.	1.000.000,00 EUR
Wohlfahrtsminderung nach Subvention		–1.000.000,00 EUR

4.4
- Mindestpreise setzen den Preismechanismus außer Kraft: marktkonträre Maßnahme. Subventionen setzen den Preismechanismus nicht außer Kraft: marktkonforme Maßnahme.
- Entscheidung für Subventionierung
  Begründung:
  - In beiden Fällen kommt es bei gleicher Belastung für den Staatshaushalt (4 Mio. EUR) zu einer Wohlfahrtsminderung. Diese ist aber bei Subventionierung geringer als bei der Einführung eines Mindestpreises (vgl. 4.2 und 4.3).
  - Bei der Subventionierung kommt es zu einem neuen Gleichgewicht bei niedrigerem Preis und höherer Menge. Bei der Festsetzung eines Mindestpreises ist der Preis dagegen höher und die Versorgung der Konsumenten schlechter als vorher.

4.5 Zum Beispiel:

- Einkommenssicherung von Bio-Eier-Produzenten, um deren Wettbewerbsfähigkeit zu verbessern
- Volksgesundheit: Verzehr von Bio-Produkten positiv; für Legehennen ist nur ökologisch unbedenkliches Futter zulässig
- Verringerung der Absatzchancen für genmanipuliertes und synthetisches Futter
- Tierschutzgedanke: artgerechte Tierhaltung

(zwei Argumente verlangt)

Abituraufgaben 2013 (Aufgabe 4)

1.1

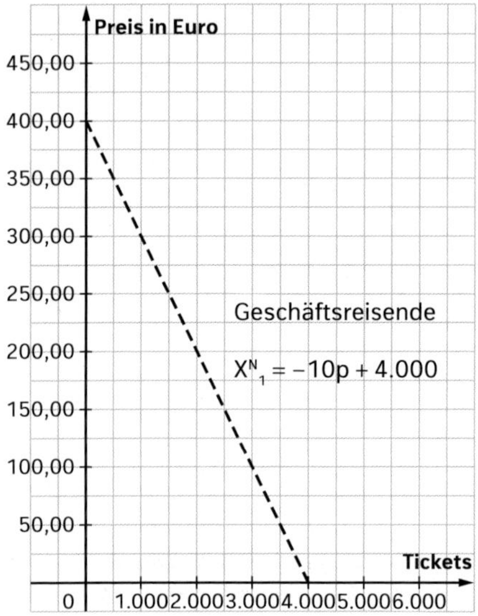

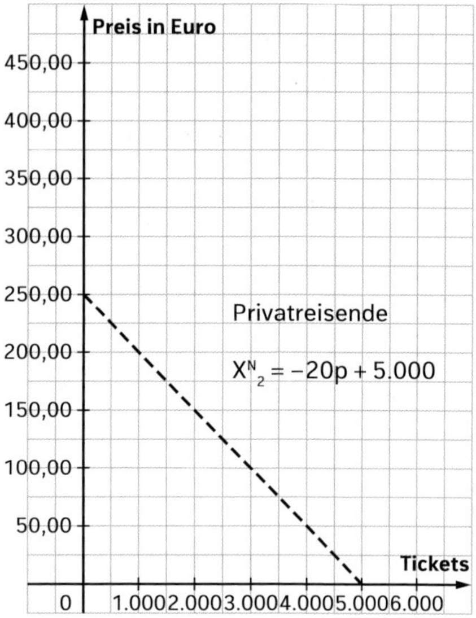

1.2

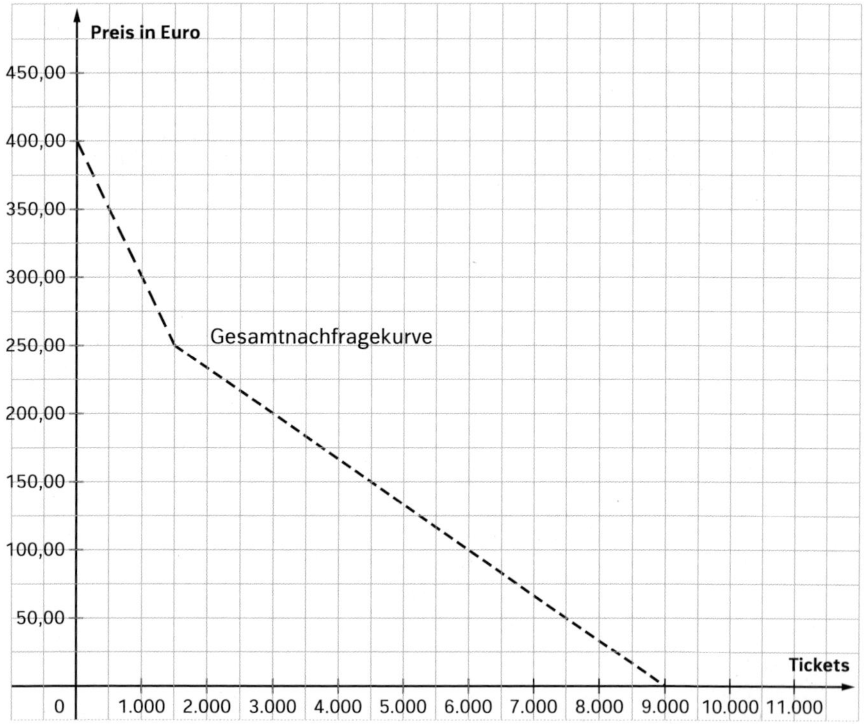

1.3 Es handelt sich um die Kombination des Nachfrageverhaltens von zwei unterschiedlichen Gruppen, für die jeweils ein anderer Prohibitivpreis gilt. Deshalb weist die Gesamtnachfragekurve einen Knick auf.

1.4
- Berechnung

  Geschäftsreisen:

  $$El_{dir} = \frac{\text{Nachfrageänderung bei Flugreisen in \%}}{\text{Preisänderung in \%}} = |-20/33{,}33| = 0{,}6$$

  Privatreisen:

  $$El_{dir} = \frac{\text{Nachfrageänderung bei Flugreisen in \%}}{\text{Preisänderung in \%}} = |-50/33{,}33| = 1{,}5$$

- Erläuterung:

  Geschäftsreisende reagieren im vorliegenden Fall unelastisch: Eine Preiserhöhung um 1 % führt zu einem Sinken der nachgefragten Menge an Tickets um 0,6 %.

  Privatreisende reagieren im vorliegenden Fall elastisch: Eine Preiserhöhung um 1 % führt zu einem Sinken der nachgefragten Menge an Tickets um 1,5 %.

  Begründung:

  Privatreisende weichen bei einer Preiserhöhung eher auf alternative Verkehrsmittel aus oder verzichten auf die Reise. Für sie spielt die Zeitersparnis im Vergleich zu den Geschäftsreisenden eine geringere Rolle. Zudem ist ihre Bedürfnisintensität in Bezug auf Berlinreisen geringer als bei Geschäftsreisenden.

1.5
- Es handelt sich hier um eine indirekte Preiselastizität der Nachfrage.

  $$El_{ind} = \frac{\text{Nachfrageänderung bei Flugreisen in \%}}{\text{Preisänderungen bei Bahnreisen in \%}} = 25 : 15 = +1{,}67$$

  Es handelt sich um Substitutionsgüter. Daher ist die Elastizitätskennzahl positiv. Dies bedeutet, dass bei einer Erhöhung der Bahnpreise um 1 % die nachgefragte Menge an Flugtickets um 1,67 % steigt.
- Die Gesamtnachfragekurve für Flugtickets verschiebt sich nach rechts, d. h., bei jedem Preis werden mehr Flugtickets nachgefragt.

2.1

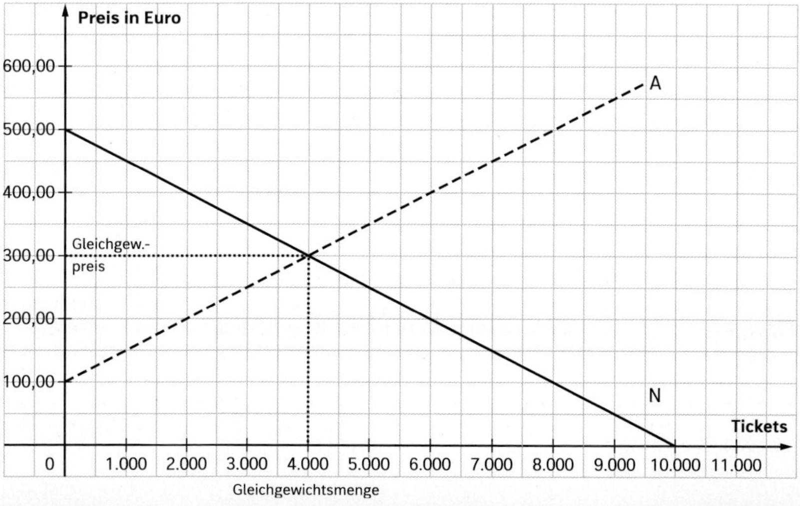

→ Gleichgewichtspreis: 300,00 EUR; Gleichgewichtsmenge: 4.000 Tickets
Gesamterlös = 300,00 EUR · 4.000 Tickets = 1.200.000,00 EUR

2.2.1 Form des Markteingriffs:
Im vorliegenden Fall handelt es sich um eine marktkonforme Maßnahme, da der Staat auch weiterhin die Preisbildung dem Markt überlässt. Es kommt zu einem neuen Marktgleichgewicht.

Absichten der Regierung:

- Die Reisenden sollen durch die zu erwartende Preissteigerung bei Flugtickets veranlasst werden, vom klimaschädigenden Luftverkehr auf umweltverträglichere Bahnreisen umzusteigen.
- Die Maßnahme dient u. U. auch der Sanierung des Bundeshaushalts.

2.2.2 •

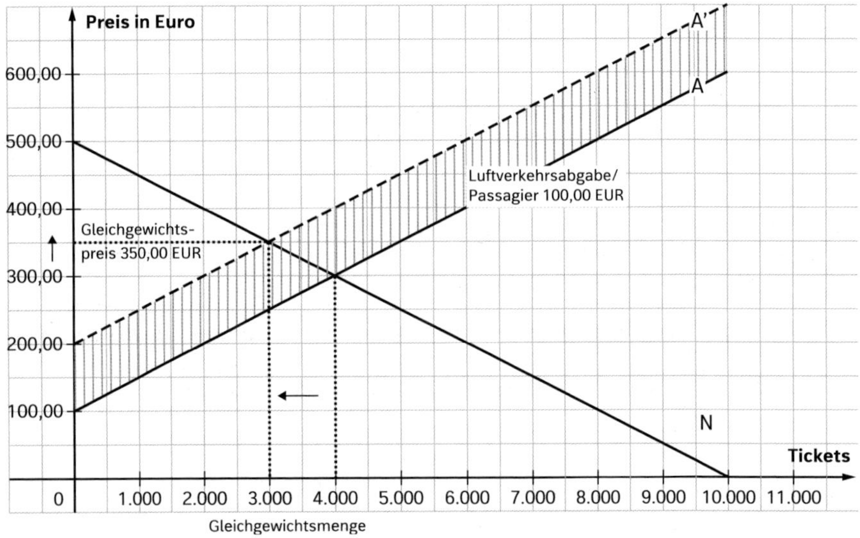

- Die Erhebung der Luftverkehrsabgabe von 100,00 EUR bedeutet für die Fluggesellschaften eine Erhöhung der Kosten pro beförderten Passagier. Dies bewirkt eine Verschiebung der Angebotskurve nach links. Beim ursprünglichen Gleichgewichtspreis von 300,00 EUR liegt ein Nachfrageüberhang in Höhe von 2.000 Tickets vor. Das führt zu einem Preisüberbietungsprozess der Nachfrager. Als Folge davon steigt die angebotene Menge (Bewegung auf der neuen Angebotskurve nach rechts oben). Gleichzeitig sinkt die nachgefragte Menge (Bewegung auf der Nachfragekurve nach links oben). Dieser Prozess hält so lange an, bis sich ein neues Gleichgewicht bei höherem Preis (350,00 EUR) und niedrigerer Menge (3.000 Tickets) eingestellt hat.
- Wie beabsichtigt, ist die Zahl der verkauften Tickets zurückgegangen (im vorliegenden Fall von 4.000 auf 3.000 täglich). Wenn dadurch auch die Zahl der Flüge zurückgeht, wird ein Beitrag zur Erreichung der umweltpolitischen Zielsetzung geleistet.

2.2.3 Die Möglichkeit der Überwälzung ist in hohem Maße abhängig von der Preiselastizität der Nachfrage. Je unelastischer die Nachfrager auf Preiserhöhungen reagieren, desto leichter gelingt die Überwälzung.

2.2.4

	Produzentenrente in Euro	Konsumentenrente in Euro	Luftverkehrsabgabe in Euro	Gesamtwohlfahrt in Euro
Ausgangssituation	4.000,00 · 200,00 : 2,00 = 400.000,00	4.000,00 · 200,00 : 2,00 = 400.000,00	0	800.000,00
Situation mit Luftverkehrsabgabe	3.000,00 · 150,00 : 2,00 = 225.000,00	3.000,00 · 150,00 : 2,00 = 225.000,00	3.000,00 · 100,00 = 300.000,00	750.000,00
Änderung gegenüber der Ausgangssituation	–175.000,00	–175.000,00	300.000,00	–50.000,00

(auch grafische Lösung möglich)

Die Netto-Wohlfahrt ist gesunken. Dem steht aber gegenüber, dass

- es möglicherweise wegen reduzierten Flugverkehrs zu einer Umweltentlastung kommt.
- der Staat jetzt über höhere Einnahmen verfügt, mit denen weitere umweltpolitische und/oder andere gesamtgesellschaftliche Ziele verfolgt werden können.

Abituraufgaben 2015 (Aufgabe 4)

1.
- Bedürfnisstruktur: Mobile Computer gewinnen an Bedeutung. Häufig verfügt eine Person über mehrere Computer, mit denen auf einen einheitlichen Datenbestand zugegriffen werden soll.
- Preis des Gutes: Der Preis für Cloudspeicher ist gesunken.
- Preise anderer Güter: Smartphones, Tablets, Laptops werden preisgünstiger und bedingen zum Teil die Nutzung von Cloudspeichern.

2.1

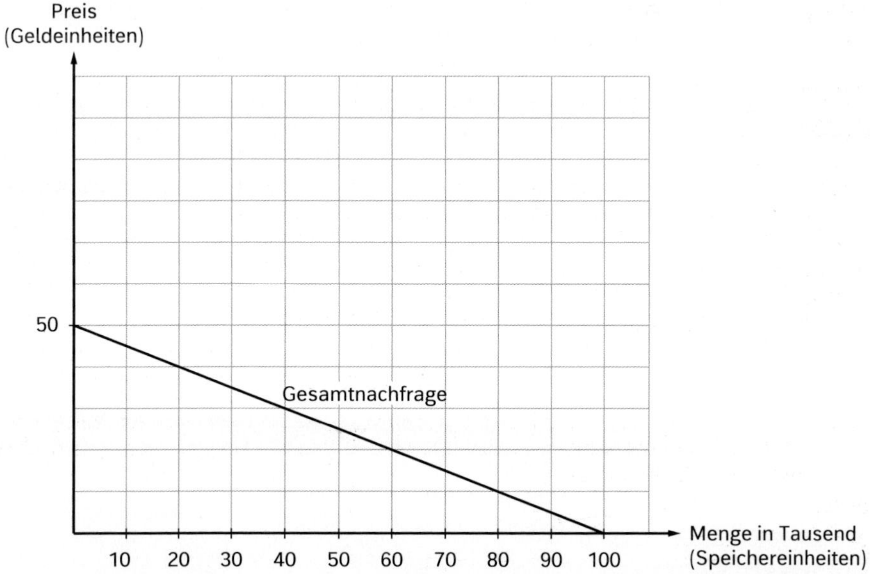

- Schnittpunkt mit der y-Achse:
  Bei diesem Preis wird das Gut nicht mehr nachgefragt, da der Preis den Nachfragern zu hoch ist (Prohibitivpreis).
- Schnittpunkt mit der x-Achse:
  Diese Menge wird nicht überschritten, selbst wenn die Nachfrager das Gut kostenlos erhalten (Sättigungsmenge).

2.2.1 $EL_{dir} = \frac{dx}{dp} \cdot \frac{P}{x} = \left| \frac{20}{-10} \cdot \frac{45}{10} \right| \rightarrow EL_{dir} = 9 > 1$

Die Nachfrage reagiert elastisch. Eine Preissenkung um 1 % auf dem Gesamtmarkt führt zu einer Erhöhung der Nachfragemenge um 9 %. Dadurch erhöht sich der Gesamtumsatz.

2.2.2 Bei unverändertem Nachfrageverhalten kann es nur zu einer Veränderung auf der Angebotsseite gekommen sein.
Das Angebot hat zugenommen, weil z. B. die Anzahl der Anbieter gestiegen ist oder die Kosten der Anbieter gesunken sind.

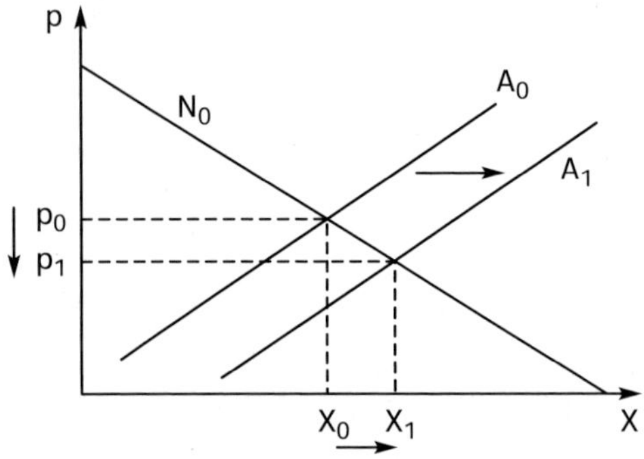

2.2.3 Die indirekte Preiselastizität der Nachfrage ist positiv; es handelt sich um Substitutionsgüter (austauschbare Güter).
$EL_{indir} = \frac{dx_B}{dp_A} \cdot \frac{p_A}{x_B} \rightarrow 3 = \frac{dx_B}{-10} \cdot \frac{45}{15.000} \rightarrow dx_B = -10.000$ Stück

→ neue absetzbare Menge = 15.000 Stück – 10.000 Stück = 5.000 Stück

3.1 Es handelt sich um einen s-förmigen Gesamtkostenverlauf.

Die variablen Stückkosten verändern sich in Abhängigkeit von der Produktionsmenge: zuerst sinkende, dann steigende variable Stückkosten.

(Analoge Begründung über Stückkosten bzw. Grenzkosten möglich.)

3.2

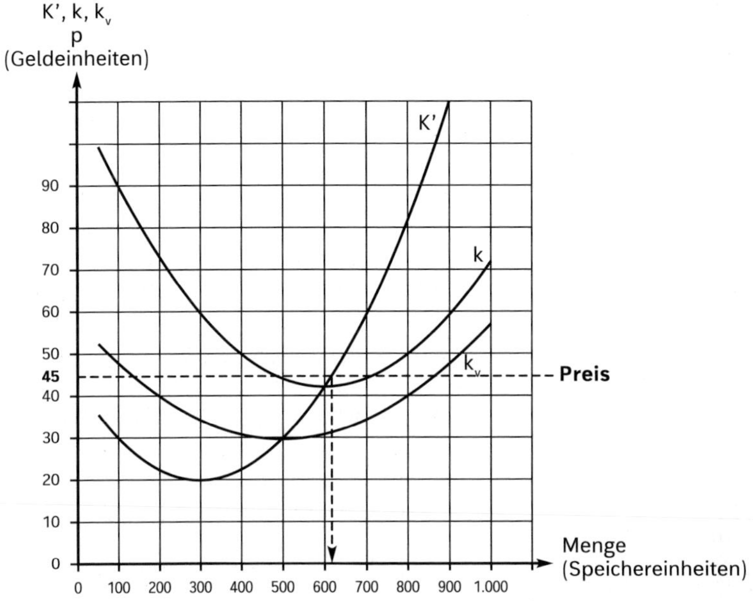

Solange der zusätzliche Erlös durch den Verkauf einer zusätzlichen Mengeneinheit (Grenzerlös) größer ist als die zusätzlichen Kosten dieser Mengeneinheit (Grenzkosten), lässt sich der Gewinn durch eine weitere Erhöhung der Menge noch steigern.

Bei Überschreiten der gewinnmaximalen Menge sind die Grenzkosten größer als die Grenzerlöse, sodass der Gewinn bei einer weiteren Erhöhung der Menge wieder sinken würde.

3.3 Kurzfristige Betrachtung: Der aktuelle Marktpreis von 35 GE liegt über der kurzfristigen Preisuntergrenze des Anbieters. Somit wird zusätzlich zu den variablen Stückkosten noch ein Teil der Fixkosten gedeckt. Kurzfristig kann der Anbieter bei diesem Preis bestehen. Bei einem weiteren Preisverfall besteht die Gefahr, unter die kurzfristige Preisuntergrenze zu geraten.

Langfristige Betrachtung: Der aktuelle Marktpreis von 35 GE liegt unter der langfristigen Preisuntergrenze des Anbieters. Somit befindet sich der Anbieter in der Verlustzone. Langfristig muss der Anbieter aus dem Markt scheiden. → Die Sorge des Anbieters ist berechtigt.

4.1 Bei diesem Kartell handelt es sich um ein Kollektivmonopol.
Es ist zu erwarten, dass die verbleibenden Anbieter daher gemeinsam den Preis festlegen (Preisfixierer), um den Gewinn zu maximieren.

4.2 Das Kartell führt zu einer machtbedingten Preiserhöhung. Gleichzeitig kommt es zu einer künstlichen Angebotsverknappung.
Dies bedeutet eine schlechtere Versorgung für die Nachfrager.

Abituraufgaben 2016 (Aufgabe 4)

1.1 •

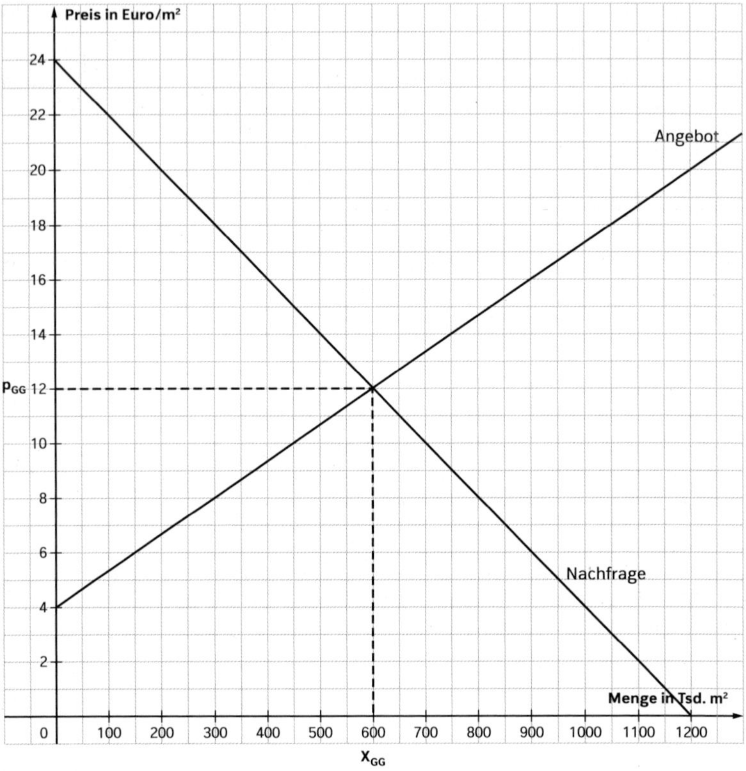

- Bedingung: $x^A = x^N$

$75p - 300 = 1200 - 50p$
$125p = 1500$
$p = 12 \qquad x = 75 \cdot 12 - 300 = 600$

Gleichgewichtspreis pro m² = 12,00 EUR
Gleichgewichtsmenge = 600.000 m²

1.2

Marktteilnehmer	Vertragsabschluss	Begründung
Anbieter Brugger	ja	Preisvorstellung liegt unterhalb des Gleichgewichtspreises.
Anbieter Schulz	ja	Preisvorstellung entspricht dem Gleichgewichtspreis.
Nachfrager Braun	nein	Preisvorstellung liegt unterhalb des Gleichgewichtspreises.
Nachfrager Müller	ja	Preisvorstellung liegt oberhalb des Gleichgewichtspreises.

1.3 Die Gesamtwohlfahrt setzt sich zusammen aus Produzentenrente und Konsumentenrente.

Konsumentenrente: Wohnungsnachfrager, deren Zahlungsbereitschaft über dem Marktpreis liegt, haben geringere Ausgaben (Einsparung in Euro).

Produzentenrente: Wohnungsanbieter, die zu einem geringeren Preis als dem Marktpreis vermietet hätten, erzielen höhere Einnahmen (Gewinnerhöhung in Euro).

1.4
- Markttransparenz liegt nicht vor, da nicht alle Mietgesuche und Mietangebote bekannt sind.
- Homogenität der Güter ist nicht gegeben, da Wohnungen unterschiedlich sind, z. B. Ausstattung.
- Präferenzen sind vorhanden, z. B. einzelne Vermieter bevorzugen bestimmte Mieter.

Es handelt sich beim Wohnungsmarkt nicht um einen vollkommenen Markt.

2.1
- Durch die gestiegenen Kosten verringert sich das Angebot; die Angebotskurve verschiebt sich nach links.
- Es kommt zu einem neuen Marktgleichgewicht: Der Gleichgewichtspreis ist gestiegen, die Gleichgewichtsmenge ist gesunken.
- Durch den höheren Gleichgewichtspreis und die geringere Gleichgewichtsmenge sinken sowohl die Konsumentenrente als auch die Produzentenrente und daher auch die Gesamtwohlfahrt.

2.2
- $El_{indir} = 5\ \% : 10\ \% = 0{,}5$ (positives Vorzeichen)
- Aufgrund der gestiegenen Mietpreise für Stadtwohnungen entscheiden sich Mietsuchende vermehrt für eine Wohnung im ländlichen Raum. Daher handelt es sich um Substitutionsgüter.

3.1

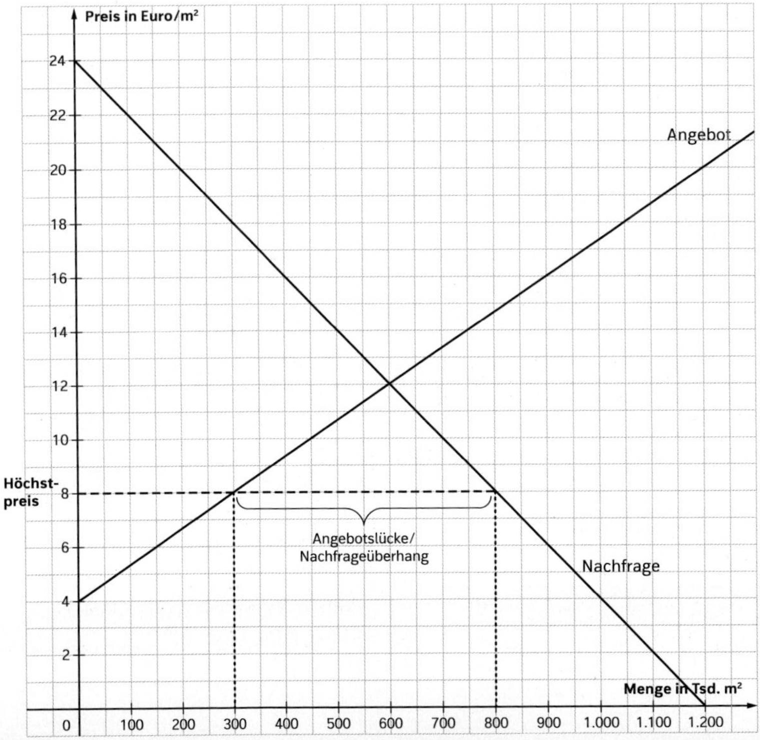

Interpretation:
Bei der Festlegung des Höchstpreises ergibt sich eine nachgefragte Menge in Höhe von 800.000 m² bei einer angebotenen Menge von 300.000 m². Daraus ergibt sich eine Angebotslücke bzw. ein Nachfrageüberhang.

- Die Versorgung mit Wohnraum hat sich verschlechtert (Versorgungsproblem).

  Zum staatlich festgelegten Höchstpreis erhalten nicht alle Mieter, die 8,00 EUR je m² bezahlen wollen, eine Wohnung (Verteilungsproblem).

3.2
Produzentenrente$_{alt}$	= (12 – 4) · 600.000,00 : 2	= 2.400.000,00 EUR
– Produzentenrente$_{neu}$	= (8 – 4) · 300.000,00 : 2	= 600.000,00 EUR
= Differenz		= 1.800.000,00 EUR

  Prozentuale Veränderung = – 1.800.000,00 : 2.400.000,00 · 100 = – 75 %

- Alle Anbieter werden nach Einführung der Mietpreisbremse schlechter gestellt. Ein Teil der Anbieter wird trotzdem zu einem Mietpreis bis zu 8,00 EUR pro m² Wohnungen anbieten. Der andere Teil wird seine Wohnungen nicht mehr vermieten.

3.3 Durch die Festlegung von maximal 8,00 EUR pro m² Wohnfläche wird der Preismechanismus außer Kraft gesetzt. Der Preis bildet sich nicht mehr durch Angebot und Nachfrage. Es handelt sich um einen marktkonträren Staatseingriff.

3.4
- Der Staat tritt selbst als Anbieter von Wohnraum am Markt auf (Sozialer Wohnungsbau).
- Die Angebotskurve verschiebt sich nach rechts.
  → Der Mietpreis sinkt und die Zahl der vermieteten Wohnungen steigt.

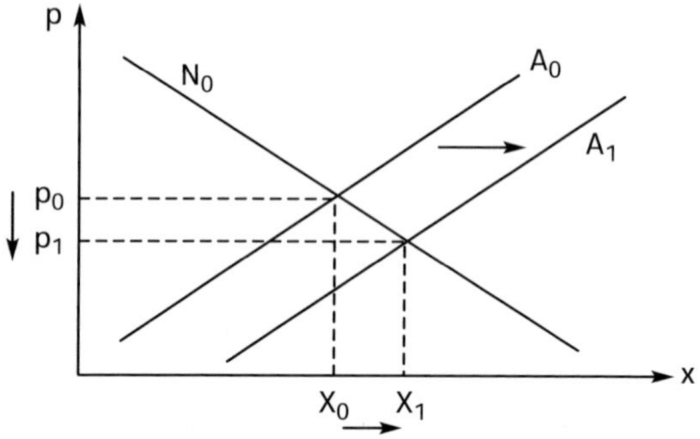

19 Ziele und Zielkonflikte der Wirtschaftspolitik

19.1 Grundlagen der Wirtschaftspolitik

1. Gesetz zur Förderung der Stabilität und des Wachstums der Wirtschaft, kurz: Stabilitätsgesetz

2. Beachtung des gesamtwirtschaftlichen Gleichgewichts

3. Ziele des magischen Vierecks laut Stabilitätsgesetz:

- **Preisniveaustabilität:** Die Preissteigerungsrate sollte ca. 2 % nicht überschreiten.
- **Hoher Beschäftigungsstand (Vollbeschäftigung):** Die Arbeitslosenquote sollte ca. 2 % bis 3 % nicht übersteigen. Diese sog. „Sockelarbeitslosigkeit" kann auch in Zeiten guter Konjunkturlage nicht unterschritten werden. Ursachen der „Sockelarbeitslosigkeit":
  - Friktionelle Arbeitslosigkeit: Sie tritt auf, wenn Arbeitskräfte kündigen bzw. entlassen werden und kurzfristig bis zum Antritt der neuen Stelle nicht beschäftigt sind („Sucharbeitslosigkeit" bzw. „Fluktuationsarbeitslosigkeit").
  - Saisonale Arbeitslosigkeit: Sie ist Folge jahreszeitlicher (saisonaler) Produktionsschwankungen (z. B. Landwirtschaft, Bauwirtschaft) und ist kaum bekämpfbar.
- **Außenwirtschaftliches Gleichgewicht:** Die Leistungsbilanz soll langfristig ausgeglichen sein (Exporte = Importe).
- **Stetiges und angemessenes Wirtschaftswachstum:** Stetiges Wirtschaftswachstum bedeutet kontinuierliches Steigen des realen Bruttosozialproduktes (Bruttoinlandproduktes) ohne größere Konjunkturausschläge nach oben oder unten. Ein Wirtschaftswachstum von ca. 2 % bis 3 % wird als angemessen bezeichnet.

4. **Arbeitslosenquote** $= \frac{\text{registrierte Arbeitslose} \cdot 100}{\text{(abhängige) Erwerbspersonen}}$

5. Vgl. Aufgabe 3.

6. gerechte Einkommens- und Vermögensverteilung; Erhaltung einer lebenswerten Umwelt

7. **Zielkonflikt 1: Vollbeschäftigung – Preisniveaustabilität:**

Ausgangsbasis:	Rezession (Unterbeschäftigung, Arbeitslosigkeit)
Ziel:	Vollbeschäftigung
Maßnahmen Staat:	Exportförderung, Erhöh. Staatsnachfrage, Förderung priv. Nachfrage
Folge evtl.:	Vollbeschäftigung, jedoch Preissteigerungen

Zielkonflikt 2: Vollbeschäftigung – außenwirtschaftliches Gleichgewicht:

Ausgangsbasis:	Rezession
Ziel:	Vollbeschäftigung
Maßnahmen Staat:	u. a. Exportförderung
Folge evtl.:	Vollbeschäftigung, jedoch evtl. Exportüberschuss

Zielkonflikt 3: Preisniveaustabilität – Wirtschaftswachstum:

Zunehmendes Wirtschaftswachstum bei Überbeschäftigung kann zu erheblichen Preissteigerungsraten führen.

Zielkonflikt 4: Wirtschaftswachstum – Umweltschutz:

Rein quantitatives Wirtschaftswachstum bedeutet Umweltbelastung.

8.
1. Arbeitslosengeld relativ niedrig: Einkommensverluste führen zu sinkender Nachfrage und damit sinkendem Wirtschaftswachstum.
2. sinkende Steuereinnahmen des Staates (Arbeitslose zahlen keine Lohn- bzw. Einkommensteuer, Gewinnverringerung bei Unternehmen)
3. keine Sozialversicherungsbeiträge der Arbeitslosen
4. hohe Arbeitslosengeldzahlungen durch Arbeitslosenversicherung
5. evtl. zunehmende Schwarzarbeit durch Arbeitslose

9.
- Nachfrage steigt stärker als das Angebot = Nachfrageinflation
- Angebotsverknappung
- Kostensteigerungen (z. B. Löhne, Steuern) = Kosteninflation
- zunehmende Konzentration mit nachgeschalteten Preiserhöhungen
- willkürliche Preiserhöhungen durch Monopole und Oligopole = Gewinninflation ...

10.
- Nachfrage der privaten Haushalte, Unternehmen und des Staates sinkt
- Nachfrage des Auslands nach Inlandsgütern (Exporte) sinkt
- stark zunehmende Zinssätze
- Standortverlagerungen ins kostengünstigere Ausland
- zunehmende Rationalisierung (Ersatz Mensch – Maschine)
- Strukturwandel in verschiedenen Branchen (z. B. Kohle, Stahl) ...

11.
- Inlandspreise niedriger als Auslandspreise
- steigende Einkommen im Ausland, die eine steigende Nachfrage nach Inlandsgütern nach sich ziehen
- Standortvorteile betr. Bodenschätze, Verkehrslage ...
- Inlandsprodukte sind technisch den Auslandsprodukten überlegen ...

19.2 Gerechte Einkommensverteilung und lebenswerte Umwelt

1.	**Ökonomie:**	Wirtschaftswissenschaft
	Ökologie:	Wissenschaft von den Beziehungen der Lebenden zu ihrer Umwelt (Erhaltung einer lebenswerten Umwelt)
2.	**Probleme der Umweltpolitik:**	• steigender Energiebedarf • Verkehr (Luftverschmutzung ...) • Landwirtschaft (Rodungen, Düngung ...) • Dritte Welt

3. **Ursachen der Umweltbelastung:**
   - Bevölkerungswachstum
   - intensives Wachstum der Weltwirtschaft
   - fehlender Zwang und fehlende Anreize zu umweltbewusstem Verhalten

4. **Ziele der Umweltpolitik:**
   - Beseitigung von Umweltschäden
   - Minimierung von Umweltrisiken
   - Abwehr von Schäden für Mensch und Umwelt
   - Schutz künftiger Generationen (Nachhaltigkeit)

5. **Nachhaltigkeit:**
   - Handeln mit Blick in die Zukunft
   - künftigen Generationen lebenswerte Umwelt sichern

6. **Instrumente der Umweltpolitik:**
   - Internalisierung durch Verhandlungen
   - Internalisierung durch Umwelthaftungsrecht
   - Internalisierung durch Ökosteuern und Subventionen
   - Umweltauflagen
   - Umweltzertifikate (= Emissionslizenzen)

19.4 Abituraufgaben Profil Internationale Wirtschaft

Abituraufgaben 2015 (Aufgabe 4, Teil 1, teilweise, verändert)

1.1 Binnenwirtschaftliche Ziele des Stabilitätsgesetzes:

- Stetiges und angemessenes Wirtschaftswachstum:
  Das Ziel wurde mit 3,3 % im Jahr 2011 erreicht. Wachstum kann ab ca. 2 % als angemessen angesehen werden.
- Stabiles Preisniveau:
  Das Ziel wurde mit 2,1 % Inflationsrate knapp verfehlt. Zielwert unter, aber nahe 2 %.
- Hoher Beschäftigungsstand:
  Das Ziel ist 2011 nicht erreicht worden. Die Arbeitslosenquote lag mit 7,1 % über einem als akzeptabel geltenden Niveau.

1.2 Zielkonflikt:
z. B. zwischen hohem Beschäftigungsstand und stabilem Preisniveau: In Zeiten eines hohen Beschäftigungsstandes können die Gewerkschaften leichter Lohnsteigerungen durchsetzen. Gehen diese über den Produktivitätsfortschritt hinaus, kann dies zu Preissteigerungen führen.

Zielharmonie:
z. B. zwischen Wirtschaftswachstum und hohem Beschäftigungsstand: Aufgrund der steigenden Produktion werden i. d. R. auch mehr Arbeitskräfte benötigt. Somit sinkt die Arbeitslosenzahl, wenn die Wachstumsrate eine bestimmte Höhe überschreitet.

19.5 Abituraufgaben Profil Wirtschaft

Abituraufgaben 2005 (Aufgabe 2, teilweise)

1.1 Senkung der Einkommensteuersätze:
Erhöhung des verfügbaren Einkommens → Erhöhung von Konsum- und Investitionsausgaben → höhere gesamtwirtschaftliche Nachfrage → höhere Beschäftigung
Kurzfristig sinkende Steuereinnahmen (Widerspruch zum Sanierungsziel) mit dem Ziel, langfristig durch Konjunkturbelebung ein höheres Steueraufkommen zu erreichen.

Hartz-IV-Gesetz:
Senkung des verfügbaren Einkommens → Senkung der Konsumausgaben → geringere gesamtwirtschaftliche Nachfrage → tendenziell geringere Beschäftigung (Widerspruch zur beabsichtigten Wirkung der ersten Maßnahme), aber Druck zur Annahme von gering entlohnter Beschäftigung. Zumindest kurzfristige Entlastung der öffentlichen Haushalte.

1.2 $$\text{Arbeitslosenquote} = \frac{\text{registrierte Arbeitslose} \cdot 100}{\text{Anzahl ziviler Erwerbspersonen}}$$

Die Formel erfasst nicht die versteckte Arbeitslosigkeit derjenigen Personen, die nicht als arbeitslos erfasst werden, z. B. Freiberufler, die aufgrund mangelnder Aufträge ihre Existenz aufgeben müssen. Zielerreichung liegt vor, wenn die Arbeitslosenquote < 3 % beträgt.

1.3 Friktionelle Arbeitslosigkeit: Durch Wohnsitzwechsel und/oder Arbeitsplatzwechsel verursachte überwiegend kurzfristige Beschäftigungslosigkeit
Maßnahme: Optimierung der Vermittlung durch Agentur für Arbeit oder private Vermittler

Konjunkturelle Arbeitslosigkeit: Arbeitslosigkeit, die in Zeiten konjunkturellen Abschwungs entsteht, bei Besserung der Konjunktur jedoch größtenteils wieder beseitigt werden kann. **Maßnahme:** Der Staat kann kurzfristige nachfrageorientierte Maßnahmen zur Belebung der Konjunktur ergreifen, z. B. Staatsaufträge erteilen.

Strukturelle Arbeitslosigkeit: Arbeitslosigkeit, die beispielsweise aufgrund von Absatzkrisen in den Wirtschaftssektoren oder bestimmten Branchen entsteht, z. B. Bergbau, Schiffbau. **Maßnahme:** Der Staat kann Strukturpolitik betreiben, indem er zukunftsträchtige Wirtschaftszweige gezielt in strukturschwachen Gebieten ansiedelt.

1.4
- Stabilität des Preisniveaus: Messgröße ist die Preissteigerungsrate < 2 % p. a.
- Außenwirtschaftliches Gleichgewicht: Messgröße ist der Anteil des Außenbeitrags am BIP, ca. +1,5 % bis +2 %.
- Stetiges und angemessenes Wirtschaftswachstum: Messgröße ist die jährliche Steigerungsrate des realen BIP von mindestens 2 %.

Das magische Viereck wird so bezeichnet, weil es aufgrund der teilweise konfliktären Zielbeziehungen zwischen den Einzelzielen beinahe „an Magie“ grenzt, durch entsprechende Maßnahmen alle Zielvorgaben gemeinsam erreichen zu können.

20 Konjunktur und Konjunkturpolitik

20.3 Aufgaben zu den Kapiteln 20.1 und 20.2

1. **Konjunktur** = wellenförmige Auf- und Abwärtsbewegungen der Wirtschaftstätigkeit (Konjunkturschwankungen, Konjunkturwellen) = Schwankungen des realen Bruttosozialprodukts (Bruttoinlandsprodukts)

2. Konjunkturzyklen:
   - Hochkonjunktur (Boom)
   - Abschwung (Rezession)
   - Tiefstand (Depression)
   - Aufschwung (Expansion)

3. Vgl. Stofftelegramm (Tabelle).

4. a) **Gründe für Konjunkturabschwung:**
   - Nachfrage der privaten Haushalte nach Konsumgütern sinkt.
   - Nachfrage der Unternehmen nach Investitionsgütern sinkt.
   - Nachfrage des Staates sinkt (Ausgabenkürzungen).
   - Nachfrage des Auslands nach Inlandsgütern (Exporte) sinkt.
   - stark steigende Zinssätze (restriktive Bundesbankpolitik)
   - sinkende Motivation der Marktteilnehmer

   b) **Gründe für Konjunkturaufschwung:** Vgl. a) umgekehrt formuliert.

5. Vgl. Stofftelegramm.

6. Eventuelle negative Auswirkungen der Hochkonjunktur:
   - hohe Preissteigerungsraten
   - starke Umweltbelastungen
   - Überbeanspruchung von Mensch/Maschine
   - hohe Zinsen (ungünstig für Schuldner)
   - abnehmende Produktqualitäten
   - Abwerbung von Arbeitskräften

7. **Konjunkturindikatoren:** Anzeiger für den gegenwärtigen und zukünftigen Konjunkturverlauf. Beispiel: Arbeitsmarkt, Zahl der Kurzarbeiter ... (Vgl. Stofftelegramm.)

8. Erhöhungen des nominalen Bruttosozialprodukts können möglicherweise nur auf Preissteigerungen beruhen, ohne dass sich die reale Güterproduktion erhöht hat.

   Beim realen Bruttosozialprodukt wird diese Problematik ausgeschaltet, indem Preissteigerungsraten herausgerechnet werden. Eine Zunahme des realen Bruttosozialprodukts signalisiert somit eine tatsächliche Mehrleistung der Volkswirtschaft.

9. **Saisonale Schwankungen:**
   - jahreszeitlich bedingte Nachfrageänderungen (z. B. Ski im Winter, Surfbretter im Sommer; Weihnachtsgeschäft ...)
   - vorhersehbare, regelmäßige Schwankungen, somit planbar
   - betreffen nur einige Wirtschaftszweige

   Konjunkturelle Schwankungen:
   - wellenförmige Auf- und Abwärtsbewegungen der Wirtschaftstätigkeit im mehrjährigen Rhythmus – bereinigt um saisonale Schwankungen
   - nicht vorhersehbare Schwankungen, somit schwer planbar
   - betreffen nahezu die gesamte Wirtschaft

10. a) Vollbeschäftigung b) Rezession/Depression c) Vollbeschäftigung
d) Aufschwung (Expansion) e) Depression f), g) Vollbeschäftigung

11. Durch sinkende Gewinne und relativ geringe Lohnsteigerungen **sinkende Steuereinnahmen**. Gleichzeitig evtl. **steigende Staatsausgaben**, um die Konjunktur wieder anzukurbeln.

20.4 Konjunkturpolitik (allgemein)

1. **Fiskalpolitik** = staatliche Konjunkturpolitik (Einnahmen- und Ausgabenpolitik)

2. Vgl. Stofftelegramm.

3. a) „**Deficit-Spending**": staatliche Verschuldung zwecks Belebung der Konjunktur (Finanzierung von staatlichen Investitionen)
b) Rezession, Depression

4. a) **Antizyklische Finanzpolitik:** Der Staat senkt in der Hochkonjunktur die Ausgaben und erhöht sie in der Rezession.
b)

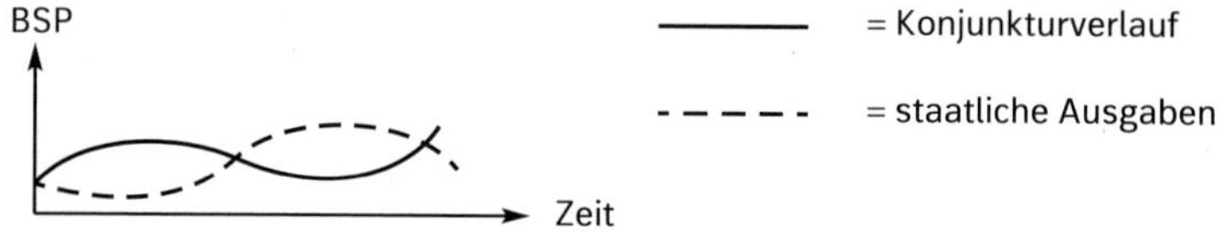

5. a) Hochkonjunktur: Einnahmenerhöhung des Staates (z. B. Steuererhöhungen) verschlechtern die Liquidität der Marktteilnehmer – Nachfrage sinkt – Preissteigerungsraten sinken. Werden die zusätzlichen Mittel einer Konjunkturausgleichsrücklage (vgl. § 7 StabG) bei der Bundesbank zugeführt („kaltgestellt"), sinkt die Geldmenge – Preisdämpfung.
b) Rezession: Einnahmensenkungen des Staates (z. B. Steuersenkungen) verbessern die Liquidität der Marktteilnehmer – Nachfrage steigt – Konjunkturbelebung.

6. Bildung: In Zeiten der Hochkonjunktur (durch Steuererhöhungen erzielte Mehreinnahmen werden bei der Bundesbank hinterlegt, um die Hochkonjunktur abzuschwächen).
Auflösung: In Zeiten der Rezession, um die erforderliche Erhöhung der Staatsnachfrage (staatliche Investitionen) zu fördern.

7. konjunkturbelebend = „+", k'dämpfend = „–" a) + b) – c) + d) + e) – f) – g) – h) +

8. **Im Boom:** Lohnforderungen, die über den Produktivitätsfortschritt hinausgehen, führen zu Preissteigerungen, da die Unternehmen aufgrund der hohen Nachfrage die höheren Lohnkosten problemlos auf die Preise abwälzen können. Dies widerspricht der Stabilitätspolitik in dieser Phase.

In der Rezession: Gewerkschaften sollten mit Lohnforderungen zurückhaltend sein, damit die Gewinne der Unternehmen steigen und sich dadurch ihre Investitionsbereitschaft erhöht. Gewerkschaften argumentieren im Gegensatz dazu, dass erst aufgrund hoher Lohnerhöhungen über steigende Nachfrage die Konjunktur stimuliert wird.

9. a) Investitionsförderungsgesetz, Zuschüsse für Investitionen, Steuervergünstigungen

   b) • Investitionsanreize und damit Einfluss auf Wachstum und Beschäftigung.
   • Der Erfolg ist von den Zukunftserwartungen der Unternehmen abhängig. Bei pessimistischer Zukunftseinschätzung ist die Investitionsbereitschaft trotz Förderungsmaßnahmen gering.

20.5 Wirtschaftspolitische Konzeptionen

1. a) Nachfrageorientierte und angebotsorientierte Wirtschaftspolitik

   1. Unterscheidungsmerkmal: Grundauffassung

   - Nachfrageorientiert: Marktwirtschaftliches System ist instabil; keine automatische Tendenz zum Gleichgewicht. Die gesamtwirtschaftliche Nachfrage bestimmt die Höhe von BIP und Beschäftigung. Der Staat muss eingreifen, um die gesamtwirtschaftliche Nachfrage zu beeinflussen.
   - Angebotsorientiert: Der Staat soll nicht in das Wirtschaftsgeschehen eingreifen; das marktwirtschaftliche System hat die Tendenz zum Gleichgewicht auf allen Märkten, auch auf dem Arbeitsmarkt.
     Ungleichgewichte sind die Folge von Staatseingriffen und von zu wenig Wettbewerb.

   2. Unterscheidungsmerkmal: wirtschaftspolitische Maßnahmen

   - Nachfrageorientiert: Der Staat soll die gesamtwirtschaftliche Nachfrage durch antizyklische Ausgaben- und Einnahmenpolitik steuern.
   - Angebotsorientiert: Der Staat muss Voraussetzungen für ein optimales Funktionieren des Marktsystems schaffen, Abbau von Wettbewerbshemmnissen, Deregulierung, Privatisierung.

   b) Beide Konzepte verlangen Steuersenkungen. Die Begründung und die erhoffte Wirkungsweise sind aber unterschiedlich:

   - Nachfrageorientiert: Steuersenkung (z. B. Einkommensteuer) zur Erhöhung der privaten Nachfrage und damit der Beschäftigung. Das setzt aber voraus, dass trotz sinkenden Steueraufkommens der Staat seine Ausgaben (= Nachfrage des Staates) nicht reduziert, da andernfalls die gesamtwirtschaftliche Nachfrage nicht steigen würde. Das staatliche Haushaltsdefizit muss durch die Auflösung einer Konjunkturausgleichsrücklage oder durch Kreditaufnahme gedeckt werden.
   - Angebotsorientiert: Senkung der Unternehmenssteuern, um mehr Leistungs- und Investitionsanreize zu bieten und damit die Nachfrage nach Arbeitskräften zu steigern.

   c) Probleme der nachfrageorientierten Wirtschaftspolitik:

   - Steigende Staatsverschuldung; Schulden werden aus politischen Gründen (Vermeidung von Leistungskürzungen bei den Bürgern) nicht zurückgeführt.
   - Die Stop-and-Go-Politik (ständiger Wechsel zwischen expansiven und kontraktiven Maßnahmen) wirkt nur kurzfristig und mit Zeitverzögerung.

Probleme der angebotsorientieren Wirtschaftspolitik:

- Die Instrumente der Steuer- und Geldpolitik können unwirksam sein, da z. B. die Investitionsneigung von anderen Faktoren als niedrigen Steuern und Zinsen beeinflusst werden kann. Die Verbesserung der wirtschaftlichen Rahmenbedingungen durch die Politik ist nur langfristig möglich.
- Die Maßnahmen sind mit Sozialabbau, Senkung der Reallöhne, Lockerung von Kündigungsschutz usw. verbunden und daher politisch nur schwer durchsetzbar.

2. 1. Versorgung mit öffentlichen Gütern:

Ohne Staatseingriffe stehen in einer Marktwirtschaft zu wenig öffentliche Güter zur Verfügung (Gesundheitswesen, Bildung, Infrastruktur), da diese Güter i. d. R. nicht in ausreichendem Maße von privaten Anbietern über den Markt bereitgestellt werden.

2. Arbeitsmarkt:

Auf einem völlig unregulierten Arbeitsmarkt kann sich ein aus sozialen Gründen nicht erwünschtes Lohnniveau unterhalb des Existenzminimums einstellen. Der Staat muss dies durch geeignete arbeitsmarktpolitische (z. B. Mindestlöhne) und sozialpolitische Maßnahmen (z. B. Kindergeld, Wohngeld) korrigieren.

20.6 Abituraufgaben Profil Internationale Wirtschaft

Abituraufgaben 2014 (Aufgabe 4, Teil 1, teilweise)

1. [...]

1.5.1

Angebotsorientiert	Nachfrageorientiert
b) Senkung der Unternehmenssteuern	a) Erhöhung der Staatsausgaben
d) Lohnzurückhaltung	c) Erhöhung der Nominallöhne um 10 %

1.5.2 Senkung der Unternehmenssteuern, weil

- reale Gewinneinkommen steigen,
- Arbeitsnachfrage steigt,
- Arbeitslosenquote sinkt,
- Kapazitätsauslastung steigt,
- reales BIP steigt.

Erhöhung der Nominallöhne um 10 %, weil

- Nachfrage steigt,
- zunehmende Kapazitätsauslastung (Angebot passt sich an),
- sinkende Arbeitslosenquote,
- BIP steigt.

(eine Wirkungskette erforderlich)

Abituraufgaben 2015 (Aufgabe 4, Teil 1, teilweise)

2.1 Nachfrageorientierte Wirtschaftspolitik geht von instabilen marktwirtschaftlichen Systemen aus und erwartet daher staatliche Intervention zur Stabilisierung der Märkte. Angebotsorientierte Wirtschaftspolitik hingegen erwartet aufgrund stabiler marktwirtschaftlicher Systeme vom Staat, dass er sich weitgehend aus dem Wirtschaftsgeschehen heraushalte.

2.2 Fiskalpolitische Maßnahmen:

- Senkung der Einkommensteuer: durch höheres verfügbares Einkommen der Arbeitnehmer mehr Konsum/Nachfrage und dadurch höhere Produktion und Kapazitätsauslastung
- Höhere Staatsausgaben für Straßenbau: höhere Nachfrage in der Baubranche, mehr Arbeitskräfte, höhere Einkommen und damit bessere Konjunktur

(zwei Nennungen erforderlich)

3. Arbeitgeber zahlen die Hälfte des Rentenversicherungsbeitrags, somit sinken die Lohnneben- und damit die Produktionskosten. → Unternehmergewinne steigen. → positives Investitionsklima → Investitionen nehmen zu. → Wirtschaftswachstum → Beschäftigung steigt, Arbeitslosenquote sinkt.

Abituraufgaben 2016 (Aufgabe 5, Teil 2, teilweise)

2.1

	Nachfrageorientierte Wirtschaftspolitik	Angebotsorientierte Wirtschaftspolitik
Stabilität marktwirtschaftlicher Systeme	Marktversagen führt zu Marktungleichgewichten und Instabilität, die staatliche Eingriffe erforderlich machen.	Die grundsätzliche Stabilität marktwirtschaftlicher Systeme beruht auf ungestörtem Wettbewerb und der daraus resultierenden Tendenz zum Gleichgewicht. Instabilität entsteht durch staatliche Eingriffe.
Wirtschaftspolitische Hauptakteure und ihre zentrale Aufgabe	Hauptakteur ist der Staat, der mithilfe fiskalpolitischer Maßnahmen für einen Ausgleich kurzfristiger konjunktureller Schwankungen und dadurch für mehr Beschäftigung sorgen soll.	Hauptakteurin ist die Zentralbank. Ihre Geldpolitik soll durch Sicherung der Preisniveaustabilität das Funktionieren des Preismechanismus gewährleisten. Dies geht mit einer Geldmengensteuerung einher, die sich am Wachstum des Produktionspotenzials orientiert.

2.2 [...]

3.1 Crowding-out:
Verdrängungseffekt, der dadurch entsteht, dass der Staat als Kreditnachfrager einen Anstieg des Zinsniveaus auslöst und so Investitionen verteuert und private Unternehmen verdrängt

Beurteilung der Gefahr des Crowding-outs nach der Finanzkrise 2008:
Das äußerst niedrige Zinsniveau nach der Finanzkrise 2008 zeigt, dass keine Gefahr eines Crowding-outs bestand. Der deutsche Staat stand nicht in Konkurrenz zu privaten Investoren.

3.2 Hohe Staatsverschuldung:
z. B: Eventuelle Kürzungen von Transferleistungen belasten die einkommensschwachen Haushalte stärker als die einkommensstarken. Dies führt zu einer zunehmenden Einkommens-Ungleichverteilung.

Zinsentwicklung seit 2008:
z. B: Gewinner sind diejenigen, die durch niedrig verzinste Kredite Sachvermögen erwerben (z. B. Immobilien), i. d. R. einkommensstärkere Bevölkerungsgruppen.
Verlierer sind in diesem Fall die Sparer aufgrund der niedrigen Verzinsung ihrer Einlagen (negativer Realzins). Auch hier sind eher einkommensschwächere Bevölkerungsgruppen betroffen.

Abituraufgaben 2018 (Aufgabe 5, teilweise, verändert)

1.1.1
- steigende Beschäftigung
- steigendes Bruttoinlandsprodukt
- zunehmende Kapazitätsauslastung
- steigende Löhne

1.1.2 Eine antizyklische Fiskalpolitik wird entgegen der Konjunkturentwicklung ausgerichtet. In einer Aufschwungsphase sollte die Regierung deshalb die Staatsausgaben verringern oder die Steuern erhöhen.

Die von den Wirtschaftsweisen geforderte Ausgabenerhöhung in Form staatlicher Investitionen sowie die Senkung der Unternehmensbesteuerung als Anreiz zu höheren Investitionen widersprechen einer antizyklischen Fiskalpolitik.

1.2 Einführung des Mindestlohnes → steigende Lohnkosten → sinkende Gewinnerwartungen der Unternehmen → Anreiz zu Investitionen wird geringer → Zahl der Neueinstellungen sinkt, sinkende Investitionsgüternachfrage schwächt wirtschaftliche Entwicklung.

Die Argumentation entspricht einer angebotsorientierten Wirtschaftspolitik.

1.3 Einführung des Mindestlohnes → steigende Löhne (im Niedriglohnsektor) → höheres verfügbares Einkommen der privaten Haushalte → steigende Konsumausgaben/Nachfrage → Produktion steigt.

Die Argumentation entspricht einer nachfrageorientierten Wirtschaftspolitik.

1.4
- Angebotsorientierte Sichtweise:
  Öffentliche Investitionen verbessern die Infrastruktur. Die Bedingungen für Unternehmen verbessern sich, was den Anreiz zu privater Investitionstätigkeit erhöhen kann. Dies erhöht die Investitionsgüterproduktion und das Produktionspotenzial einer Volkswirtschaft wächst.

- Nachfrageorientierte Sichtweise:
  Öffentliche Investitionen erhöhen die staatlichen Ausgaben und somit die gesamtwirtschaftliche Nachfrage. Dies führt zu mehr Aufträgen bei den Unternehmen. Das Produktionspotenzial wird somit besser ausgenutzt und das BIP steigt.

20.7 Abituraufgaben Profil Wirtschaft

Abituraufgaben 2012 (Aufgabe 5, teilweise)

1.1 Das BIP gibt den Wert aller in einer bestimmten Periode hergestellten Güter an. Es ist somit ein Spiegelbild der wirtschaftlichen Aktivität eines Landes und wird daher als wichtiger Gegenwartsindikator zur Charakterisierung der Konjunkturlage angesehen.

1.2

Zeitraum Q = Quartal	**Merkmale**	**Konjunkturphase**
Q1 2007 bis Q3 2008	hohe Quartals-BIP-Zuwachsraten (sowohl im Vergleich zum Vorquartal als auch im Vergleich zum entsprechenden Vorjahresquartal)	→ Boom
Q4 2008 (Ausbruch der Finanzkrise) bis Q4 2009	negative BIP-Veränderung gegenüber dem Vorjahr	→ Rezession/ Depression
Q1 2010 bis Q3 2010	steigende (positive) BIP-Zuwachsraten (sowohl im Vergleich zum Vorquartal als auch im Vergleich zum entsprechenden Vorjahresquartal)	→ Aufschwung

1.3
- Nachfrageorientierte Wirtschaftspolitik, da die Konjunktur über eine Erhöhung der gesamtwirtschaftlichen Nachfrage gefördert werden soll:
  Senkung der Einkommensteuer
  → Konsum (private Haushalte)
  staatliche Investitionen in die Infrastruktur
  → Staatsnachfrage
- Senkung der Einkommensteuer: (mindestens vier Schritte)
  - Steuerbelastung der privaten Haushalte sinkt
  - verfügbares Einkommen der privaten Haushalte steigt
  - Konsumausgaben steigen/Erlöse der Unternehmen steigen
  - Produktionstätigkeit steigt
  - BIP steigt (Wachstum)
  - Beschäftigung steigt/Arbeitslosigkeit sinkt

1.4 Zum Beispiel:

- Konjunkturprogramme führen zu einer Erhöhung der Staatsverschuldung.
- Konjunkturprogramme sind nur ein „Strohfeuer“, weil die eigentlichen Ursachen nicht bekämpft werden.
- Konjunkturprogramme verunsichern die Märkte („Stop-and-go-Politik“).

(zwei Argumente verlangt)

2.1 Marktkonforme Maßnahme, da der Preismechanismus nicht außer Kraft gesetzt wird.

2.2
- Die Abwrackprämie führt zu einer Zunahme der Nachfrage nach Neuwagen.
  → Rechtsverschiebung der Nachfragekurve.
  Wenn die Kapazitätsauslastung im Bereich I liegt (Unterbeschäftigung), führt eine Zunahme der Nachfrage (gestrichelte Linie) nicht zwangsläufig zu Preiserhöhungen.
- Skizze:

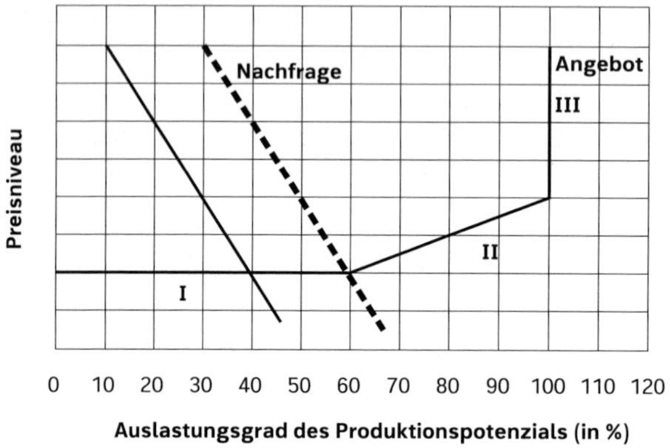

2.3 Zum Beispiel:

- Die Abwrackprämie hatte nur Angebotscharakter. Eine Neuanschaffung wurde u. U. trotz eines staatlichen Zuschusses nicht getätigt.
- Mitnahmeeffekte bei Käufern, die ohnehin eine Neuanschaffung geplant hatten.
- Inländische Anbieter profitierten von dieser Maßnahme möglicherweise weniger als die ausländischen Anbieter, da die Maßnahme eher auf Kleinwagen zielte, die größtenteils importiert werden.

(zwei Wirkungshemmnisse)

2.4 Positive Auswirkung der Abwrackprämie auf die Umwelt:
Neuwagen haben deutlich geringere Emissionswerte.

Negative Auswirkungen der Abwrackprämie auf die Umwelt:

- Verschrottung/Entsorgung der „Altwagen“
- „Fahrtüchtige“ Altwagen werden nur wegen der Prämie verschrottet.
- Ressourcenverbrauch durch Neuproduktion

2.5 $El_{dir} = \frac{30\ \%}{\Delta p \text{ in } \%} = (-)1{,}6 \rightarrow \Delta p \text{ in } \% = \frac{30\ \%}{(-)1{,}6} = (-)18{,}75\ \%$

Abituraufgaben 2013 (Aufgabe 5, teilweise, verändert)

1.1 Zum Beispiel:

- Der Vertrauensverlust an den internationalen Kapital-/Finanzmärkten führt dazu, dass die Kreditaufnahme zur Bedienung der bestehenden Staatsschulden erschwert bzw. über entsprechende Zinsaufschläge verteuert wird.

- Der Zwang zur Haushaltskonsolidierung führt zu einer Verringerung der Staatsausgaben. Daraus ergeben sich möglicherweise politisch unerwünschte Einschnitte im Bereich der sozialen Sicherung, bei öffentlichen Investitionen, Konjunkturförderprogrammen u. Ä.

1.2 Die Entlastung bei der Einkommensteuer führt zwar zunächst zu Mindereinnahmen und damit zu einer Verschlechterung der Haushaltssituation.

Aufgrund der Steuersenkung wird aber eine erhöhte Konsumgüternachfrage erwartet, die wiederum zu einem erhöhten Umsatz- und Einkommensteueraufkommen führen soll. Dadurch könnte der Steuerausfall überkompensiert werden.

In Bezug auf das Ausmaß und den Zeitpunkt des Eintretens dieser Wirkungen bestehen aber Uneinigkeit und Unsicherheit.

2.1 Die Umverteilungswirkung kommt dadurch zustande, dass der Grenzsteuersatz aufgrund der progressiven Besteuerung von 14 % (bei einem zu versteuernden Jahreseinkommen eines Unverheirateten von 8.004,00 EUR) auf 42 % (bei einem zu versteuernden Jahreseinkommen eines Unverheirateten von 52.881,00 EUR) ansteigt, dann zunächst konstant bleibt und sich ab einem zu versteuernden Jahreseinkommen eines Unverheirateten von 250.730,00 EUR auf 45 % erhöht. Dadurch werden Bezieher höherer Einkommen überproportional stark belastet. Das entspricht dem Prinzip der Besteuerung nach der Leistungsfähigkeit.

Durch den Grundfreibetrag (Existenzminimum bleibt unbesteuert) wird das Ziel der **Bedarfsgerechtigkeit** berücksichtigt.

Das Prinzip der Besteuerung nach der **Leistungsgerechtigkeit** wird durch die Progression (in der Progressionszone II) i. V. m. der Konstanz der Grenzsteuersätze in den oberen Einkommensbereichen berücksichtigt.

3. Durch eine ständig zunehmende Güterproduktion steigen der Verbrauch der begrenzten natürlichen Ressourcen und die Emissionen. Dadurch erhöht sich die Umweltbelastung.

Abituraufgaben 2015 (Aufgabe 5, teilweise)

1.4.1 Eine Einschränkung der Tarifautonomie wird im Koalitionsvertrag begründet mit

- dem Schutz der Arbeitnehmer vor einem nicht existenzsichernden Lohn,
- der sinkenden Tarifbindung, die den tariflichen Schutz der Arbeitnehmer geschwächt hat.

1.4.3

- Falls die Arbeitslosenquote durch die Einführung des Mindestlohns steigt, würde das wirtschaftspolitische Ziel „hoher Beschäftigungsstand“ schwerer zu erreichen sein. Gleichzeitig würde aber durch das gestiegene Einkommen bei den Beziehern des Mindestlohns eine gerechtere Einkommensverteilung erreicht werden. Also kommt es zu einer positiven Wirkung auf das wirtschaftspolitische Ziel „gerechte Einkommens- und Vermögensverteilung“. Daher liegt zwischen den Zielen „hoher Beschäftigungsstand“ und „gerechte Einkommens- und Vermögensverteilung“ ein Zielkonflikt vor.
- Nimmt man nach der Kaufkrafttheorie eine Steigerung der Konsumgüternachfrage und darauffolgend eine erhöhte Güterproduktion an, so ergäbe sich eine positive Wirkung auf das Ziel des „stetigen und angemessenen Wirtschaftswachstums“. Eine mögliche Folge wäre eine Gefährdung der „Preisniveaustabilität“, weshalb der Zielkonflikt zwischen „Wirtschaftswachstum“ und „Preisniveaustabilität“ verstärkt würde.

Abituraufgaben 2016 (Aufgabe 5, teilweise, verändert)

1.1 Im Verlauf der Jahre 2006 bis 2009 weisen zunächst fallende, dann eine negative Wachstumsrate des BIP auf einen Konjunkturabschwung (Rezession) hin. 2010 und 2011 kam es zu einem Aufschwung mit hohen Wachstumsraten des BIP (Boom). In den Jahren 2012 und 2013 zeigen sich sehr niedrige Wachstumsraten. Ab 2014 sind wieder deutlich positive Wachstumsraten zu erkennen (Aufschwung).

1.2 Ziel: stetiges und angemessenes Wirtschaftswachstum
Zielvorgabe: jährliches Wachstum des realen BIP um 2–3 %
Zielerreichung 2013: Die Zielvorgabe wird nicht erreicht.

1.3 Das BIP gibt den Wert aller innerhalb eines Landes in einer Periode hergestellten Güter (Waren und Dienstleistungen) an. Es spiegelt daher im Vergleich zu anderen Messgrößen die wirtschaftliche Leistung eines Landes besser wider.

1.4 z. B. Auftragseingang: Dieser Frühindikator zeigt die zukünftige Entwicklung des Konjunkturverlaufs an und ermöglicht den politischen Entscheidungsträgern, rechtzeitig konjunkturpolitische Maßnahmen zu ergreifen.

2. [...]

3.1 Erhöhung der Staatsausgaben z. B. durch öffentliche Investitionen in Infrastruktur; der Staat tritt selbst als Nachfrager auf, um die Konjunktur anzukurbeln.

3.2
- Konjunkturprogramme können zu einer Erhöhung der Staatsverschuldung führen (Deficit-Spending).
- Konjunkturbeeinflussende Maßnahmen können aufgrund ihrer zeitlich verzögerten Wirkung zu prozyklischen Effekten führen (Timelag).

4.1 Ein marktwirtschaftliches System ist grundsätzlich stabil, wenn der Wettbewerb auf den Märkten funktioniert (Stabilitätshypothese). Instabilität ist die Folge von staatlichen Eingriffen in den Wirtschaftsprozess. Deshalb soll der Staat nicht aktiv in das Wirtschaftsgeschehen eingreifen (liberalistische Staatsauffassung), sondern sich auf die Schaffung von günstigen Rahmenbedingungen für die Angebots- bzw. Unternehmensseite beschränken.

4.2 Lockerung des Kündigungsschutzes
Erhoffte Wirkung: Positive Beschäftigungseffekte, da Bereitschaft zu Neueinstellungen steigt.

Flexiblere Arbeitszeitregelungen
Erhoffte Wirkung: Finanzielle Entlastung der Arbeitgeber, da diese auf Beschäftigungsschwankungen flexibler reagieren können.

5. [...]

21 Geldtheorie und Geldpolitik

21.1 Deutsche Bundesbank

1. Organ = Vorstand der Bundesbank (Präsident, Vizepräsident und vier Mitglieder)
   Hauptaufgaben:
   - Durchführung der Offenmarktgeschäfte, der Mindestreservepolitik und der ständigen Fazilitäten
   - Bank des Staates
   - Bank der Banken
   - Verwaltung der Währungsreserven
   - Geldversorgung (Banknoten)
   - Forschung und Analyse der Geldpolitik

2. Die Bundesbank ist **unabhängig** von den Weisungen der Bundesregierung.
3. Unterstützung der Wirtschaftspolitik, Beratung in Währungsfragen

21.2 Das Europäische System der Zentralbanken (ESZB)

1. ESZB = Europäisches System der Zentralbanken = Zusammenschluss der Europäischen Zentralbank und aller nationaler Zentralbanken
2. Aufgaben:
   - Preissteigerungsrate unter, aber nahe der Zweiprozentmarke halten
   - einheitliche Währungs-(Geld-)Politik: Leitzinsen festlegen, Geldmenge steuern, ...
   - Devisengeschäfte durchführen
   - Verwaltung der Währungsreserven der Mitgliedsstaaten
   - reibungslosen Zahlungsverkehr im Euroland organisieren
   - Banknotenausgabe (Eurogeld)
   - Höhe der Münzausgabe steuern
   - Überwachung des Kreditwesens
   - Unterstützung der Wirtschaftspolitik der Regierungen, sofern die Preisstabilität nicht gefährdet wird
3. Die EZB ist in ihren Entscheidungen unabhängig von den nationalen Regierungen der EU.
4. - Europäischer Zentralbankrat der EZB
   - Direktorium
   - ZB-Präsidenten aller Euroländer

21.3 Arten des Geldes/Geldmengenbegriff

1. **Gesetzliches Zahlungsmittel:** Bargeld und Buchgeld (Giralgeld)
2. a) **M1** = Bargeldumlauf + tägl. fällige Einlagen

M2 = Bargeldumlauf + tägl. fällige Einlagen **+ Einlagen mit Laufzeit bis 2 Jahre**
+ Einlagen mit vereinb. Künd.frist bis 3 Monate

M3 = Bargeldumlauf + tägl. fällige Einlagen + Einlagen mit Laufzeit bis 2 Jahre
+ Einlagen mit vereinb. Künd.frist bis 3 Monate
+ von MFIs ausgegebene Geldmengensubstitute

Merke: Vom Bargeldbestand sind stets die Kassenbestände der Banken abzuziehen!

b) M3-Wachstumsziel 2001: maximal 4,5 %

3. a)

	Sit. 1	Sit. 2
Notenumlauf	250	244
– Kassen Banken	78	76
+ Sichteinlagen	290	300
+ Spar- und Termineinl.	–	30
M3	462	498

M3-Erhöhung um 36.

b) Nur Aktivseite betrachten!

	Sit. 1	Sit. 2	Änderung
Guthaben ZB	52	56	4 (k)
Kreditforder.	130	160	30 (e)
Devisen	30	38	8 (e)
Kasse	78	76	2 (e)

Expansiv: 30 + 8 + 2 = 40; kontraktiv: 4
M3-Erhöhung um 36.

4. a) M3 sinkt. b) M3 konstant c) M3 konstant d) M3 sinkt. e) M3 steigt.

5. a) M2 steigt. b) M2 steigt. c) M2 sinkt. d) M2 sinkt. e) M2 steigt. f) M2 konstant

21.4 Binnenwert des Geldes und seine Messung

1. a) **Kaufkraft:** Wie viel Güter kann man für eine Geldeinheit kaufen?

   Preisniveau: Wie hoch ist der Preis für ein Gut?

   b) Reziprokes (umgekehrtes) Verhältnis, d. h.,

   - steigendes Preisniveau bedeutet sinkende Kaufkraft,
   - sinkendes Preisniveau bedeutet steigende Kaufkraft.

2. - Betrachtung der jährlichen prozentualen Veränderungen (Preissteigerungsrate)
   - Berechnung von Preisindizes. Der Kaufpreis des Warenkorbs wird im Basisjahr mit 100 Punkten angesetzt und fortgeschrieben.

3. a) Preissteigerungsrate: 100,00 EUR = 100 %
   10,00 EUR = **10 %**

   b) Kaufkraftverlust: 110,00 EUR = 100 %
   10,00 EUR = **9,09 %**

4. alter Preis: 100,00 EUR — 108,00 EUR = 100 %
   neuer Preis: 108,00 EUR — 8,00 EUR = 7,4 % Kaufkraftverlust

5. 100 % – 6 % = 94 % — 94 % = 100,00 EUR
   100 % = 106,38 EUR — Preissteigerungsrate 6,38 %

6. - Preisindex für die Lebenshaltung der priv. Haushalte
   - Index der Erzeugerpreise gewerblicher Produkte
   - Baupreisindex
   - Index der Einzelhandelspreise

7. **Warenkorb:** Ausgewählte (repräsentative) Güter und Leistungen, die von einem durchschnittlichen Haushalt üblicherweise gekauft werden. Der Kaufpreis für den Warenkorb (ca. 750 Güterarten) wird in einem bestimmten Jahr (Basisjahr) mit 100 Punkten (%) angesetzt und in den Folgejahren fortgeschrieben, sodass die Preisentwicklung dieses Warenkorbes ersichtlich wird.

   Basisjahr: Das Jahr, in dem das Gütersortiment des Warenkorbs festgelegt wird. Der Kaufpreis des Warenkorbs wird mit 100 Punkten (%) festgelegt und in den Folgejahren fortgeschrieben. Momentanes Basisjahr vgl. Stofftelegramm.

8. Entwicklung der Kaufkraft seines Geldeinkommens bzw. Geldvermögens im Zeitablauf. Er ist also eine Art „Inflationsbarometer".

9. Wegen Änderungen im Güterangebot und Ausgabeverhalten.

10. a) 2.000 = 100 %
    40 = **2 %**

    b) 2.040 = 100 %
    61 = **3 %**

    c) 2.101 = 100 %
    105 = **5 %**

    d) **100 %**

    e) 2.000 = 100 (%)
    2.040 = **102 (%)**

    f) 2.000 = 100 (%)
    2.101 = **105,1 (%)**

    g) 2.000 = 100 (%)
    2.206 = **110,3 (%)**

11. **Nominallohn:** gezahlter Lohn – ohne Berücksichtigung der Kaufkraft

    Reallohn: Die Menge von Konsumgütern, die mit einem bestimmten Nominallohn gekauft werden kann. Die Kaufkraft des Geldes wird also berücksichtigt: Der Teil der Lohnerhöhung, der durch Preissteigerungen wieder „vernichtet" wird, wird herausgerechnet.
    Kurz: Reallohn = um die Preissteigerungsrate berichtigter Nominallohn.

12. a) Preissteigerungen b) Preissenkungen c) Preisniveaustabilität

13.

Jahr	01	02	03	04	05	06
Index	100	102,6	105,68	108,85	113,42	117,05

Rechenweg: 100 · 102,6 % = 102,6 · 103 % = 105,68 · 103 % = 108,85 ...

14. Geldmenge M, Preisniveau P, Umlaufgeschwindigkeit des Geldes U, Handelsvolumen H

15. M · U = H · P

16. a) Preisniveau sinkt, Geldwert steigt b) P steigt, Geldwert sinkt c) P steigt, Geldwert sinkt

17. **Kritik an der Aussagekraft der Verkehrsgleichung des Geldes:**

    1. Kritik an der Aussage: Geldmenge steigt – Preise steigen:

    - Bei Vollbeschäftigung ist die Aussage gültig: Steigende Geldmenge bewirkt steigende Einkommen, steigende Nachfrage und damit steigende Preise.
    - Bei Unterbeschäftigung gilt die Verkehrsgleichung nicht unbedingt: Steigende Geldmenge führt nicht unbedingt zu steigenden Preisen, weil die Unternehmer trotz ansteigender Nachfrage nicht sofort die Preise erhöhen (Mehrangebot auch ohne Preiserhöhung).

    2. Kritik an der Aussage: Geldmenge sinkt – Preise sinken:

    Sinkende Geldmenge bewirkt sinkende Einkommen und sinkende Nachfrage. Die Beschäftigung sinkt. Probleme:

    1. Kosten sinken nicht in gleichem Maße, wie sie bei steigender Beschäftigung zunehmen (vgl. Problem der Kostenremanenz – Kostenrechnung).

2. Sinkende Beschäftigung bewirkt steigende Stückkosten (Gesetz der Massenprodukt.).
3. Lohnkosten sind aufgrund von Tarifverträgen nur schwer reduzierbar.

Aufgrund der drei genannten Punkte existiert eine Starrheit der Güterpreise nach unten! Die Verkehrsgleichung gilt insofern nicht in vollem Umfang.

3. Weiterer Kritikpunkt:

Verkehrsgleichung sagt nichts aus über die kausalen Beziehungen zwischen M, H, P, und U! Sie ist eine reine Identitätsgleichung.

18. a) Bei Inflation und gleichbleibenden Nominallöhnen sinkt der Reallohn. Die Einkommen der Lohnempfänger bleiben unverändert, während der Wert des Geldes abnimmt.

b1) Ein solcher Durchschnittspreis würde die unterschiedliche Gewichtung der nachgefragten Güter unberücksichtigt lassen. Daher fallen Preisänderungen auch verschieden stark ins Gewicht.
Eine Erhebung aller Preise einer Volkswirtschaft wäre wegen der Vielzahl der Daten nicht möglich. Daher werden nur bestimmte Güter der Lebenshaltung ausgewählt, und nur deren Preise sind für die Indexermittlung der Lebenshaltungskosten von Bedeutung.

b2) Mit steigendem Einkommen nehmen die Ausgaben für Nahrungsmittel relativ ab. Da die lebensnotwendigen Bedürfnisse befriedigt sind, verwenden Haushalte immer mehr Teile ihres Einkommens für andere Zwecke.

b3)

Veränderung des Preisniveaus:	106,5	=	100,00 %	
	4,4	=	**4,13 %**	Preisniveauanstieg
Veränderung der Kaufkraft:	104,13	=	100,00 %	
	4,13	=	**3,97 %**	Kaufkraftminderung
Alternativrechnung:	110,9	=	100,00 %	
	4,4	=	**3,97 %**	

c) Anhaltend hohe Exportüberschüsse, die insbesondere bei höherer Auslandsinflationsrate entstehen können, führen zur Geldmengensteigerung im Inland und somit zu Preissteigerungen (importierte Inflation).
Hohe Kreditaufnahmen (Haushalte, Untern., Staat) für Nachfragezwecke (Nachfrageinflation).

21.5 Inflation und Deflation (Geldwertschwankungen)

1. **Inflation** = anhaltendes Steigen des Preisniveaus (Geldentwertung)

2. **Ursachen der Inflation:**

- Nachfrage steigt stärker als das Angebot = **Nachfrageinflation**
- Angebotsverknappung
- Kostensteigerungen (z. B. Löhne, Steuern) = **Kosteninflation**
- übermäßige Geldschöpfung der Kreditbanken und der Zentralbank
- importierte Inflation (Vgl. Aufgabe 3!)
- zunehmende Konzentration mit nachgeschalteten Preiserhöhungen
- willkürliche Preiserhöhungen durch Monopole und Oligopole = **Gewinninflation**

3. **Importierte Inflation:** Ausgangsbasis: Inflationsrate des Auslands ist höher als die des Inlands. Folge: Exporte steigen, da inländische Waren für Ausländer billiger werden.

   Möglicherweise entsteht im Inland ein Exportüberschuss (positiver Außenbeitrag), sodass durch die vermehrten Zahlungszuflüsse die Geldmenge steigt. Entsprechend steigen die Preise im Inland. Die Inflation des Auslands wurde also praktisch importiert.

4. **Lohn-Preis-Spirale:** Es liegt ein Doppeleffekt vor:

   - Lohnerhöhungen bedeuten erhöhte Kosten, die in die Preise kalkuliert werden (Löhne steigen – Kosten steigen – Preise steigen).
   - Lohnerhöhungen bedeuten evtl. steigende Nachfrage, was wiederum Preissteigerungen zur Folge haben kann (Löhne steigen – Nachfrage steigt – Preise steigen).
   - Die gestiegenen Preise führen häufig wieder zu erhöhten Lohnforderungen, sodass sich Löhne und Preise gegenseitig nach oben treiben (Spiralwirkung).

5. **Auswirkungen der Inflation:**

   - sinkende Kaufkraft
   - sinkendes Vertrauen in die Währung
   - Vorteile für Schuldner: Rückzahlung des nominalen, vereinbarten Geldbetrages; der reale Betrag sinkt mit zunehmender Inflation
   - Nachteile für Gläubiger: sinkender realer Wert des Rückzahlungsbetrages
   - Flucht in die Sachwerte: Eigentümer von Sachvermögen erhalten ihren Vermögenswert im Gegensatz zu Eigentümern von Geldvermögen
   - evtl. Stagflation (Inflation bei Stagnation): steigende Arbeitslosigkeit bei steigenden Preisen

6. a) **Stagflation: Stag**nation bei gleichzeitiger In**flation**
   (Stagnation = stagnierende, stationäre Wirtschaft; kein Wachstum)

   b) - Maßnahmen zur Bekämpfung der Stagnation (Ankurbelung der Wirtschaft z. B. durch Förderung der Nachfrage) wirken inflatorisch.
      - Maßnahmen zur Dämpfung der Inflation (z. B. Verringerung der Staatsnachfrage) verschärfen die Stagnation.

7. **Offene Inflation:** Die Inflation ist für alle erkennbar.

   Verdeckte Inflation: Die Inflation wird durch staatl. Fixierung von Höchst- oder Festpreisen (Preisstopp) oder Lohnstopp verhindert.
   Problem: Nachfrageüberschuss

8. **Schleichende Inflation:** langsames, aber länger anhaltendes Steigen der Preise

   Galoppierende Inflation: hohe Preissteigerungsraten

9. **Deflation:** anhaltendes Sinken des Preisniveaus

10. **Ursachen der Deflation:**

    - Kürzung der Staatsausgaben
    - pessimistische Zukunftserwartungen: geringe Nachfrage, hohes Sparen, geringe Investitionsneigung

11. **Auswirkungen der Deflation:**

    - Flucht in die Geldwerte
    - Nachteile für Schuldner, Vorteile für Gläubiger
    - Betriebsstilllegungen, Kurzarbeit, Arbeitslosigkeit wegen sinkender Nachfrage
    - Steuereinnahmen sinken, öffentliche Nachfrage sinkt ...

12. a) Schleichende Inflation
    b) Schleichende Inflation durch:
    - Exportüberschüsse
    - Lohn-Preis-Spirale
    - Kostensteigerungen (Erdöl ...)
    - steigende Staatsverschuldung

21.6 Geldschöpfung der EZB (primäre Geldschöpfung)

1. Primäre Geldschöpfung: Geldschöpfung der Zentralbank
   Sekundäre Geldschöpfung: Geldschöpfung der Kreditbanken

2. Vgl. Stofftelegramm.

3. a) Devisen steigen, Notenumlauf steigt
   b) Kredite steigen, Notenumlauf steigt
   c) Wertpapiere steigen, Notenumlauf steigt

4.

	Situation 1	Situation 2	Veränderung der Geldmenge
Gold, Devisen	95	90	–5
Wechsel	12	18	+6
Kredite Staat	14	12	–2
Wertpapiere	6	18	+12
Sonst. Aktiva	40	40	-----

21.7 Geldschöpfung der Geschäftsbanken (sekundäre Geldschöpfung)

1. - Höhe der Sichteinlagen
   - Mindestreservesatz
   - Barreservesatz
   - Kreditnachfrage
   - Bargeldquote
   - Zentralbankpolitik

2. - Bank A erhält Sichteinlage.
   - Nach Abzug der Mindest- und Barreserve (Liquiditätsreserve) verbleibt eine Überschussreserve, die zur Geldschöpfung (Kreditgewährung) zur Verfügung steht.
   - Kreditgewährung
   - Zufluss der Mittel bei anderer Bank B (Bank B erhält Sichteinlage) ...

3. Bargeldquote = prozentualer Anteil der Gesamtgeldmenge, der nicht wieder ins Bankensystem zurückfließt, sondern im Nichtbankensektor verbleibt

4. Je höher die Bargeldquote, desto niedriger sind die Kreditschöpfungsmöglichkeiten.

5. a) 400.000,00 EUR
   b) Maximale Kreditschöpfung = Ü : R = 400.000,00 : 0,18 = 2.222.222,22 EUR
   c) Geldschöpfungsmultiplikator = 1 : R = 1 : 0,18 = 5,555,
      d. h., das Bankensystem kann das 5,555-Fache der ersten Überschussreserve an Geld schöpfen:
      5,555 · 400.000,00 = 2,222 Mio. EUR
   d) Der Geld- bzw. Kreditschöpfungsprozess hängt letztlich auch von der Kreditnachfrage ab. Fehlt diese, dann bleiben die Banken auf ihren Überschussreserven sitzen.

6. 1 Mio. EUR – 16 % = 840.000,00 EUR Überschussreserve. GS = 840.000,00 : 0,16 = 5,25 Mio. EUR

7. Weil das Recht zur Notenausgabe allein bei der Zentralbank liegt.

21.8 Geldpolitik der EZB

21.8.1 Offenmarktgeschäfte der EZB

1. • Offenmarktgeschäfte
   • ständige Fazilitäten
   • Mindestreservepolitik
2. Vgl. Stofftelegramm.
3. Zinssätze und Liquidität am Markt steuern, Signale setzen.

4./5. Vgl. Stofftelegramm.

6. Zuteilungssatz: 250 = 100 % Zuteilungen (80 %): Bank 1: 56
   200 = 80 % Bank 2: 64
   Bank 3: 80

7.

Beträge in Mio. Euro					
Zinssatz (%)	**Bank 1**	**Bank 2**	**Bank 3**	**Gebote insges.**	**Kumulative Gebote**
3,10				**0**	**0**
3,05	5			**5**	**5**
3,04	5	5		**10**	**15**
3,03	5	5		**10**	**25**
3,02	10	10	10	**30**	**55**
3,01	10	15	15	**40**	**95**
3,00	15	10	20	**45**	**140**
2,99	10		10	**20**	**160**
2,98	10		10	**20**	**180**
insges.	70	45	65	**180**	

Zuteilungssatz bei 2,99 %:

20 Gebote insges. = 100 %
10 Zuteilungen = x %

x = 50 %

Beispiel Bank 1 (Zuteilung):	
Zuteilung zu 2,99 %: 50 % von 10 =	5
weitere Zuteilung (für die Gebote 3,05 % bis 3,00 %):	50
Zuteilung insgesamt:	55

	Beträge in Mio. Euro			
Geschäftspartner	**Bank 1**	**Bank 2**	**Bank 3**	**Insges.**
Gebote insgesamt	70,0	45,0	65,0	180
Zuteilung insges.	**55,0**	**45,0**	**50,0**	**150**

21.8.6 Aufgaben zum Kapitel 21.8

1. **Mindestreserve:** Sichteinlagen, die Banken in liquider Form bei der Zentralbank anlegen müssen

   Leitzinsen: Entscheidender Leitzinssatz ist der Zinssatz für die Hauptrefinanzierungsgeschäfte.
   Oft werden auch die Zinssätze für die Spitzenrefinanzierungsfazilität sowie Einlagefazilität als weitere Leitzinsen genannt.
   Bei Änderung signalisiert die EZB den Banken ihre geplante Politik und erwartet ein gleichgerichtetes Verhalten.

   Signalwirkung: Mit einer Leitzinsänderung (siehe oben) signalisiert die EZB den Banken ihre geplante Politik und erwartet ein gleichgerichtetes Verhalten.

   Spitzenrefinanzierungsfazilität:
   - Übernachtkredit der EZB an die Banken
   - Laufzeit: ein Geschäftstag
   - kurzfristige Deckung von Liquiditätsüberschüssen bei der Zentralbank über Nacht

   Einlagefazilität:
   - Übernachtanlage bei der EZB
   - Laufzeit: ein Geschäftstag
   - kurzfristige Anlage von Liquiditätsüberschüssen bei der Zentralbank über Nacht

   Pfand-Pool:
   - sämtliche von einer Bank bei der Zentralbank hinterlegte Sicherheiten
   - Pfand-Pool dient „en bloc" der Besicherung aller Notenbankkredite.

2. **Offenmarktpolitik:**
   - Hauptrefinanzierungssatz erhöhen
   - vermehrt Wertpapierverkäufe durch die EZB

   Ständige Fazilitäten:
   - Fazilitätssätze erhöhen

   (**Mindestreservepolitik:** Mindestreservesätze erhöhen)

   Wirkungen: Zinsen steigen → Kreditnachfrage sinkt → Geldmenge sinkt → Nachfrage sinkt → Konjunkturdämpfung → (hoffentlich) stabile(re) Preise

3. Analog (umgekehrt) wie bei 2. mit dem Endresultat: evtl. sinkende Arbeitslosigkeit.

4. Vgl. Stofftelegramm.

5. a) 2 %

   b) 2 % aus:
   - Einlagen + ausgegebenen Schuldverschreibungen bis 2 Jahre Laufzeit
   - ausgegebenen Geldmarktpapieren
   - nicht: Einlagen aus Repogeschäften

   c)
   - Stabilisierung der Geldmarktsätze
   - Herbeiführung oder Vergrößerung einer strukturellen Liquiditätsknappheit

6. Die einzelnen Pfänder brauchen substanziell und zeitlich nicht bestimmten Refinanzierungsgeschäften zugeordnet zu werden.

7. a) Der Verbraucherpreisindex erfasst die Preisveränderungen von ca. 750 Waren und Dienstleistungen (Warenkorb), die von den privaten Haushalten durchschnittlich gekauft werden. Die Gütergruppen werden im Warenkorb entsprechend den Verbrauchergewohnheiten gewichtet einbezogen. Der Warenkorb wird alle fünf Jahre neu ermittelt und auf ein neues Basisjahr umgestellt, um neu hinzugekommene Produkte zu berücksichtigen und unbedeutend gewordene Produkte aus dem Warenkorb zu entfernen.

   Die Diskrepanz zwischen der von Verbrauchern subjektiv wahrgenommenen Inflationsentwicklung und der vom Statistischen Bundesamt errechneten Inflationsrate lässt sich auf Preiserhöhungen bei bestimmten Waren und Dienstleistungen zurückführen, z.B. die Preise für frische Nahrungsmittel oder in der Gastronomie. Den Verbrauchern ist das Preisniveau solcher Güter eher bewusst als das ganze Spektrum des Warenkorbs. Wenn die Preisentwicklung dieser Produkte merklich von der Entwicklung der Preise aller Produkte des Warenkorbs abweicht, erhalten die Verbraucher ein nicht repräsentatives und subjektiv empfundenes Bild des breit gefächerten Warenkorbs.

   b) Wenn die Inflationsrate höher empfunden wird, als sie tatsächlich ist, so kann dies beim Verbraucher zu Konsumeinschränkungen führen. Der private Konsum ist aber eine wichtige Konjunkturstütze. Die Kaufzurückhaltung führt zu geringeren Umsätzen bei Handels- und Dienstleistungsbetrieben und in der Industrie. Mangelnde Nachfrage wirkt sich somit negativ auf das Wirtschaftswachstum und die Beschäftigungslage aus.

8. a) 103,5 = 100 %
   1,1 = x % → x = 1,06 % Preisniveauanstieg

   Für August 2018 wurde die Zielvorgabe der EZB (Inflationsrate unter 2 %) erreicht.

   b) 104,6 = 100 %
   4,6 = x % → x = 4,4 % Kaufkraftverlust

   Ein Kaufkraftverlust in dieser Höhe innerhalb eines Zeitraums von fast drei Jahren ist im Hinblick auf das Ziel der Preisniveaustabilität bzw. der Kaufkraftsicherung vertretbar.

9. a) Liquiditätszufluss der Geschäftsbank B steigt um 1 Mio. GE. Davon sind 100.000,00 GE als Reserve in Form von Zentralbankgeld zu halten. Die sich daraus ergebende Überschussreserve von 900.000,00 GE kann als Kredit gegeben werden.

   b) Überschussreserve des Geschäftsbankensystems 1.000.000,00 GE, da Liquidität direkt von der Zentralbank

   maximale Kreditschöpfung = Überschussreserve 1 : Reservesatz
   = 1.000.000,00 : 0,1 = 10.000.000,00 GE

   c) Die EZB kann den Geschäftsbanken vorschreiben, dass diese einen Teil ihrer Einlagen bei ihr anlegen. Je höher der MR-Satz, umso kleiner der Geldschöpfungsmultiplikator und umgekehrt. Instrument der EZB zur Beeinflussung der Geldmenge. Bei dem derzeit relativ konstanten MR-Satz erreicht die EZB damit eine Kontinuität in der Gelddisposition der Geschäftsbanken. Damit werden stärkere Schwankungen des Zinssatzes auf dem Geldmarkt verhindert. Eine aktive Mindestreservepolitik zur Steuerung der Geldmenge wurde von der EZB in dem zu beurteilenden Zeitraum nicht betrieben.

10. a) Hauptrefinanzierungsgeschäfte: Dem Geschäftsbankensystem wird für eine Woche Liquidität im vorgesehenen Umfang zugeführt.

Spitzenrefinanzierungsfazilität: Übernachtkredite an Banken, deren Liquidität an diesem Tag nicht zum Ausgleich der Verrechnungsspitzen ausgereicht hat. Der Zinssatz stellt damit die Obergrenze für den Geldmarktzins dar.

Einlagefazilität: Die Kreditinstitute können über Nacht überschüssige Liquidität zu dem angegebenen Zinssatz bei der Zentralbank anlegen. Dieser Zinssatz wirkt deshalb wie eine Preisuntergrenze für den Geldmarkt.

Mit dieser Differenzierung wird ein Gesamtrahmen (Zinskanal) für die Entwicklung des Geldmarktzinses als der von der Zentralbank zu beeinflussenden Größe gegeben.

b1)

Kumulierte Bietungsbeträge in Mio. Euro	Bietungssätze in %
39.513	3,29
62.487	3,28

Der marginale Zinssatz beträgt 3,28 % = niedrigster, noch zum Zuge kommender Zinssatz.

b2)

Bietergruppe	Bietungsbeträge in Mio. Euro	Bietungssätze in %
B	21.300	3,29
C	18.213	3,29
F	5.937 (50 %)	3,28
A	5.550 (50 %)	3,28
D	keine Zuteilung	
E	keine Zuteilung	

b3)

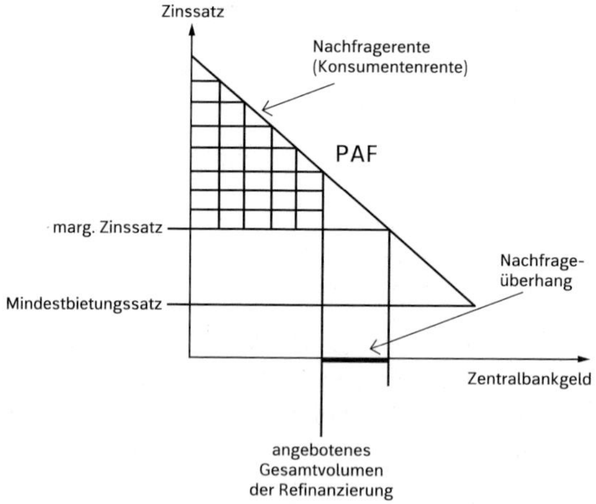

Aus den Geboten der Geschäftsbanken ergibt sich für die EZB als Angebotsmonopolisten eine Preis-Absatz-Funktion. Die EZB legt zu einem bestimmten Preis (marg. Zinssatz) die Menge (Gesamtvolumen der Refinanzierung) fest. Wenn das von der EZB festgelegte Gesamtvolumen der Refinanzierung zu gering ist, um alle Gebote, die zum marg. Zinssatz abgegeben wurden, befriedigen zu können, ergibt sich beim marg. Zinssatz ein Nachfrageüberhang, der eine Repartierung nötig macht. Beim amerikanischen Verfahren schöpft die EZB durch Preisdifferenzierung die Nachfragerente (Konsumentenrente) bei den bietenden Banken vollständig ab.

b4) Senkung des Basiszinssatzes → Kreditinstitute können sich verbilligt Zentralbankgeld beschaffen → Kreditinstitute geben diese Zinssenkung an ihre Kunden weiter → Unternehmen nehmen mehr Kredite für Investitionen auf/Haushalte mehr für den Konsum → kreditfinanzierte Güternachfrage steigt → Gesamtnachfrage auf den Gütermärkten steigt → Konjunktur wird belebt.

- zeitliche Verzögerung (time lag) bis zum Wirksamwerden der Maßnahmen
- Geschäftsbanken geben die Zinssenkung nicht an ihre Kunden weiter, sondern nutzen sie zur Verbesserung der eigenen Ertragslage.
- Gesunkene Zinsen verbilligen zwar die Kredite, die Unternehmen können aber zur Kreditaufnahme und zu Investitionen nicht gezwungen werden (Angebotscharakter der Maßnahmen). Investitionshemmende Einflüsse, wie negative Zukunftserwartungen, erwartete Steuererhöhungen usw., könnten überwiegen.

11.
- Durch steigende Kreditzinsen kann die Investitions- und Konsumneigung abgeschwächt werden, was das Beschäftigungsziel gefährdet. Eine Erhöhung der Leitzinsen der EZB würde letztlich die Konjunktur eher dämpfen.
- Wenn die EZB eine deutliche Inflationsgefahr sieht, wäre unter Berücksichtigung der Zeitverzögerung der geldpolitischen Maßnahmen eine Zinserhöhung zum gegenwärtigen Zeitpunkt vertretbar.

12. a) Vergleich 02/01: 106 = 100 %
2 = x % → x = 1,887 % Kaufkraftgewinn
Vergleich 01/00: 108 = 100 %
8 = x % → x = 7,407 % Kaufkraftverlust

Kaufkraftverlust bedeutet, dass man mit derselben Geldmenge eine geringere Gütermenge erwerben kann. Kaufkraftgewinn bedeutet, dass man mit derselben Geldmenge eine größere Gütermenge erwerben kann.

b) Da der Kaufkraftzuwachs (1,887 %) größer ist als der Einkommensrückgang (1 %), steigt der Lebensstandard.

13. a) $G \cdot U = P \cdot H$

$$H = \frac{G \cdot U}{P} = \frac{1{,}035 \cdot 1}{1{,}02} = 1{,}0147$$, d. h. Zuwachs um 1,47 %

b) Die Verkehrsgleichung ist eine Identitätsgleichung und sagt nur aus, dass der Wert der gekauften Güter (M · U, monetäre Gesamtnachfrage) dem Wert der verkauften Güter (P · H, mit jeweiligen Preisen bewertetes Güterangebot) entspricht. Sie macht keine Aussagen über Inflationsursachen.

21.9 Abituraufgaben Profil Internationale Wirtschaft

Abituraufgaben 2015 (Aufgabe 5, Teil 2)

2.1 Leitzinssatz Euroraum: Hauptrefinanzierungssatz für Zentralbankkredite an Geschäftsbanken mit einer Laufzeit von einer Woche

2.2
- Für Unternehmen soll die Kreditfinanzierung von Investitionen günstiger werden, wodurch insgesamt mehr investiert und die Wirtschaft angekurbelt werden könnte (und evtl. steigende Nachfrage nach Arbeitskräften).
- Für Verbraucher sollten sich die (Verbraucher-)Kredite verbilligen, was wiederum das Konsumverhalten beleben kann (evtl. noch zusätzliche Nachfrage durch sinkende Arbeitslosigkeit, mehr Einkommen aus unselbstständiger Arbeit und Entsparen).

2.3.1 Ziel: Verbesserung der Liquiditätslage der Geschäftsbanken → Erhöhung der Kreditvergabemöglichkeiten → Konjunkturbelebung durch Ausweitung der Geldmenge

Wirkungszusammenhang:
MR-Satz sinkt → Erhöhung der Überschussreserve → Erhöhung des Kreditschöpfungsspielraums der Banken → Kreditzinsen sinken → Kreditnachfrage private Haushalte, Unternehmen und Staat steigt → kreditfinanzierte Güternachfrage steigt → Beschäftigung steigt

2.3.2 Kreditschöpfungsspielraum (KR) = Überschussreserve (Ü) · 1 : Reservesatz (Reservesatz = Barreservesatz + Mindestreservesatz)
2011: 19 Mio. EUR : 0,05 = 380 Mio. EUR
2013: 19,2 Mio. EUR : 0,04 = 480 Mio. EUR
Differenz: 100 Mio. EUR

2.4.1 104,5 = 100 %
106,1 − 104,5 = 1,6

1,6 = x %

x = 1,6 : 104,5 = 1,53 %

Zielvorgabe der EZB „kleiner (aber nahe bei) 2 %" wurde damit im August erreicht.

2.4.2 Preiserhöhungen (bzw. -veränderungen) bei bestimmten Gütern werden von den Verbrauchern subjektiv stärker wahrgenommen.
Gründe:
- Diese Güter gehören zum täglichen Bedarf und werden in der Regel bar bezahlt; darunter fallen z. B. Nahrungsmittel und Getränke, wie – als Gütergruppe – in der Tabelle aufgeführt; z. B. werden bei Butter, Kartoffeln und Zwiebeln (Material 2) große Preissteigerungen (40 % bei Kartoffeln) besonders deutlich wahrgenommen.
- Über die Preiserhöhungen bei diesen Gütern wird verstärkt in den Medien berichtet bzw. politisch diskutiert, wie z. B. über Mieten und Energiekosten (Material 1).

Da die Preisentwicklung dieser Güter in dem in Material 1 abgebildeten Zeitraum fast durchgängig und (zum Teil weit) über der durchschnittlichen Preisentwicklung liegt, wird eine höhere Inflationsrate „gefühlt" als tatsächlich aufgrund der Preisentwicklung des Warenkorbs berechnet worden ist.

Abituraufgaben 2016 (Aufgabe 4, Teil 2)

2.1 Preisniveaustabilität im Sinne der EZB = Anstieg der im Warenkorb gewichteten Güterpreise um knapp unter 2 % gegenüber dem Vorjahr

Gründe für die Wichtigkeit eines stabilen Preisniveaus:

- Vertrauen der Konsumenten und Sparer in eine auch künftig stabile Währung
- sichere Kalkulationsgrundlage für Unternehmen
- Vermeidung realer Einkommenseinbußen, vor allem bei einkommensschwächeren Bevölkerungsgruppen (Empfänger von Transferleistungen, Rentner)

(zwei Nennungen erforderlich)

Unterstützung der Wirtschaftspolitik durch das ESZB z. B. mittels Politik des billigen Geldes mit dem Ziel der Konjunkturförderung

2.2 Die Unabhängigkeit der EZB basiert auf vier Elementen:

- Institutionelle Unabhängigkeit: EZB und Nationalbanken sind von den Weisungen der Politik unabhängig.
- Funktionelle Unabhängigkeit: Die EZB ist frei in ihrer Entscheidung, mit welchen Methoden sie ihre Aufgaben erledigt.
- Finanzielle Unabhängigkeit: Die EZB verfügt über einen eigenen Haushalt und kann selbst bestimmen, wie sie ihre Mittel einsetzt.
- Personelle Unabhängigkeit: Die Mitglieder des EZB-Rates können nur aus schwerwiegenden Gründen vom Europäischen Gerichtshof ihres Amtes enthoben werden.

(zwei Aspekte erforderlich)

Unabhängige Notenbanken sind erfahrungsgemäß besser in der Lage, den Geldwert zu sichern, weil sie nicht den kurzfristigen Handlungszwängen und taktischen Überlegungen der Regierungen unterliegen.

2.3.1 Mengentenderverfahren:
Die Banken geben nur Gebote hinsichtlich der Menge (Kreditvolumen) ab. Die EZB gibt den Zinssatz vor und legt das Kreditvolumen fest. Wird von den Geschäftspartnern mehr Geld nachgefragt als die EZB bereitstellt (Überzeichnung), bekommen die Geschäftspartner das Zentralbankgeld anteilig zugeteilt (Repartierung).

Zinstenderverfahren:
Die Geschäftspartner geben Gebote mit Zins- und Mengenangaben ab. Die EZB teilt nur mit, welches Kreditvolumen sie bereitstellt. Wird von den Geschäftspartnern mehr Geld nachgefragt als die EZB bereitstellt, beginnt die Zuteilung von Zentralbankgeld bei den höchsten Zinsgeboten. Die EZB legt einen Zinssatz fest, zu dem gerade noch voll oder teilweise zugeteilt wird (marginaler Zinssatz). Geschäftspartner mit niedrigen Zinsgeboten laufen Gefahr, leer auszugehen.
Beim amerikanischen Verfahren müssen die Geschäftspartner, die zum Zuge kommen, ihren individuellen Bietungssatz bezahlen.

2.3.2

Repartierungsquote: 1.200 Mio. EUR : 2.000 Mio. EUR = 60 %		
Kreditinstitute	**Gebote in Mio. Euro**	**Zuteilung in Mio. Euro**
Bank A	40	24
Bank B	60	36

2.4

Bank	Erhöhung der Sichteinlagen	Mindest-reserve	Barreserve	Reserve-haltung gesamt	Überschuss-reserve
A	24.000.000,00	–	–	–	24.000.000,00
D	24.000.000,00	240.000,00	5.760.000,00	6.000.000,00	18.000.000,00
E	18.000.000,00	180.000,00	4.320.000,00	4.500.000,00	13.500.000,00

Kreditinstitut A muss auf die 24 Mio. EUR keine Mindestreserve halten, da es sich um Zentralbankgeld handelt.

Maximale Giralgeldschöpfung:

Kr = Ü1 · (1: r) = 24.000.000,00 EUR · (1: 0,25) = 96.000.000,00 EUR

2.5
- Passive Geldschöpfung: Umschichtung von Einlagen (Passivtausch), z. B. Bareinzahlung auf Girokonto
- Aktive Geldschöpfung: Schaffung von zusätzlichem Geld in Form von Buchgeld (Aktiv-Passiv-Mehrung) → Erhöhung der Geldmenge

Abituraufgaben 2017 (Aufgabe 5, teilweise)

1.1
- Strafzins = negative Einlagefazilität, d. h., Geschäftsbanken, die für einen Tag überschüssige Liquidität bei der EZB anlegen, müssen dafür bezahlen.
- Zielsetzung: Deflationsbekämpfung und Wirtschaftsförderung
  Wirkungskette: Für Geschäftsbanken werden Übernachteinlagen bei der EZB unattraktiv. → Überschüssige Liquidität wird stattdessen günstiger in Form von Krediten an Nichtbanken vergeben. → Die umlaufende Geldmenge erhöht sich (c. p.). → steigende Güternachfrage → Anstieg des Güterangebots → Konjunkturbelebung und Anstieg des allgemeinen Preisniveaus (in Richtung Zielvorgabe von knapp unter 2 %)

1.2
- Eine direkte Kreditvergabe an die Regierungen einzelner EU-Länder und der direkte Erwerb von Schuldtiteln von diesen Ländern durch die EZB sind laut ESZB-Satzung verboten (Art. 21). Kritiker sehen deshalb auch durch den indirekten Erwerb solcher Staatsanleihen einen Verstoß gegen dieses Verbot.
- Der Ankauf von Staatsanleihen sendet möglicherweise falsche Botschaften an die verschuldeten Länder, die durch das niedrige Zinsniveau ermuntert werden, weitere Schulden zu machen. So werden ernsthafte Reformen verhindert.
- Der Rückgang des allgemeinen Preisniveaus ist weitgehend auf den stark gesunkenen Ölpreis zurückzuführen; die Deflationsgefahr ist deshalb nicht so groß wie von der EZB angegeben. Bei steigendem Ölpreis besteht die Gefahr eines sprunghaften Anstiegs der Inflationsrate.

(zwei Aspekte erforderlich)

1.3
- Sparer gehören zu den Verlierern der aktuellen Niedrigzinspolitik. Sie erleiden Einbußen, da die niedrigen Zinsen, die die Geschäftsbanken auf Spareinlagen zahlen, die Inflationsrate oft nicht ausgleichen (= negative Realzinsen).
- Der deutsche Staat gehört zu den Gewinnern der aktuellen Niedrigzinspolitik, da er sich günstiger verschulden kann und somit der Bundeshaushalt entlastet wird.

2.1 Passive Buchgeldschöpfung: Einzahlung von 3.480,00 EUR auf ein Girokonto → keine Auswirkung auf M1, da Bargeld lediglich in Buchgeld (= Sichteinlagen der Nichtbanken) umgewandelt wird

2.2.1 Überschussreserve = 3.480,00 EUR · 0,88 = 3.062,40 EUR

$$\text{max. Geldschöpfung} = \frac{\text{Überschussreserve}}{\text{Mindestreserve} + \text{Barreserve}} = \frac{3.062{,}40\ \text{EUR}}{0{,}12}$$

$$= 25.520{,}00\ \text{EUR}$$

2.2.2
- Ein sinkender Barreservesatz im gesamten Geschäftsbankensystem führt im Modell zu einer erhöhten maximalen Geldschöpfung, weil vom jeweils zurückfließenden Bargeldvolumen ein höherer Prozentsatz zur Kreditvergabe zur Verfügung steht.
- Zwei Aspekte:
  - More control over the value chain
  - Aufgrund der Bargeldhaltung von privaten Haushalten fließen nicht alle vergebenen Kredite in das Bankensystem zurück (unvollständiger Bargeldrückfluss).
  - Die Kreditnachfrage hängt nicht allein von den Kreditvergabemöglichkeiten der Geschäftsbanken ab, sondern auch von anderen Faktoren, wie Konjunkturlage, individuellen Zukunftsaussichten, Zinsniveau.

21.10 Abituraufgaben Profil Wirtschaft

Abituraufgaben 2008 (Aufgabe 2)

1.1 Prozentuale Veränderung des Preisniveaus vom Jahr 2005 auf 2006:
110,1 − 108,3 = 1,8
108,3 = 100,00 %
1,8 = **1,66 % Preisniveausteigerung**

Prozentuale Veränderung der Kaufkraft vom Basisjahr bis zum Jahr 2006:
110,1 − 100 = 10,1
110,1 = 100,00 %
10,1 = 9,17 % Kaufkraftverlust (in 6 Jahren)

1.2
- Problem der richtigen Auswahl der Güter, da sich die Verbrauchergewohnheiten und Güter im Zeitablauf ändern.
- Problem der Gewichtung der einzelnen Güter im Warenkorb (richtiges Wägungsschema)
- Problem, dass ein realer Haushalt dem statistischen Durchschnittshaushalt exakt entspricht.

1.3 Der Reallohn betrug im Jahr 2006 ca. 16.041,00 EUR (17.661,00 EUR : 110,1 · 100).

Reallohnveränderung: 16.041,00 EUR – 16.217,00 EUR = –176,00 EUR, dies entspricht einer Reallohnsenkung um **1,10 %**.

Die Lohnempfänger konnten im Jahr 2006 mit ihrem Lohneinkommen weniger Güter kaufen als im Jahr 2000. Dies könnte eine Ursache für eine schwache Binnennachfrage sein.

2.1 Vorrangiges Ziel der EZB ist die Stabilität des Preisniveaus.

Dieses Ziel gilt als erreicht, wenn der jährliche Anstieg des HVPI unter, aber nahe bei 2 % liegt.

2.2 Leitzinserhöhungen verteuern die Refinanzierung des Bankensystems bei der Zentralbank. Diese Teuerung wird an die Geschäftskunden weitergegeben und damit die Nachfrage nach Kredit gedämpft. Dies führt tendenziell zu einer Verminderung der Güternachfrage bei gleichbleibendem Angebot. Als Folge verringert sich der Preisdruck. Der Preisniveauanstieg wird vermindert.

2.3
- Stabilität des Preisniveaus: Eine Politik des knappen Geldes verhindert eine inflationäre Entwicklung.
- Stetiges und angemessenes Wirtschaftswachstum: Steigende Zinsen können zu einer sinkenden Investitionsneigung führen. Das kann zu einer Abschwächung des Wirtschaftswachstums führen.
- Hoher Beschäftigungsstand: Als Folge eines zu geringen Wirtschaftswachstums kann die Arbeitslosigkeit steigen.

3.1 Geldschöpfung der Geschäftsbanken:

- Ein Bankkunde zahlt bei seiner Bank Bargeld ein, wodurch sein Sichtguthaben erhöht wird (passive Buchgeldschöpfung). Kreditvergabemöglichkeit der Bank steigt.
- Die Geschäftsbank gewährt einem Kunden einen Kredit oder kauft von einem Kunden Vermögensgegenstände (aktive Buchgeldschöpfung).

Geldschöpfung der Zentralbank:

- Zentralbank kauft Vermögensgegenstände und bezahlt mit Zentralbankgeld (Banknoten/Guthaben bei Zentralbank) oder
- Zentralbank gewährt Kredite gegen Ausgabe von Zentralbankgeld (Banknoten/Guthaben bei Zentralbank).

3.2 Die Geschäftsbanken müssen einen bestimmten Prozentsatz (= Mindestreservesatz) ihrer Kundeneinlagen als Sicherheit bei der Zentralbank in Form einer Sichteinlage halten. Diese wird von der Zentralbank verzinst.
Durch Erhöhung des Mindestreservesatzes könnte die Zentralbank weiteres Zentralbankgeld blockieren (restriktive geldpolitische Maßnahme).
Durch Senkung des Mindestreservesatzes könnte die Zentralbank zusätzliches Zentralbankgeld freisetzen (expansive geldpolitische Maßnahme).

4.1 $$\text{Geldschöpfung} = \frac{\text{Überschussreserve}_1}{\text{Reservesatz}}$$

$$30 = \frac{\text{Ü}1}{0{,}25} \rightarrow \text{Ü}1 = \underline{7{,}5 \text{ Mrd. EUR}}$$

Ü1 = 75 % = 7,5 Mrd. EUR
100 % = 10 Mrd. EUR

1. Barreserve: 22,5 % von 10 Mrd. EUR = 2,25 Mrd. EUR

4.2 Ermittlung der Höhe der gesamten Mindestreserve:
Kr = 75,0 % = 30 Mio. EUR
Mindestreserve = 2,5 % = 1 Mio. EUR

Abituraufgaben 2010 (Aufgabe 4, teilweise, verändert)

1. [...]

1.4 103,9 Pkte. = 100,00 %
2,7 Pkte. = 2,60 % Preisniveauänderung

106,6 Pkte. = 100,00 %
–8,1 Pkte. = –7,60 % Kaufkraftabnahme

1.5
- Neben dem Beschäftigungsziel ist die Preisniveaustabilität das wichtigste wirtschaftspolitische Ziel. Durch seine Erreichung sollen die mit einer Geldwertminderung einhergehenden negativen Folgen vermieden werden, z. B.:
  - Außerkraftsetzung von Preisfunktionen zur Steuerung der Märkte
  - Fehlinvestitionen wegen mangelnder Planungssicherheit
  - negative Verteilungswirkung
  - sinkende Kaufkraft
  - sinkendes Vertrauen in die Währung
- Das von der EZB formulierte Ziel einer jährlichen Preisniveausteigerung von „unter, aber nahe bei 2 %" wurde nicht erreicht.

2.1 Als Leitzinsen werden die von der EZB festgelegten Zinssätze (Hauptrefinanzierungssatz, Spitzenrefinanzierungssatz und Einlagesatz) bezeichnet, durch deren Höhe die EZB den angestrebten geldpolitischen Kurs signalisiert.

Offenmarktpolitik:

- Hauptrefinanzierungsgeschäft: kurzfristige Kredite der EZB an die Geschäftsbanken mit einwöchiger Laufzeit zum Hauptrefinanzierungssatz (= wichtigster Leitzinssatz)

Ständige Fazilitäten:

- Spitzenrefinanzierungsfazilität: Tagesgeldkredite der EZB an die Geschäftsbanken
- Einlagefazilität: Tagesgeldanlagen der Geschäftsbanken bei der EZB

2.2 [...]

3.1
- Abschwächung einer drohenden Rezession durch bessere Versorgung des Bankensystems mit Liquidität in Form zinsgünstiger Kredite
- Ursache-Wirkungs-Zusammenhänge:

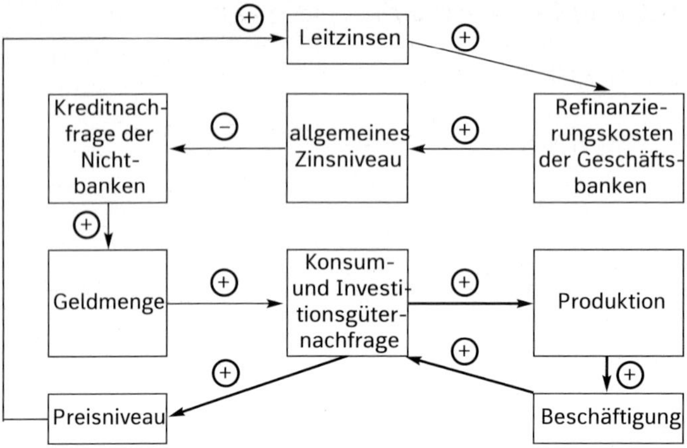

Begründungen für die ergänzenden Ursache-Wirkungs-Zusammenhänge:

- Wenn die Nachfrage nach Konsum- und Investitionsgütern steigt, steigt die Produktion.
- Wenn die Produktion steigt, steigt die Beschäftigung.
- Wenn die Beschäftigung steigt, steigt die Nachfrage nach Konsum- und Investitionsgütern.
- Wenn die Nachfrage nach Konsum- und Investitionsgütern steigt, steigt (sofern das Angebot nicht in gleichem Umfang steigt) das Preisniveau.

3.2 Das Ziel einer Konjunkturankurbelung durch expansive Geldpolitik wird möglicherweise wegen des Angebotscharakters der Maßnahmen aus folgenden Gründen nicht erreicht (Störfaktoren):

- Die Geschäftsbanken geben die günstigen Refinanzierungskonditionen nicht (vollständig) an ihre Kunden weiter, weshalb das allgemeine Zinsniveau nicht sinkt und der erhoffte Impuls auf Kreditnachfrage, Konsum und Investitionen ausbleibt.
- Aufgrund pessimistischer Zukunftserwartungen fragen Unternehmen und Verbraucher die angebotenen günstigeren Kredite nicht nach.
- Kapitalabfluss ins Ausland, wenn dort die Zinsen höher sind, statt Steigerung von Konsum und Investitionen im Inland.

3.3
- Der Zufluss von Anlagekapital aus dem US-Dollar-Raum in den Euro-Raum schwächt sich aufgrund der geringer werdenden Zinsunterschiede ab. Das führt zu einer sinkenden Euro-Nachfrage. Bei gleichbleibendem Euro-Angebot kommt es damit tendenziell zu einer Abwertung des Euro gegenüber dem US-Dollar.
- Dies führt zu einer Verringerung der in US-Dollar ausgedrückten Preise deutscher Exportgüter und zu einer Verteuerung der in US-Dollar zu zahlenden Importgüter. Daraus könnte eine Zunahme der Exportmengen und eine Abnahme der Importmengen resultieren.

(Anmerkung: Wenn man den Beginn des Zeitraums betrachtet und davon ausgeht, dass die *noch hohen* Euro-Zinsen im Gegensatz zu den *bereits* 0 %-USD-Zinsen das Kapital nochmals in den Euro-Raum fließen lassen, kann man auch zu folgender Argumentation gelangen: *noch* Zufluss von Anlagekapital in den Euro-Raum und damit Aufwertung, Exportrückgang, Importzunahme.)

22 Employment and labour market policies

1. Capacity utilisation, usually measured with the help of the unemployment rate
2. $\text{Unemployment rate} = \frac{\text{registered unemployed} \cdot 100}{\text{civilian labour force}}$
3. Full employment, underemployment and above capacity employment (see Stofftelegramm)
4. There is still some sort of "core unemployment" that occurs even in times of a booming economy. Reasons are mostly frictional or seasonal unemployment.
5. Shows the correlation between job vacancy rate and unemployment rate
6. There is a shift of the curve.
7. See Stofftelegramm.
8. Connecting people with jobs
9. See Stofftelegramm.
10. No expansion of jobs although the economy is growing; growth not great enough to absorb the unemployed, under-employed and new members entering the work force: new products require different skills, companies produce in low-cost countries.

22.5 Abituraufgaben Profil Internationale Wirtschaft

Abituraufgaben 2014 (Aufgabe 4, Teil 2, teilweise, verändert)

2.1
- Cyclical unemployment arises during the recession phase of the economic cycle due to a lack of aggregate demand. This will lead to rising unemployment as firms close and make redundancies as a result of lower output.
- Structural unemployment occurs when there is a long-run decline in demand for labour relative to its supply, leading to redundancies. It arises due to changes in the structure of the economy, for example because of deindustrialisation.
  This creates a mismatch of skills, as workers in declining sectors do not have the skills to secure the new jobs, leading to occupational immobility.
  This problem often tends to be concentrated in certain regions that used to rely on sectors which are now in decline.
  Also, the growth of international competition is an important cause, as emerging countries use their comparative labour cost advantages.

2.2 [...]

2.3
- The government can boost demand through fiscal stimulus in order to reflate the economy, for example by building or refurbishing infrastructure, or by lowering income tax rates, hoping for additional demand from households.
- This, however, will not make the existing structural mismatch between labour demand and labour supply go away.

2.4
- If a minimum wage successfully increases average wages, this should, in turn, increase overall demand for goods and services which might well increase demand for labour (→ purchasing-power theory).
- The perfect competition model holds neither for the labour market in general nor for its many segments. Many businesses employing the low paid don't require fewer staff just because they have to pay them GBP 6.31 per hour instead of GBP 5.50, for example. The reason why many employers are in a position to pay very little in the absence of a minimum wage is that due to a lack in qualifications, the low paid often have little bargaining power compared to their employers.
- Those receiving higher wages may also feel a morale boost resulting in higher productivity.

(two aspects required)

2.5
- Social isolation and financial worries can contribute to poor mental and physical health, driving up healthcare costs.
- Low self-esteem may lead to a decline in social contacts, which could result in less volunteerism within a community. More tasks may have to be paid for by that community.
- Criminal behaviour may drive up the cost of law enforcement.
- The unemployed may not be in a position to provide their children with good education. Hence, job prospects and future earnings may be negatively affected, resulting in lower tax revenues and higher social benefits to be paid out.

(one example required)

Abituraufgaben 2015 (Aufgabe 4, Teil 1 teilweise, Teil 2)

3. Arbeitgeber zahlen die Hälfte des Rentenversicherungsbeitrags, somit sinken die Lohnneben- und damit die Produktionskosten. → Unternehmergewinne steigen. → positives Investitionsklima → Investitionen nehmen zu. → Wirtschaftswachstum → Beschäftigung steigt, Arbeitslosenquote sinkt.

4.1
- The main aim is to improve workers' living standards and reduce inequality, i.e. it is chiefly a social-policy measure.
- The introduction of a minimum wage is non-compliant with the market mechanism as it disallows the market (supply and demand) to set the price.

4.2 The minimum wage will be above the market price (wage). This will put employment below the minimum wage at risk, leading to excess supply of labour and higher unemployment than at market equilibrium.

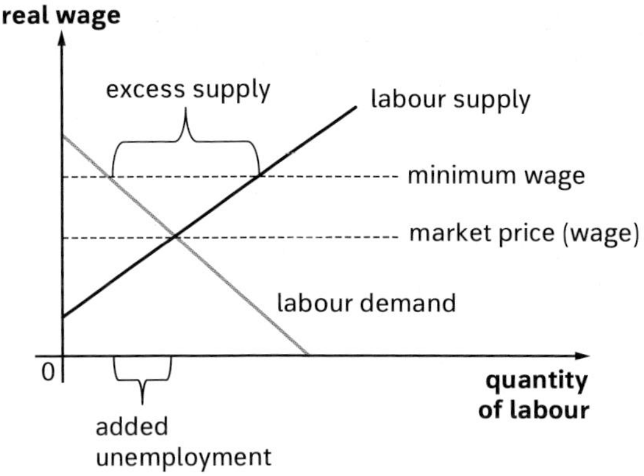

4.3 Benefits to an individual business:

- A minimum wage leads to a lower employee turnover. → lower recruitment costs
- Staff who are paid a minimum wage may be more motivated and do more efficient work.

Benefits to an economy as a whole:

- Consumption is stimulated as low-income workers, who typically spend a larger portion of their income, see their wages rising (purchasing-power theory).
- Governments may have to spend less on welfare programmes, particularly for the "working poor", while tax revenue increases.

(one aspect each required)

5. Structural unemployment is due to a fundamental mismatch between labour supply and the number of job vacancies, for example because of inadequate skills/qualifications, the decline of an industry or ongoing rationalisation.
Policy suggestions to reduce structural unemployment may include:

- Providing or paying for training programmes:

  Training programmes will have to be closely modeled on what kind of job is required in that particular region. The problem, however, is that often regional unemployment is due to a general lack of business activity. Therefore, companies must be lured to invest first, preferably those from future-oriented industries. The government may provide tax breaks or subsidies in order to foster investment in the region.
- Helping the structurally unemployed to relocate to areas where jobs exist:
  This is helpful for the economy as a whole. Yet it does not do anything to improve the job market in the affected region and it may overestimate the willingness of those unemployed to leave a particular region.

6. • A 35-hour week will lower the amount of labour supplied by the currently employed workforce. → In order to keep output levels constant employers need to hire additional staff. → decline in unemployment

- Economists will probably reject the demand as its implementation would make employment more expensive for businesses. → decreasing competitiveness → need for cost reduction → redundancies

Abituraufgaben 2017 (Aufgabe 5, Teil 2, verändert)

3.1 Number of unemployed Oct. 2015 = 2,732,769 – 83,492 = 2,649,277

$$\text{Rate of unemployment Oct. 2015} = \frac{\text{registered unemployed} \cdot 100\%}{\text{civilian labour force}}$$

$$= \frac{2{,}649{,}277 \cdot 100\%}{43{,}823{,}539} = 6.05\%$$

Hidden unemployment covers individuals who

- participate in retraining courses or job creation schemes,
- are not eligible for unemployment benefits and are therefore not registered with the unemployment agency.

3.2
- There will always be workers between jobs, which leads to frictional unemployment.
- There will always be a certain degree of mismatch between what a business requires and the skills that workers provide, leading to structural unemployment.
- Economic activity is always subject to fluctuations in the demand for goods, even if this affects very few businesses at a time. As a result, there will always be a certain level of cyclical unemployment.

(Two reasons required.)

4. Klaus Grube's unemployment is structural in nature. Following the decline of Germany's coal-mining industry, Klaus Grube's skills do not match the requirements of the labour market. As there is no future in coal mining, government-financed occupational retraining seems to be the only sensible option.
Pablo Martillo's unemployment is cyclical in nature. The financial crisis hit all sectors of the economy and led to a temporary depression of overall demand for goods and labour. In this case overall demand should be boosted with the help of fiscal policy measures, e.g. an increase in government spending on infrastructure, which would not only help Mr Martillo.

5.

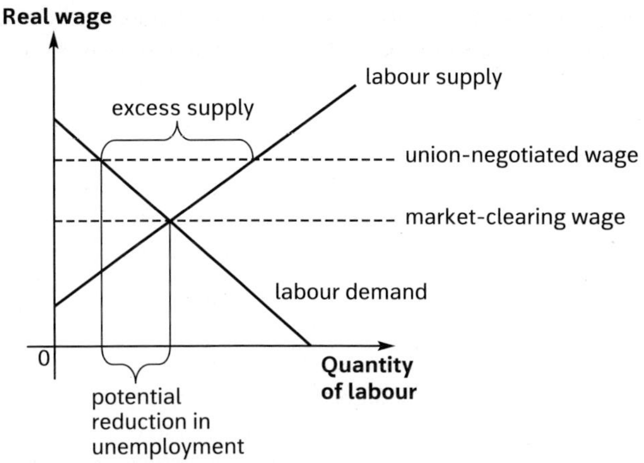

The union-negotiated wage, which acts as a minimum wage, is above the market-clearing wage. This leads to excess supply of labour and higher unemployment than at market equilibrium. Abolishing the right to collective bargaining would push the wage down and thus allow for a reduction in unemployment.

6. The underlying objective may have been to reduce (youth) unemployment. By allowing some of the over-60s to retire earlier, the government intended to make way for the younger generation on the labour market.

Risks:

- Lowering the retirement age might strain the German budget. As a consequence, it could keep the government from making vital investments in Germany's infrastructure, for example.
- Younger employees will be burdened with higher contributions or taxes in order to finance earlier retirement for some. This can be harmful to overall demand for goods and services and thus hamper economic growth.

Abituraufgaben 2018 (Aufgabe 5, Teil 2, teilweise, verändert)

2.2 Labour market policies are government programmes aiming to help the unemployed find work. Examples:

- Public employment services, such as job centres which help the unemployed to improve their job search effort
- Training schemes to improve vocational skills of the unemployed

Employment policy measures are designed to contribute to economic growth and job creation, labour mobility and social progress. Examples:

- Lower income taxes to boost aggregate demand and consequently demand for workers.
- Lower corporate tax rates as an incentive for higher investments and consequently demand for workers.

2.3 Along the 45° line the number of job vacancies corresponds exactly to the number of unemployed. This means that Ireland is quite close to a perfect mismatch situation in which the existing job vacancies cannot be filled primarily due to inadequate qualifications of the unemployed.

Ireland's labour market shows a lower unemployment rate than Spain's, coupled with a higher job vacancy rate. Hence, unlike Spain, Ireland is not faced with the problem of having to create jobs in order to reduce high cyclical unemployment. Instead, its unemployment is structural in nature, its task is to train its unemployed workforce for the jobs already available.

2.4 Businesses:
A decline in union density contributes to a decline in unemployment.
Union-negotiated wages rely on unions' bargaining power. They are above the market-clearing wage and inevitably come at the expense of jobs. Those with few skills are particularly affected as their jobs may be outsourced to low-wage economies. Thus there will be more income disparity as the unemployed end up paying for the trade union mark-up.
Lower union density curtails unions' bargaining power and leads to employment-stimulating wage cuts.

Unions:
A decline in union density puts businesses and employment at risk.
Higher union-negotiated wages raise disposable income, which in turn leads to rising demand and ultimately to more employment.
In addition, unionisation helps to raise skills and motivation. This shifts the demand curve in a unionised labour market to the right as employers derive a higher marginal revenue from their workforce. In the end, there is increased employment despite increased wages.
Lower union density leaves both businesses and the workforce worse off.

22.6 Abituraufgaben Profil Wirtschaft

Abituraufgaben 2009 (Aufgabe 5, teilweise, verändert)

2.1 [...]

2.2 Bei der Berechnung der Arbeitslosenquote werden z. B. folgende Tatbestände nicht oder nur teilweise berücksichtigt:

- nicht bei der Arbeitsagentur registrierte Arbeitslose (verdeckte Arbeitslose)
- Ältere Arbeitnehmer gehen unfreiwillig in den Vorruhestand.
- Schüler und Studenten verbleiben mangels Arbeitsgelegenheit länger im Bildungssystem.

(zwei Argumente)

2.3
- wirtschaftlicher Strukturwandel und verzögerte bzw. mangelnde Anpassung der Arbeitnehmer durch Aus- und Fortbildung an diese Veränderung (qualifikatorisches Mismatch)
- West-Ost-Gefälle durch Wegbrechen traditioneller Absatzmärkte in Osteuropa nach der Wiedervereinigung (regionales Mismatch)

3.1

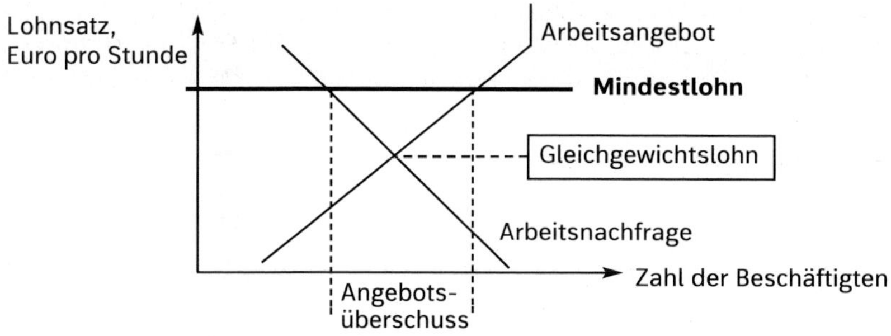

Der nach unten starre Mindestlohn verursacht ein Ungleichgewicht auf dem Arbeitsmarkt.

3.2 Im klassischen Arbeitsmarktmodell sind Ungleichgewichte auf den Märkten kein grundsätzliches, sondern allenfalls ein zeitliches Problem. Es wird davon ausgegangen, dass sich aufgrund der Marktmechanismen automatisch wieder ein Gleichgewicht einstellt, wenn niemand die Marktkräfte behindert. Ein Lohnsatz unterhalb vom Mindestlohn würde zu mehr Einstellungen führen und damit helfen, die Arbeitslosigkeit abzubauen.

3.3
- Es ist moralisch nicht vertretbar, dass ein Arbeitnehmer voll arbeitet und davon nicht leben kann bzw. genau so viel oder noch weniger erhält als ein Bezieher von Arbeitslosengeld II.
- Kaufkrafttheorie des Lohnes: Durch angemessene Entlohnung wird die Binnenkonjunktur aufgrund steigender Konsumgüternachfrage gestärkt und die Beschäftigung gesichert/erhöht.
- Es ist nicht Aufgabe des Staates, gezielte Lohnreduktionen von Betrieben durch Sozialtransfers auszugleichen.

3.4 [...]

Abituraufgaben 2012 (Aufgabe 5, teilweise)

3.1 [...]

3.2
- Wenn die Unternehmen die Möglichkeit haben, „mehr befristete Arbeitsverträge" abzuschließen, erhöht sich eher die Bereitschaft, Arbeitssuchende einzustellen. Einstellungshemmende Kündigungsfristen werden nicht wirksam.
- Angebotsorientierte Wirtschaftspolitik, da die Wirtschaftsentwicklung über eine Erhöhung des gesamtwirtschaftlichen Angebots gefördert werden soll: Stagnierende Reallöhne können z. B. als Indiz für eine gemäßigte Lohnpolitik gedeutet werden. Insgesamt werden die Rahmenbedingungen für die Angebotsseite verbessert.

3.3 [...]

23 Abituraufgaben 2019

Beliebige Unternehmensform mit Vollkostenrechnung in Form der Zuschlagskalkulation (Kostenstellenrechnung, BAB, Kostenträgerstückrechnung), Deckungsbeitragsrechnung

1. - Teilhafter haften nicht mit ihrem Privatvermögen und sind daher eher bereit, sich an der Gesellschaft zu beteiligen.
   - Teilhafter sind von der Geschäftsführung und Vertretung ausgeschlossen und haben deshalb kaum Einfluss auf unternehmerische Entscheidungen.

2. - Innenverhältnis:
     Bei dem Grundstückskauf in dem hier vorliegenden Umfang liegt eine Handlung vor, die über den gewöhnlichen Betrieb des Handelsgewerbes der CarTech KG hinausgeht. Für diese Handlung steht der Kommanditistin ein Widerspruchsrecht zu (§ 164 HGB). Da Katja Wagner im vorliegenden Fall von diesem Recht Gebrauch gemacht hat, waren die Komplementäre nicht berechtigt, das Grundstück zu erwerben.
     Falls der CarTech KG ein Schaden entstanden ist, sind die beiden Komplementäre schadenersatzpflichtig.
   - Außenverhältnis:
     Manuel Miller hat für alle Geschäfte Einzelvertretungsbefugnis (§ 161 Abs. 2 i. V. m. § 125 Abs. 1 HGB). Folglich ist der Grundstückskaufvertrag rechtswirksam.

3. Katja Wagner ist lediglich berechtigt, eine Abschrift des Jahresabschlusses zu verlangen (§ 166 Abs. 1 HGB). Folglich kann sie keine Quartalsberichte einfordern.

4. Die Verbindlichkeit entstand zwar vor der Umwandlung in eine KG, aber Kommanditisten haften nach § 173 HGB auch für Verbindlichkeiten, die vor ihrem Eintritt in die Gesellschaft begründet wurden, sofern sie ihre Einlagen noch nicht vollständig geleistet haben.
   Die Kommanditistin Katja Wagner hat die vereinbarte Kapitaleinlage noch nicht voll geleistet. Somit haftet sie nach § 171 HGB mit dem noch ausstehenden Betrag in Höhe von 62.500,00 EUR unmittelbar.

5.

	Ist-Kosten (in Euro)	%	Normalkosten (in Euro)	Kostenüber-/ unterdeckung (in Euro)
FM	300.000,00		300.000,00	
MGK	26.000,00	8	24.000,00	−2.000,00
Materialkosten	326.000,00		324.000,00	
FL	140.000,00		140.000,00	
FGK	248.000,00	180	252.000,00	+4.000,00
Fertigungskosten	388.000,00		392.000,00	
Herstellkosten	714.000,00		716.000,00	
VwGK	56.200,00	8	57.280,00	+1.080,00
VtGK	94.200,00	12	85.920,00	−8.280,00
Selbstkosten	864.400,00		859.200,00	

5.2
- Gemeinkostenart Gehälter: Es musste ein weiterer Mitarbeiter für den Vertriebsbereich eingestellt werden.
- Gemeinkostenart kalkulatorische Abschreibungen: Es wurde ein zusätzliches Fahrzeug für einen Vertriebsmitarbeiter angeschafft.

5.3

Selbstkosten	864.400,00 EUR
+ Betriebsergebnis	135.600,00 EUR
= Leistungen	1.000.000,00 EUR

5.4

FM	65,00 EUR
MGK (8 %)	5,20 EUR
MK	70,20 EUR
FL	35,00 EUR
FGK (180 %)	63,00 EUR
SEKF	6,80 EUR
FK	104,80 EUR
HK	175,00 EUR
VwGK (8 %)	14,00 EUR
VtGK (12 %)	21,00 EUR
SK	210,00 EUR
Gewinn (15,5 %)	**32,55 EUR**
BVP	242,55 EUR
Skonto (2 %)	4,95 EUR
ZVP	247,50 EUR
Rabatt (10 %)	27,50 EUR
Listenverkaufspreis	275,00 EUR

6.1

	Kamera „Deluxe"	**Kamera „Standard"**
Verkaufspreis pro Stück	290,00 EUR	145,00 EUR
variable Stückkosten	180,00 EUR	99,50 EUR
Stückdeckungsbeitrag	110,00 EUR	45,50 EUR
geplante Stückzahl	6.000	11.000
Gesamtdeckungsbeitrag	660.000,00 EUR	500.500,00 EUR
– Fixkosten	975.500,00 EUR	
= Betriebsergebnis	185.000,00 EUR	

6.2 • Der Zusatzauftrag sollte angenommen werden, da freie Kapazitäten vorhanden sind und ein zusätzlicher Deckungsbeitrag erzielt wird.

• Zusatzauftrag:

Verkaufspreis pro Stück	118,00 EUR
Variable Stückkosten	99,50 EUR
Stückdeckungsbeitrag	18,50 EUR
Geplante Stückzahl	1.000
Gesamtdeckungsbeitrag	18.500,00 EUR
Prozentuale Veränderung (Anstieg Betriebsergebnis)	18.500 · 100 : 185.000 = 10 %

Beteiligungsfinanzierung bei der Aktiengesellschaft

Multinationale Unternehmen (verändert)
Multinational companies (modified)

1. Bei der Rechtsform der Aktiengesellschaft kann das Grundkapital (gezeichnetes Kapital) in kleinste Teilbeträge aufgeteilt und als Aktien ausgegeben werden, was auch für Kleinanleger (Streubesitz) attraktiv ist. Die Aktien haben, insbesondere wenn sie an der Börse gehandelt werden, eine hohe Verkehrsfähigkeit (leichte Übertragbarkeit).

2. Dies kann daran liegen, dass die Börsenteilnehmer Wachstumspotenziale bei der Collis AG sehen. Eine weitere Möglichkeit sind vermutete oder tatsächliche stille Reserven der Collis AG, die z. B. durch die Ausnutzung von Bewertungsspielräumen entstanden sind.

3.1
- Gesetzliche Untergrenze ist der Nennwert der Aktie, da (gemäß § 9 Abs. 1 AktG) eine Ausgabe unter diesem Wert unzulässig ist.
- Theoretische Obergrenze ist der Börsenkurs der alten Aktie, da zu einem höheren Kurs keine Nachfrage nach jungen Aktien vorhanden sein wird.

3.2 $$\text{Bezugskurs} = \frac{\text{Liquiditätszufluss}}{\text{Anzahl der neu auszugebenden Aktien}}$$

$$= \frac{\text{5 Mio. EUR}}{\text{1 Mio. Aktien}} = 5{,}00 \text{ EUR}$$

Rechnerischer Wert des Bezugsrechts

$$= \frac{\text{Börsenkurs alte Aktie} - \text{Bezugskurs junge Aktie}}{\text{Bezugsverhältnis} + 1} = \frac{5{,}96 - 5{,}00}{\left(\frac{4.629.000}{1.000.000}\right) + 1}$$

$$= \frac{0{,}96}{5{,}629} = 0{,}17 \text{ EUR}$$

3.3 Durch die Ausgabe junger Aktien würden die Altaktionäre Nachteile erleiden durch

- das Absinken des bisherigen Börsenkurses bzw. Kapitalverwässerung und
- die Verschiebung der Mehrheitsverhältnisse auf der Hauptversammlung.

Durch die Gewährung eines Bezugsrechts können die Altaktionäre dieses Recht entweder einsetzen, um entsprechend dem Bezugsverhältnis junge Aktien zum Bezugskurs zu erwerben und so ihr Stimmrecht zu erhalten oder das Bezugsrecht zu verkaufen, um so ihren Vermögensnachteil durch das Absinken des Aktienkurses auszugleichen.

3.4 $$\text{Nennwert einer Aktie} = \frac{\text{gezeichnetes Kapital}}{\text{Anzahl der Aktien}}$$

$$= \frac{9.258.000{,}00 \text{ EUR}}{4.629.000 \text{ Aktien}} = 2{,}00 \text{ EUR pro Aktie}$$

Ausgabekurs: 5,00 EUR pro Aktie → Agio: 3,00 EUR pro Aktie

Veränderung der Bilanzpositionen:

- gezeichnetes Kapital: 1.000.000 junge Aktien · 2,00 EUR = + 2.000.000,00 EUR
- Kapitalrücklage: 1.000.000 junge Aktien · 3,00 EUR = + 3.000.000,00 EUR
- liquide Mittel (UV): + 5.000.000,00 EUR

Das gezeichnete Kapital erhöht sich um den Nennbetrag der Aktien (2 Mio. EUR). Bei der Über-Pari-Emission werden zudem 3 Mio. EUR Aufgeld eingenommen, welches in die Kapitalrücklage einzustellen ist (§ 272 Abs. 2 HGB). Die gesamten liquiden Mittel in Höhe von 5 Mio. EUR werden im Umlaufvermögen ausgewiesen.

4.1.1
- Political barrier: lack of stability and reliability of the country's political system (e.g. corruption, bureaucracy, dictatorship)
- Cultural barrier: different values and norms that have developed in a country (e.g. different approach to hierarchies, differences in work ethics, motivation)

4.1.2

		Republic of Ireland		**Poland**	
Location factors	**Weighting**	**Rate (0 = lowest; 5 = highest)**	**Weighted rate**	**Rate (0 = lowest; 5 = highest)**	**Weighted rate**
Labour costs	25	4	**100**	3	**75**
Corporate Tax	**15**	2	30	3	45
Traffic connection	15	**2**	30	3	**45**
Proximity to customers and suppliers	20	3	**60**	**2**	40
Intermediate result (excluding market potential)	**75**		**220**		**205**
Market potential	**25**	**3***	**75***	**5***	**125***
Final result (including market potential)	$\sum = 100$		**295***		**330***

**Students' results may vary, however the Republic of Ireland has to be rated lower than Poland so that the overall result leads to Poland scoring higher than the Republic of Ireland after including market potential as a location factor.*

Rating:
In the Republic of Ireland, market growth can be expected to slow down based on better standards in conventional farming and anti-organic commentary. In Poland less than 1% of the food market is organic. However, 1% of the food market translates into a projected market value of EUR 5 billion. This means that the market potential in Poland exceeds the one in the Republic of Ireland by far.

Evaluation of the final result:
Before considering the market potential as a location factor, the result of the decision matrix suggested the Republic of Ireland as being the preferable location. Collis AG's products serve the organic food market, so the market potential there is of crucial importance

to the company as market potential translates into future sales. Therefore, this location factor is weighted very highly leading to the fact that Poland will be the better location overall.

4.1.3
- Pro: makes different factors comparable, can be easily adapted to company's strategy
- Con: choice, weighting and rating of location factors are often based on subjective perception

(One aspect required each.)

4.2 Opportunities:

- Knowledge of the local market (consumer preferences, suppliers, legislation)
- Fewer financial risks (no investments in capital goods, no sunk costs)

Risks:

- Quality may not meet company requirements → risk of customer complaints
- Delay in delivery → loss of production → loss of customers

AG: Jahresabschluss, Gewinnverwendung

Unternehmensführung und Controlling
Strategic planning and management accounting including SWOT analysis

1. • Anteilseigner des Unternehmens (Aktionäre): Entwicklung des Unternehmenswertes und zu erwartende Dividende
   • Gläubiger des Unternehmens (Lieferanten, Banken): Informationen über die wirtschaftliche Lage bzw. Zahlungsfähigkeit als Grundlage für potenzielle Geschäftsbeziehungen

2. • Alle Kapitalgesellschaften müssen den Jahresabschluss um einen Anhang erweitern, der mit der Bilanz und der GuV eine Einheit bildet (§ 264 Abs. 1 S. 1 HGB).
   • Überprüfung der Kriterien nach § 267 Abs. 3 HGB:

     – Anzahl der Mitarbeiter: 2.000 (> 250)
     – Bilanzsumme 2017: 426,68 Mio. EUR (> 20 Mio. EUR)

   • Die RP AG erfüllt zwei der in § 267 Abs. 3 HGB aufgeführten Kriterien in zwei aufeinanderfolgenden Jahren und gilt folglich als große Kapitalgesellschaft.
   • Der Jahresabschluss der RP AG muss Bilanz, Gewinn- und Verlustrechnung und Anhang umfassen, die zu publizieren sind (§ 325 Abs. 1 HGB).

   Hinweis: Der Lagebericht ist nicht Bestandteil des Jahresabschlusses.

3. • Fremdkapitalquote $= \frac{FK}{GK} = \frac{144{,}3}{426{,}68} = 33{,}82\,\% \approx 34\,\%$

     Circa 34% des Gesamtkapitals der RP AG sind Fremdkapital, d.h., ca. 66% des Gesamtvermögens sind durch Eigenkapital gedeckt. Die Fremdkapitalquote liegt deutlich unter dem branchenüblichen Richtwert und kann als positiv bewertet werden, da die RP AG relativ unabhängig von Fremdkapitalgebern ist.

   • Anlagendeckungsgrad II $= \frac{\text{EK + langfristiges FK}}{\text{AV}}$

     $$= \frac{282{,}38 + 27{,}2 + 0{,}3 \cdot 56{,}6 + 19{,}1}{160{,}00} = 216{,}04\,\% \approx 216\,\%$$

     Das langfristig verfügbare Kapital deckt zu ca. 216% das Anlagevermögen. Da die Branchenrichtwerte deutlich übertroffen werden, kann auch diese Kennzahl als positiv bewertet werden.

4. Die Einstellung in die gesetzlichen Rücklagen ist nicht erforderlich, da die Summe aus Kapitalrücklage und gesetzlicher Rücklage bereits den zehnten Teil des Grundkapitals gemäß § 150 Abs. 2 AktG erreicht.

Jahresüberschuss	137.300.000,00 EUR
– Einstellung in die gesetzliche Rücklage	0,00 EUR
– Einstellung in die anderen Gewinnrücklagen (Vorstand + AR)	68.650.000,00 EUR
+ Gewinnvortrag	12.000.000,00 EUR
= Bilanzgewinn nach teilweiser Gewinnverwendung	80.650.000,00 EUR

= Bilanzgewinn nach teilweiser Gewinnverwendung	80.650.000,00 EUR
– Einstellung in die anderen Gewinnrücklagen durch die HV	24.195.000,00 EUR
= Betrag für Dividendenausschüttung	56.455.000,00 EUR

– Dividendenausschüttung	52.800.000,00 EUR
= Gewinnvortrag	3.655.000,00 EUR

Aktienanzahl: 12.480.000,00 EUR : 26,00 EUR pro Aktie = 480.000 Aktien

56.455.000,00 EUR : 480.000 Aktien = 117,61 EUR pro Aktie
→ Rundung auf 110,00 EUR

Gewinnvortrag: 56.455.000,00 EUR – (480.000 · 110,00 EUR) = 3.655.000,00 EUR

Eigenkapitalausweis nach vollständiger Gewinnverwendung:

Gezeichnetes Kapital	12.480.000,00 EUR
Kapitalrücklage	39.000.000,00 EUR
Gesetzliche Rücklage	1.500.000,00 EUR
Andere Gewinnrücklagen	172.945.000,00 EUR
Gewinnvortrag	3.655.000,00 EUR

5.1 A SWOT analysis includes an external and an internal company analysis. The external company analysis covers areas such as politics, society, economy and technology. On the basis of this analysis the company can identify opportunities and threats present in the company's business environment which affect its competitiveness and market position. The internal analysis identifies strengths as well as weaknesses of the company and its business processes.

Based on the results of the analysis, suitable strategies can be derived that use strengths and opportunities in a way to overcome weaknesses and to limit risks.

5.2
- Strength-opportunity strategy (SO):
  Create digital versions (opportunity) of well-known, popular board games in retro-style, allowing for multi-player options to play against each other remotely. This would combine the company's experience in traditional board games (strength) with the booming market for digital games (opportunity).
- Weakness-threat strategy (WT):
  Develop digital gaming platforms in a unique design (strength) and equipped with special features for educational purposes addressing schools and universities (opportunity). This could be done by cooperating with a network of IT-freelancers from abroad. Since RP AG has no digital products in its product range (weakness), this strategy may offer getting a foothold in the digital gaming market that is going to outperform traditional games (threat). Using temporarily hired freelancers will compensate the lack of qualified IT staff (weakness).

5.3
- Strength: sole production in Germany
  Producing exclusively in Germany also implies high cost (labour cost, taxation, compliance with environmental regulations), which in turn may reduce profitability and competitiveness with regard to competitors in low-cost countries. Therefore, producing in Germany can turn out to be a weakness for the company.
- Threat: constant tightening of EU-wide health and safety regulations for toys and games. Increasing health and safety EU-regulations may open up new markets for safe and healthy games outside the EU due to increasing health-conscious behaviour worldwide. Therefore, increasingly strict regulations can turn out to be an opportunity in the long run.

6.1
- For the shareholder value concept the main purpose of a company is to maximise its shareholders' capital, so their interests should be at the centre of the decision-making process.
- The stakeholder value approach states that many stakeholder groups of a company should be involved in its decision-making process, e.g. interests of shareholders, employees, suppliers, government, and customers.

6.2 Conflict of interest between shareholders and employees:
Shareholders would have to give up parts of their dividend to finance the company-run childcare facility meaning their return on equity would decrease. For employees, childcare free of charge would mean an additional fringe benefit, hence may decrease fluctuation rates, increase motivation and employee satisfaction.

Geldtheorie und Geldpolitik (verändert)

Preisbildung im Monopol
Price determination in a monopoly

1.1 Die EZB betreibt eine expansive Geldpolitik:

- Ausweitung der Geldmenge („werden [...] Milliarden in das Finanzsystem gesteckt")
- Senkung der Leitzinsen („bleibt der Zins [...] bei null Prozent")

1.2 Fishersche Verkehrsgleichung:
Geldmenge (M) · Umlaufgeschwindigkeit (U) = Handelsvolumen (H) · Preisniveau (P)

Die im Text beschriebene Geldpolitik der EZB soll zu einer Erhöhung der nachfragewirksamen Geldmenge führen. Unter der Annahme, dass U und H konstant bleiben, würde dadurch das Preisniveau steigen (Inflation).

1.3 Die beabsichtigte Wirkung der EZB kann nur dann eintreten, wenn die Banken den Unternehmen und privaten Haushalten mehr Kredite vergeben und weniger in Anleihen investieren. Die EZB kann lediglich Anreize setzen.

1.4 Die EZB definiert das Ziel der Preisniveaustabilität mit einer Inflationsrate unter, aber nahe 2 %. In dem Zeitraum, auf den der Text Bezug nimmt, muss die Inflationsrate im Euroraum deutlich unter der Zielvorgabe gelegen haben. Mithilfe der genannten Maßnahmen versuchte die EZB, einer Deflation entgegenzuwirken.

Eine Erhöhung der Inflation führt zu nachteiligen Effekten bei privaten Haushalten, deren Sparguthaben real an Wert verlieren.

1.5.1

• Geschäftsbank A:		1.000.000,00 EUR
• Geschäftsbank B:	1 Mio. · 0,9	= 900.000,00 EUR
• Geschäftsbank C:	900.000,00 · 0,9	= 810.000,00 EUR

Geschäftsbank A erhält von der EZB Zentralbankgeld, welches nicht der Reservepflicht unterliegt. Sie kann daher den vollen Betrag als Kredit vergeben.

Die Geschäftsbanken B und C schaffen Buchgeld, welches reservepflichtig ist. Sie können daher jeweils nur 90 % des zugeflossenen Betrages als Kredit vergeben.

1.5.2 Kreditvergabemöglichkeit
= erste Überschussreserve · Geldschöpfungsmultiplikator
= 1 Mio. · 1/0,1 = 10 Mio. EUR

2.1

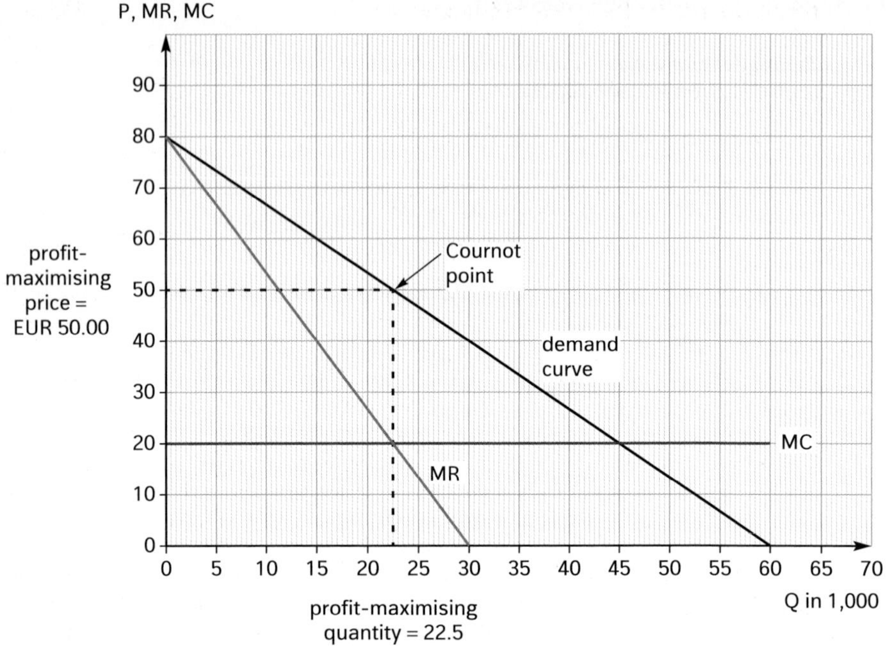

The profit-maximising price-quantity combination is found at a price of EUR 50.00 and a quantity of 22,500 tickets.

2.2.1 The DFB can segment the market and charge different prices based on personal factors, place, time or preferences.

EUR 70.00 could be charged for tickets that entitle ticket holders to join a post-game meet and greet in the players' locker rooms. EUR 30.00 could be charged from elderlies or students.

2.2.2 **Maximum profit before price discrimination:**

$Q^D = -750p + 60{,}000$
$p = 80 - 1/750 \cdot Q^D$
$R = p \cdot Q^D$
$R = 80 \cdot Q^D - 1/750 \cdot Q^{D2}$

$TC = 120{,}000 + 20 \cdot Q^D$

$MR = MC$
$80 - 1/375 \cdot Q^D = 20$
$Q^D = 22{,}500 \rightarrow p(22{,}500) = \text{EUR } 50.00$

$\rightarrow$ Maximum profit $= 50 \cdot 22{,}500 - (120{,}000 + 20 \cdot 22{,}500) =$ EUR 555,000.00

Maximum profit after price discrimination:

Additional profit charging EUR 70.00:
$Q^D_{(p=70)} = -750 \cdot 70 + 60{,}000 = 7{,}500$ tickets
7,500 tickets · (EUR 70.00 – EUR 50.00) = EUR 150,000.00

Additional profit charging EUR 30.00:
$Q^D_{(p=30)} = -750 \cdot 30 + 60{,}000 = 15{,}000$ tickets
15,000 tickets · (EUR 30.00 – EUR 20.00) = EUR 150,000.00

→ Total profit after price discrimination = EUR 555,000.00 + 2 · EUR 150,000.00 = EUR 855,000.00

2.2.3
- By charging a price above the profit-maximising monopoly price the seller generates additional profit to the same extent as the consumer surplus decreases.
- As long as average variable costs are covered, any price discrimination increases the monopolist's profit, here the amount of donation. If each buyer paid exactly the price he or she is just willing to pay (above marginal cost), the DFB would maximise its donation.

2.3 Profit maximisation is reached when marginal cost (= variable cost) equals marginal revenue. Thus, an increase in fixed cost has no influence on the profit-maximising price-quantity combination. In contrast to that, a decrease in variable cost means a downward shift of the marginal cost curve resulting in a new intersection with the marginal revenue curve at a higher quantity at a lower price.

Notwendigkeit, Ziele und Konzeptionen der Wirtschaftspolitik in Verbindung mit Wachstums- und Konjunkturpolitik (verändert)

Beschäftigungs- und Arbeitsmarktpolitik (verändert)
Labour Market (modified)

1.1
- Frühindikator: optimistische Zukunftserwartungen, da Unternehmen nur Investitionen planen, wenn sie in Zukunft Absatzchancen erwarten
- Gegenwartsindikator: BIP, da sich die Erstellung von Waren und Dienstleistungen im Bruttoinlandsprodukt niederschlägt
- Spätindikator: Arbeitslosigkeit, da zunächst Überstunden aufgebaut werden und neue Arbeitskräfte gesucht werden müssen, bevor bei dauerhaft guter wirtschaftlicher Lage neue Arbeitskräfte eingestellt werden

1.2

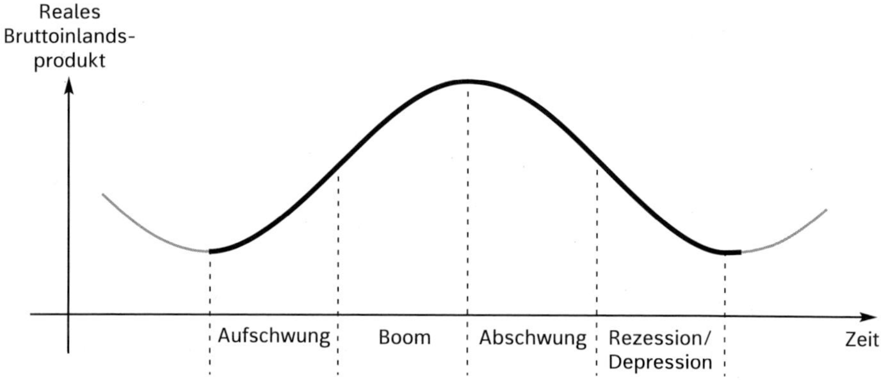

1.3 Das wirtschaftspolitische Ziel „stetiges und angemessenes Wirtschaftswachstum" kann als erreicht gelten. Die Wachstumsraten bewegen sich nahezu gleichbleibend im Zielkorridor von ca. 1,5 % bis 3 %.

2.1 Nachfrageorientierte Wirtschaftspolitik: Der Staat greift in die Wirtschaft ein, indem er die gesamtwirtschaftliche Nachfrage, z. B. durch ein Investitionsprogramm, stützt.

2.2 Antizyklische Fiskalpolitik bedeutet, dass der Staat die gesamtwirtschaftliche Nachfrage durch die Gestaltung seiner Einnahmen und Ausgaben entgegengesetzt zum Konjunkturverlauf beeinflusst. Dadurch sollen konjunkturelle Hoch- und Tiefphasen abgemildert werden.

Kritikpunkte: Da der Staat in wirtschaftlich schlechten Zeiten selbst weniger einnimmt, muss er seine höheren Ausgaben durch Aufnahme von Krediten, also auf Kosten einer höheren Staatsverschuldung, finanzieren. Die dadurch entstandene Staatsverschuldung wird jedoch auch in wirtschaftlich guten Zeiten nicht, bzw. nur ungenügend, zurückgeführt. Dadurch steigt die Staatsverschuldung an. Die Wirkungen der entsprechenden Maßnahmen treten erst mit erheblicher zeitlicher Verzögerung ein.

3. [...]

4. Between 2008 and 2016 Greece suffered from cyclical unemployment, as the Greek economy was in a recession. Due to a decrease in total demand for goods and services there is less demand for labour → increasing unemployment rate and low job vacancy rate.

5.
- Decreasing tax revenues
- Decreasing social security contributions
- Increasing transfer payments such as unemployment benefits
- Increasing national debts

6. Increasing unemployment → decrease in disposable income → decrease in aggregate demand → decrease in production and demand for capital goods → decrease in labour demanded by multiple industries, dismissals → increase in unemployment

7.1
- According to classical economic theory, the main reason for unemployment is the wage level being inflexible and too high in terms of labour productivity → there is no market equilibrium (labour demand < labour supply).
- Measures aim at making the labour market more flexible and increasing labour productivity:

  – Abolish minimum wages and/or regional wage agreements
  – Reduce labour protection laws

7.2
- According to Keynesian economic theory, the main reason for unemployment is a lack in aggregate demand.
- According to Keynes, the money should have been spent on measures to increase aggregate demand:

  – Increase in disposable household income by increasing transfer payments
  – Government acts as demander, e.g. by investing in infrastructure.

8.
- Loss of human capital → decreasing amount of skilled employees who would be necessary to get a country's economy going again
- Strain on social security system, as the number of pensioners per employee increases
- Decrease in VAT tax revenues due to lower consumer spending leading to additional strain on the national budget

24 Abituraufgaben 2020

Aufgabe 1: Vollkostenrechnung in Form der Zuschlagskalkulation (Kostenstellenrechnung, BAB, Kostenträgerstückrechnung); Kosten- und Erlösfunktionen; Deckungsbeitragsrechnung

1.1.1 324.000 : 3.600 = 90,00 EUR pro Quadratmeter

	Material	Fertigung	Verwaltung	Vertrieb
Quadratmeter	300	2.000	800	500

1.1.2

	Material	Fertigung	Verwaltung	Vertrieb
Verteilungs-schlüssel	1	15	5	1

Der Verteilungsschlüssel richtet sich in der Regel nach dem Arbeitseinsatz der Geschäftsführung in den einzelnen Kostenstellen.

1.2

		Zuschlagssätze
FM	1.500.000,00 EUR	
MGK	180.000,00 EUR	12 %
MK	1.680.000,00 EUR	
FL	2.100.000,00 EUR	
FGK	7.350.000,00 EUR	350 %
SEKF	370.000,00 EUR	
FK	9.820.000,00 EUR	
HK	11.500.000,00 EUR	
VwGK	1.035.000,00 EUR	9 %
VtGK	1.725.000,00 EUR	15 %
SEKVt	240.000,00 EUR	
Selbstkosten	14.500.000,00 EUR	

1.3 Die vom Leiter der Kostenstelle Fertigung angekündigte Umstellung von manueller auf automatisierte Fertigung führt zu einem Rückgang der Fertigungslöhne und zu einem Anstieg der Fertigungsgemeinkosten. Daher wird es notwendig, den Normalfertigungsgemeinkostenzuschlagssatz zu erhöhen.

1.4

FM	2.250,00 EUR
MGK (12 %)	270,00 EUR
MK	2.520,00 EUR
FL	2.600,00 EUR
FGK (350 %)	9.100,00 EUR
SEKF	580,00 EUR
FK	12.280,00 EUR
HK	14.800,00 EUR
VwGK (9 %)	1.332,00 EUR
VtGK (15 %)	2.220,00 EUR
SEKVt	466,00 EUR
SK	18.818,00 EUR
Gewinn (28 %)	5.269,04 EUR
BVP	24.087,04 EUR
Skonto (3 %)	744,96 EUR
ZVP	24.832,00 EUR
Rabatt (36 %)	13.968,00 EUR
Listenverkaufspreis	38.800,00 EUR

2.1 Produktionsmenge 2019: $150 \cdot 0{,}8 = 120$ Stück

$$k_v = \frac{2.440.000 - 2.200.000}{120 - 100} = 12.000{,}00 \text{ EUR pro Stück}$$

$K(100) = 2.200.000$
$2.200.000 = K_f + 12.000 \cdot 100$
$K_f = 1.000.000{,}00$ EUR

$E = K$
$24.500x = 1.000.000 + 12.000x$
$x = 80$ Stück

2.2 Umsatzveränderung:
Umsatz 2019: $24.500 \cdot 120 = 2.940.000{,}00$ EUR
Umsatz 2020: $24.500 \cdot 150 = 3.675.000{,}00$ EUR
Umsatzanstieg: 25 %

Gewinnveränderung:
Gewinn 2019: $2.940.000 - 2.440.000 = 500.000{,}00$ EUR
Gewinn 2020: $3.675.000 - (12.000 \cdot 1{,}05 \cdot 150 + 1.000.000 \cdot 1{,}1) = 685.000{,}00$ EUR
Gewinnanstieg: 37 %

Trotz der gestiegenen Kosten und des unveränderten Verkaufspreises steigt der Gewinn prozentual stärker als der Umsatz. Grund dafür ist, dass sich die Fixkosten auf eine größere Stückzahl verteilen. Dieser Degressionseffekt wirkt sich stärker auf die Ertragssituation im Zweigwerk Walldorf aus als der Kostenanstieg.

3.1

	XR 3	XR 5	XR 7
Stückerlöse	270,00 EUR	420,00 EUR	720,00 EUR
Fertigungsmaterial pro Stück	35,00 EUR	45,00 EUR	55,00 EUR
Fertigungslöhne pro Stück	72,00 EUR	90,00 EUR	180,00 EUR
Sonstige variable Kosten pro Stück	14,00 EUR	30,00 EUR	45,00 EUR
Variable Stückkosten	121,00 EUR	165,00 EUR	280,00 EUR
Stückdeckungsbeitrag	149,00 EUR	255,00 EUR	440,00 EUR
Rel. Stückdeckungsbeitrag (je Stunde)	74,50 EUR	102,00 EUR	88,00 EUR
Rangfolge	3	1	2
Benötigte Zeit	500 Std.	1.000 Std.	1.500 Std.
Optimales Produktionsprogramm	250 Stück	400 Stück	300 Stück

3.2

Stückdeckungsbeitrag	149,00 EUR	255,00 EUR	440,00 EUR	
Geplante Stückzahl	600 Stück	400 Stück	300 Stück	
Gesamtdeckungsbeitrag	89.400,00 EUR	102.000,00 EUR	132.000,00 EUR	323.400,00 EUR
Fixkosten				193.025,00 EUR
Betriebsergebnis				130.375,00 EUR

Ertragseinbuße durch Engpass: (600 – 250) · 149,00 EUR = 52.150,00 EUR
Prozentualer Rückgang beim Betriebsergebnis: 40 %

Aufgabe 2: AG: Jahresabschluss, Bewertung nach HGB; Analyse des Jahresabschlusses

Balanced Scorecard mit Schwerpunkt Finanzperspektive in Verbindung mit Unternehmenszusammenschluss und -übernahme
Balanced Scorecard focusing on the financial perspective in combination with merger and acquisition

1. Gläubiger → Gewährleistung der Zahlungsfähigkeit
   Aktionäre → Auskunft über die Vermögens- und Gewinnsituation

2.1 • Ermittlung des Wertansatzes:

Fertigungsmaterial insgesamt		10.000 Stück · 0,26 EUR = 2.600,00 EUR	
Fertigungslöhne insgesamt		10.000 Stück · 0,13 EUR = 1.300,00 EUR	
MEK		2.600,00 EUR	Aktivierungspflicht
+ MGK	30 %	780,00 EUR	Aktivierungspflicht
= MK		3.380,00 EUR	

FEK		1.300,00 EUR	Aktivierungspflicht
+ FGK	140 %	1.820,00 EUR	Aktivierungspflicht
= FK		3.120,00 EUR	
Herstellkosten = MK + FK		6.500,00 EUR	
+ VwGK	10 %	650 00 EUR	Aktivierungswahlrecht
= Herstellungskosten		7.150,00 EUR	

Der Bilanzansatz zum 31.12.2019 beträgt 7.150,00 EUR.

- Begründung und Auswirkung auf GuV:

MEK, MGK, FEK und FGK unterliegen der Aktivierungspflicht. Um das Ziel eines möglichst hohen Gewinnausweises zu erreichen, muss die Wertobergrenze für die Raviolidosen angesetzt werden. Deshalb macht die AG vom Bewertungswahlrecht zur Aktivierung der allgemeinen Verwaltungskosten Gebrauch. Vertriebskosten dürfen nicht einbezogen werden (§ 255 Abs. 2 HGB).
In der GuV steht somit den ausgewiesenen Aufwendungen die höchstmögliche Bestandserhöhung auf der Ertragsseite gegenüber.

2.2 Die Herzog Nahrungsmittel AG hat gemäß § 248 Abs. 2 HGB ein Wahlrecht, ob sie den selbst geschaffenen immateriellen Vermögensgegenstand aktiviert. Da ein möglichst hoher Jahresüberschuss erzielt werden soll, wird das Unternehmen von seinem Wahlrecht Gebrauch machen.

Gemäß § 255 Abs. 2 HGB i. V. m. § 255 Abs. 2a HGB dürfen für die selbst erstellte Software jedoch nur die Entwicklungs-, nicht aber die Forschungskosten aktiviert werden. Somit beträgt der Wertansatz 100.000,00 EUR.

2.3 Bei dem Aktienpaket handelt es sich um Finanzanlagevermögen, da eine Beteiligung an einem anderen Unternehmen vorliegt (§ 271 Abs. 1 S. 3 HGB).

Zugangsbewertung: zu Anschaffungskosten in Höhe von 875.000,00 EUR
(§ 253 Abs. 1 HGB)

Wert am 31.12.2019: 50.000 Aktien · 15,00 EUR pro Aktie = 750.000,00 EUR

Es handelt sich hier um eine vorübergehende Wertminderung der Aktien, da eine Kurserholung erwartet wird.

Die Herzog Nahrungsmittel AG hat aufgrund des gemilderten Niederstwertprinzips das Wahlrecht zur außerplanmäßigen Abschreibung (§ 253 Abs. 3 S. 6 HGB).

Da ein möglichst hoher Jahresüberschuss erzielt werden soll, wird das Unternehmen die Wertminderung nicht erfassen und das Aktienpaket zum 31.12.2019 mit den Anschaffungskosten in Höhe von 875.000,00 EUR bewerten.

2.4 • Zusätzlicher Jahresüberschuss durch Ausnutzung der Bewertungsspielräume:

Aktivierungswahlrecht Fertigerzeugnisse: allgemeine Verwaltungskosten	650,00 EUR
Aktivierungswahlrecht für selbst erstellte immaterielle Vermögensgegenstände: Entwicklungskosten	100.000,00 EUR
Ausnutzung des Wahlrechts zum Verzicht auf außerplanmäßige Abschreibung bei nicht dauerhafter Wertminderung von Finanzanlagen: **875.000,00 EUR – (50.000 Aktien · 15,00 EUR/Aktie)**	125.000,00 EUR
Summe	225.650,00 EUR

Insgesamt fällt der Jahresüberschuss durch die Nutzung der Wahlrechte um 225.650,00 EUR höher aus.

• Der Cashflow bleibt durch die Ausnutzung der Bewertungsspielräume unverändert. (Es sind keine Ein- oder Auszahlungen mit der Ausnutzung von Bewertungsspielräumen verbunden.)

3.1 The Balanced Scorecard is a management tool to implement and monitor strategies of a company. The non-financial perspectives are customer perspective, (internal business) process perspective as well as innovation and learning (training and development) perspective.

3.2.1

Financial perspective of Herzog Nahrungsmittel's Balanced Scorecard		
Strategic objective	**Parameter (including target values and time frame)**	**Initiative (precise description of measures)**
Increase ROI	increase profit by 10% within the next two quarters	• Cut costs by automating processes • Increase/decrease sales prices depending on elasticities of demand
	reduce total assets by 5% within two years	• Decrease stock levels by introducing just-in-time delivery • Sell company cars and lease them instead

Note: calculation of Return on Investment:

$$\frac{\text{annual net profit}}{\text{sales revenue}} \cdot \frac{\text{sales revenue}}{\text{total assets}} \cdot 100 = \text{ROI}$$

3.2.2 E.g. neglect of employee motivation → increased absenteeism → higher production cost → lower profit

4.1 • Cost reductions due to economies of scale
• More market power due to reduced competition in the industry
• Enlargement of product portfolio

4.2 Economies of scale → lower cost per unit → higher annual net profit → higher return on sales (profit margin) → higher ROI

Note: Student's line of argument needs to either refer to an increase in return on sales (profit margin) or in asset turnover.

Aufgabe 3: AG: rechtliche Grundlagen, Beteiligungsfinanzierung

Multinationale Unternehmen: Arten und Formen der Kooperation und Integration, Franchising

Multinational companies: Types and forms of cooperation and integration, franchising

1.1 Inhaberaktien lauten nicht auf einen bestimmten Eigentümer, der Eigentumserwerb erfolgt durch Einigung und Übergabe.
Vinkulierte Namensaktien lauten auf einen bestimmten Eigentümer. Der Eigentumserwerb erfolgt durch Einigung, Übergabe und Indossament, wobei die Übergabe nur mit Zustimmung der AG möglich ist.

1.2 1. Gründer (Alexandra von Greifenstein):

3,2 Mio. Aktien zu je 5,00 EUR pro Aktie = 16 Mio. EUR	davon 25 %	4,0 Mio. EUR
3,2 Mio. Aktien je 1,00 EUR Agio je Aktie	davon 100 %	3,2 Mio. EUR

2. Gründer (Sara von Greifenstein):

3,2 Mio. Aktien zu je 5,00 EUR pro Aktie = 16 Mio. EUR	davon 25 %	4,0 Mio. EUR
3,2 Mio. Aktien je 1,00 EUR Agio je Aktie	davon 100 %	3,2 Mio. EUR

3. Gründer (Breisgau Bank AG):

9,6 Mio. Aktien zu je 5,00 EUR pro Aktie = 48 Mio. EUR	davon 100 %	48,0 Mio. EUR
9,6 Mio. Aktien zu je 1,00 EUR Agio je Aktie	davon 100 %	9,6 Mio. EUR
Summe der vor der Anmeldung einzubringenden Einlagen		72,0 Mio. EUR

Hinweis:
Da es sich bei der von der Bank übernommenen Aktien um Inhaberaktien handelt, muss der volle Ausgabebetrag bereits bei Gründung aufgebracht werden. Wollte die Bank zunächst lediglich 25 % des Ausgabebetrages leisten, müssten Namensaktien ausgegeben werden (§ 10 Abs. 2 AktG).

2.1 Die geplante Kapitalerhöhung setzt einen Beschluss der Hauptversammlung mit einer Dreiviertelmehrheit des bei der Beschlussfassung vertretenen Grundkapitals voraus, § 182 Abs. 1 S. 1 AktG.

450 Mio. EUR : 5,00 EUR pro Aktie = 90 Mio. Aktien
90 Mio. Stimmen · 75 % = 67,5 Mio. Stimmen

Um die Kapitalerhöhung durchsetzen zu können, werden mindestens 67,5 Mio. Stimmen benötigt.

2.2 Bezugsverhältnis = 600 Mio. EUR : 200 Mio. EUR = 3 : 1

$$\text{Bezugsrecht} = \frac{\text{Kurs alte Aktie} - \text{Kurs junge Aktie}}{\text{Bezugsverhältnis} + 1}$$

$$= \frac{30{,}00\ \text{EUR} - 14{,}00\ \text{EUR}}{3 + 1} = 4{,}00\ \text{EUR}$$

Der rechnerische Wert des Bezugsrechts liegt bei 4,00 EUR.

Mögliche Ursachen für Abweichung:

- zukünftiges Wachstumspotenzial
- psychologische Einflüsse, z. B. aktuelle Stimmungen und spekulative Verhaltensweisen
- Einschätzung der gesamtwirtschaftlichen Lage

(zwei Ursachen erforderlich)

2.3 Sperrminorität:

Anzahl der Aktien: 800 Mio. EUR : 5,00 EUR = 160 Mio. Aktien

Sperrminorität: 25 % + 1 Aktie → (160 Mio. Aktien · 25 %) + 1 Aktie
→ 40.000.001 Aktien

Die beiden Schwestern besitzen 33,6 Mio. Aktien.

	40.000.001 benötigte Aktien
–	33.600.000 Aktien bereits im Besitz der Schwestern
=	6.400.001 junge Aktien müssen zugekauft werden.

Bezugsrechte:

Bezugsverhältnis 3 : 1

Vorhandene Bezugsrechte: 33.600.000

Benötigte Anzahl Bezugsrechte:	6.400.001 Aktien · 3 Bezugsrechte
	= 19.200.003 benötigte Bezugsrechte
Überschüssige Bezugsrechte	= 33.600.000 – 19.200.003
	= 14.399.997

→ Verkauf der überschüssigen 14.399.997 Bezugsrechte

Erforderlicher Kapitalaufwand:		
Kauf der jungen Aktien	6.400.001 Aktien · 14,00 EUR	= 89.600.014,00 EUR
– Einnahmen BR-Verkauf	14.399.997 BR · 4,60 EUR	= 66.239.986,20 EUR
= aufzubringender Betrag		23.360.027,80 EUR

Die beiden Schwestern müssen 23.360.027,80 EUR aufbringen, um ihre Sperrminorität zu wahren.

3.1 Amount of capital raised:

Franchising requires a lower amount of capital compared to opening wholly owned subsidiaries, as the franchisees have to raise a substantial amount of capital in order to open a business. For wholly owned subsidiaries the complete sum would have to be raised by Vegan Experience.

Organisational control:
A wholly owned subsidiary means complete organisational control. As a franchisor there is some control over the use of the business concept (monitoring of franchisees), but some decisions are made by the franchisees.

3.2 Arguments for franchising:
- Fewer employees need to be managed.
- Royalty fees are usually based on revenue, not profit. They are paid whether or not the franchisee's company is profitable.
- Franchisees might have more local knowledge (regarding culture, regulations etc.), making success more likely.
- Entrepreneurial risk is limited (compared to opening a subsidiary).

Arguments against franchising:
- The reputation of the franchisor might be damaged by low-performing franchisees.
- Franchisees might use the know-how obtained to open their own company and compete with the franchisor.

(two answers required each)

3.3

Monthly revenue:		
Hotel	55% of 1,125,000.00 =	EUR 618,750.00
Restaurant		EUR 425,000.00
Total monthly revenue:		EUR 1,043,750.00
Monthly expenditure:		
Labour costs		EUR 452,000.00
Cost of goods		EUR 199,000.00
Other costs		EUR 350,000.00
Royalty fee	2.5% of total revenue	EUR 26,093.75
Marketing fee	1.5% of total revenue	EUR 15,656.25
Other fees	0.4% of total revenue	EUR 4,175.00
Total monthly expenditure		EUR 1,046,925.00
Monthly profit/loss		– EUR 3,175.00
Initial capital		EUR 660,000.00
Renovation		EUR 610,000.00
Initial franchising fee	EUR 30,000.00 + EUR 110.00 · 50 =	EUR 35,500.00
3 months' losses	3 · EUR 3,175.00 =	EUR 9,525.00
Capital left after three months		EUR 4,975.00

After three months, Cecile de Oliveira's initial capital would almost be used up. With the estimated data she would accrue a monthly loss of EUR 3,175.00. Under the given circumstances, with the estimated cost structure and the assumed occupancy rate, signing the franchise agreement would probably not be a sensible business decision.

4. With this lateral integration Vegan Experience could diversify its business risk. This would offer a new source of income in case the current trend of veganism recedes.

5. A suitable expansion would be a vertical integration by merger, acquisition or taking over new fields of operation themselves.

   Example:
   - Starting their own in-house laundry department instead of contracting the laundry to an outside firm
   - Buying or merging with a laundry contractor

   (one example required)

   Reasons:
   - The hotel's cost of operation can be reduced due to absorbing profits formerly earned by contractors.
   - Processes can be streamlined more easily to become more customer-friendly.

   (Alternative suggestions with credible reasoning can be accepted.)

Aufgabe 4: Binnenwert des Geldes und Geldwertmessung

Verhalten der Marktteilnehmer unter Wettbewerbsbedingungen
Behaviour of market participants in competitive markets

1.1 Die Verbrauchs- und Einkaufsgewohnheiten der privaten Haushalte ändern sich im Zeitablauf. Dies erfordert eine Aktualisierung der Zusammensetzung des Warenkorbes und eine Anpassung des Wägungsschemas.

1.2 Die Preise sind vom Basisjahr 2015 bis Januar 2019 um 3,4 % gestiegen.

Die Kaufkraft ist dadurch gesunken, d. h., für einen bestimmten Geldbetrag kann nun eine geringere Gütermenge gekauft werden.

1.3

Produktgruppen	Gruppenindex 2018	Veränderung 2019 in Prozent	Gruppenindex 2019	Gewichtungsfaktor	Gewichteter Gruppenindex 2019
Nahrungsmittel	100	+ 20	120	9,7/100	11,64
Wohnung/ Wasser ...	100	+ 30	130	32,5/100	42,25
restliche Gruppen	100	+ 0	100,0	57,8/100	57,80
Summe					111,69

Die Inflationsrate beträgt 11,69 %.

1.4 Der Verbraucher hat andere Konsumgewohnheiten als der Durchschnittshaushalt. Er konsumiert auch Güter, die nicht im Warenkorb enthalten sind.

1.5 Der private Haushalt
- verfügt über Ersparnisse, die real an Wert verlieren.
- verfügt über ein geringes Einkommen und kann daher absolut weniger konsumieren.
- verfügt über Sachvermögen (z. B. Immobilie), dessen Wert zunehmen kann.

1.6 Die Arbeitnehmer können sich durch die nominale Einkommenserhöhung von 3,1 % mehr Güter leisten. Allerdings wird diese Verbesserung durch die Preissteigerung von 1,8 % geschmälert. Die Reallöhne haben sich somit um lediglich 1,28 % erhöht.

2.1.1 The profit-maximising quantity of 600,000 straws is found at the intersection of MR and MC (see graph below): up to this point any further unit produced and sold results in Additional profit (as MR > MC). If more than 600,000 straws are produced and sold, marginal cost is higher than marginal revenue which leads to a decrease in profit.

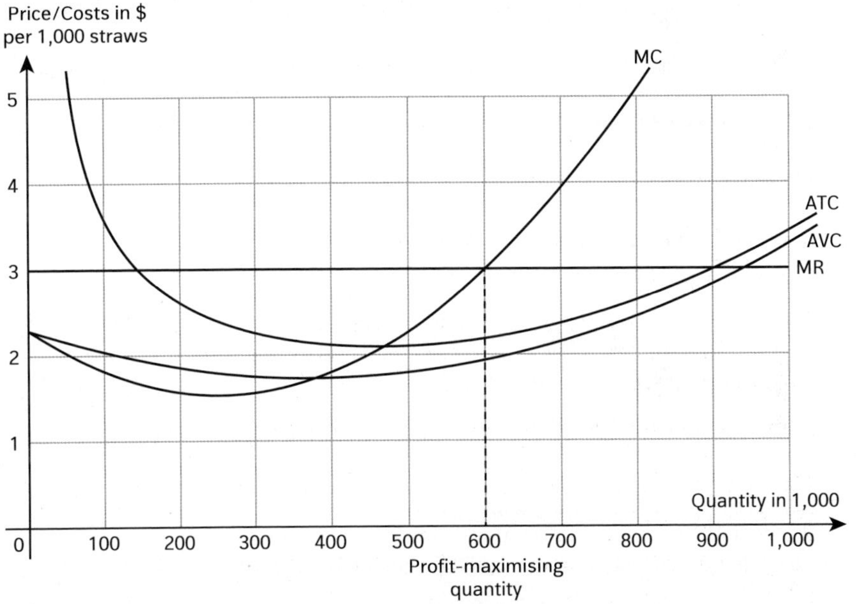

2.1.2 At a price of $2.00 the quantity supplied would decrease to 450,000 straws as the profit-maximising rule of MC = MR applies at this point. The company would keep producing in the short run as at least AVC would be covered. ATC, however, would no longer be fully covered so that, in the long run, OrganX Inc. would leave the market.

2.1.3
- As the marginal cost are not affected by fixed cost, the marginal cost curve and consequently the profit-maximising quantity remains unchanged.
- Additional fixed cost increases ATC. Thus, the efficient scale shifts to the right which implies a higher quantity supplied at which ATC are minimised.

2.2

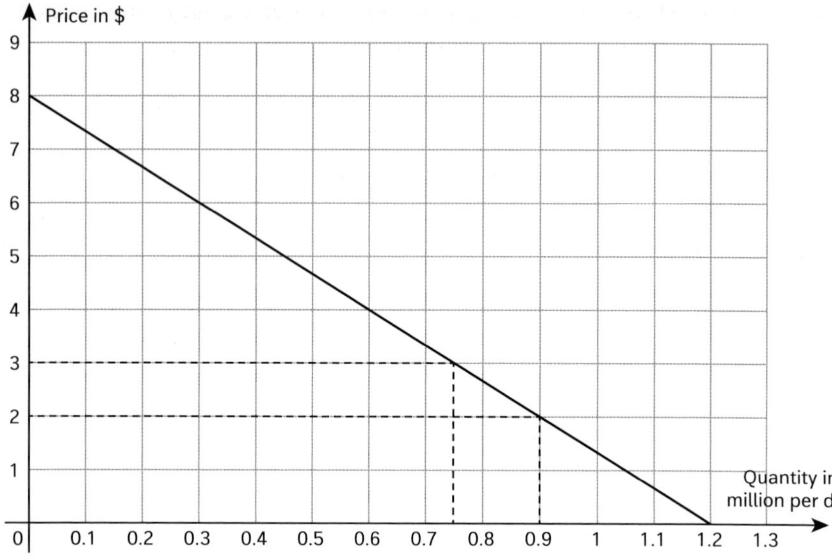

(Students derive the numbers for PED calculation from the graph but do not have to plot the price-quantity combinations.)

$$PED = \left|\frac{\Delta q/q_1}{\Delta p/p_1}\right| = \left|\frac{(0.9 - 0.75)/0.75}{(2 - 3)/3}\right| = 0.6$$

The price elasticity of demand is 0.6.

The demand for biodegradable straws is inelastic since the PED is < 1. This means that the percentage change in quantity demanded is smaller than the percentage change in price, i.e. the consumers' reaction to a change in price from \$3.00 to \$2.00 is relatively small. Therefore, the price change would have little impact on the quantity demanded.

2.3.1 XPED > 0:

An increase in price of conventional plastic straws leads to an increase in the quantity demanded for biodegradable straws. The goods are substitutes, as both types of straws are used for the same purpose and can replace each other.

XPED > 1:

If there is a change in price of conventional plastic straws, there will be a relatively higher change in quantity demanded of biodegradable straws.

2.3.2 $$XPED = \frac{\Delta q_1/q_1}{\Delta p_2/p_2} = \frac{\Delta q_1/0.75}{(4 - 2)/2} = 1.2 \rightarrow \Delta q_1 = 0.75 \cdot 1.2 = 0.9$$

$0.75m + 0.9\,m = 1.65m$

The expected daily demand for biodegradable straws is 1.65 million straws.

With the taken measure the government would achieve its goal. The resulting change in price of conventional straws would more than double the usage of biodegradable straws.

Aufgabe 5: Notwendigkeit, Ziele und Konzeptionen der Wirtschaftspolitik in Verbindung mit Wachstums- und Konjunkturpolitik

Beschäftigungs- und Arbeitsmarktpolitik: Arbeitsmarktsituation, Ursachen und Auswirkungen von Arbeitslosigkeit

Employment and labour market policies: labour market situation, reasons for unemployment and its effects

1.1 Bei den angesprochenen Kriterien handelt es sich um die Neuverschuldung sowie die gesamte Staatsverschuldung.

Die Neuverschuldung darf laut Stabilitäts- und Wachstumspakt nicht mehr als 3 % des BIP betragen, die gesamten Staatsschulden dürfen maximal 60 % des BIP ausmachen.

1.2 Die mit der Staatsverschuldung einhergehenden Zins- und Tilgungsleistungen begrenzen die erforderlichen Mittel für öffentliche Investitionen.

Eine hohe Staatsverschuldung kann zu einem Vertrauensverlust an den Finanzmärkten führen, wodurch es zu einer erschwerten staatlichen Kreditaufnahme kommen kann.

1.3.1

Konzept / Merkmal	Nachfrageorientierte Wirtschaftspolitik	Angebotsorientierte Wirtschaftspolitik
Funktionsweise des marktwirtschaftlichen Systems	Das marktwirtschaftliche System ist aufgrund von Marktversagen grundsätzlich instabil. Es kann daher zu einem Gleichgewicht bei Unterbeschäftigung kommen.	Das marktwirtschaftliche System ist stabil. Es kommt zum Gleichgewicht auf allen Märkten. Erst der Staat verursacht durch sein Eingreifen Instabilität.
Wirtschaftspolitische Rolle des Staates	Der Staat soll mit geeigneten wirtschaftspolitischen Maßnahmen das Marktsystem stabilisieren (interventionistische Staatsauffassung).	Der Staat soll sich mit Eingriffen zurückhalten und lediglich für Rahmenbedingungen sorgen, die einen funktionierenden Wettbewerb sicherstellen (liberalistische Staatsauffassung).

1.3.2 Höhere Renten und Mindesteinkommen können der nachfrageorientierten Wirtschaftspolitik zugeordnet werden, da durch die beiden Maßnahmen die gesamtwirtschaftliche Nachfrage steigen soll.

Steuererleichterungen für Unternehmen können der angebotsorientierten Wirtschaftspolitik zugeordnet werden, wenn dadurch die langfristigen Rahmenbedingungen für die Unternehmen verbessert werden sollen. Die italienische Regierung erfüllt den Ansatz von Modigliani.

1.4

Maßnahme \ Wirkung	Konjunktur	Staatsverschuldung
Mindesteinkommen	Da das verfügbare Einkommen der privaten Haushalte steigt, kann dies zu einer Zunahme des Konsums führen. Dies kann eine Belebung der Konjunktur bewirken.	Dies hat keinen unmittelbaren Einfluss auf die Staatsausgaben, da die Lohnerhöhungen von den Unternehmen getragen werden.
Steuererleichterungen für Unternehmen	Da die finanziellen Spielräume der Unternehmen steigen, kann dies zu einer Zunahme der Investitionen führen. Dies kann eine Belebung der Konjunktur bewirken.	Dadurch verringern sich die Staatseinnahmen, sodass es (kurzfristig) zu einer zunehmenden Staatsverschuldung kommen kann.

2.1 • Effects on the employment of high-skilled workers:

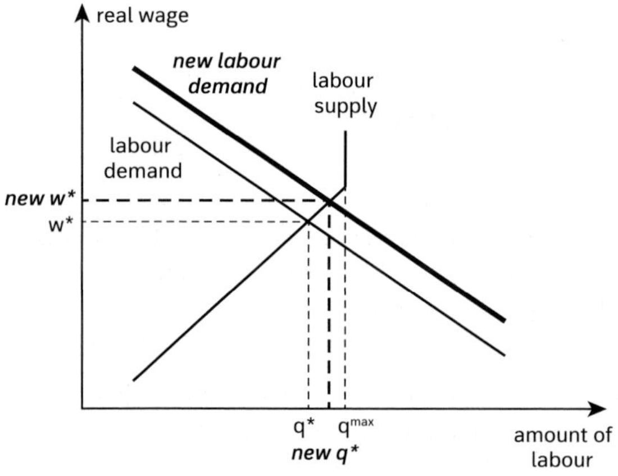

• Effects on the employment of low-skilled workers:

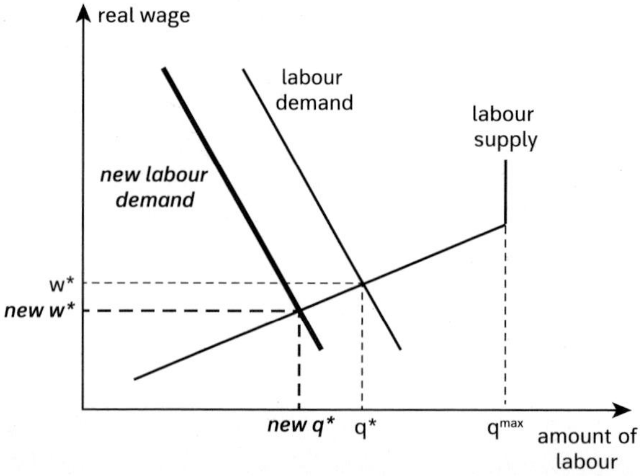

- The demand curve for high-skilled workers will shift to the right since more employees will be demanded at every wage level. Thus, the equilibrium wage and the equilibrium quantity of jobs will rise.

  The demand curve for low-skilled workers will shift to the left since fewer employees will be demanded at every wage level. Consequently, the equilibrium wage and the equilibrium quantity of labour demanded will drop.

2.2 If the demand exceeds q^{max}, there will be no additional workers available. Any further increase in demand will only increase the wages that have to be paid to the workers already employed. This shortage of labour will restrict the production capabilities of companies.

2.3.1
- Preventing social discontent and the resulting erosion of political stability
- Stabilising social security contributions
- Securing tax revenues (in the long run)
- Keeping opportunity costs ("unused" human resources) low

(two aspects required)

2.3.2
- Training schemes to improve employability
- Employment subsidies to create jobs for the unemployed
- Application trainings offered by job centres

(two aspects required)

3.1 Between 2013 and 2018 the rate of unemployment constantly decreased while the job vacancy rate constantly increased. This corresponds with a movement along the Beveridge curve which is a clear sign for an economic upswing.
Therefore, it is cyclical unemployment that decreased during this time period.

3.2
- Online talent platforms address the problem of frictional unemployment. One reason is the lack of transparency on the job market. Online talent platforms improve market transparency and therefore reduce frictional unemployment.
- Reduced frictions in the job market mean a lower number of job vacancies as well as a lower number of unemployed people. This will shift the Beveridge curve slightly inwards.